タイミングの社会学

ディテールを書くエスノグラフィー

石岡丈昇

Tomonori Ishioka

青土社

タイミングの社会学　**目次**

はしがき　9

序　章　暗がりの部屋　17
1　暗がりの部屋から
2　エスノグラフィー
3　認識の生産――時間的・対位的・転覆的であること
4　貧困と構造的暴力
5　制約下での社会学的想像力
6　本書の構成

第1章　不確実な減量――待機するボクサー　53
1　ボクサーにとっての試合決定
2　生理学的身体
3　予定が白紙になる
4　不確実性
5　待機することを止める

第2章　共同生活――ボクシング・キャンプについて　87

1 ボクシング・キャンプ
2 訓練の論理／シェルターの論理
3 自由時間という練習時間
4 平凡教育と非凡教育

第3章 対象化された貧困 129
1 〈ボクシングと貧困〉から〈ボクシングの中の貧困へ〉
2 フィリピンのボクシング
3 対象化された貧困とその動員
4 ボクシング・キャンプの作動原理

第4章 レジリエンス 153
1 概念へ
2 貧困の時間
3 タイミングの崩壊と回復
4 ポストコロニアル都市
5 争点としてのレジリエンス
6 「あるもの」からの思考

第5章　解釈労働　203
1　顔色
2　想像力の偏曲構造
3　文化資本論の陥穽
4　解釈労働と感情労働
5　強いられた観察
6　ディテールとフィールドノート

第6章　立ち退きの時計　231
1　未実行
2　国有地の失地回復
3　法の運用
4　官僚制と待機
5　立ち退きの時計が変化させる日常
6　風景が変わる
7　習慣と住まい

第7章　時間―空間の伸縮　263
1　道路封鎖
2　時間―空間の圧縮
3　バイクタクシーと政治運動
4　空間の争い

第8章　根こぎ――フィールドノートから　287
1　強制撤去の一週間
2　「送られた」先――再居住地での生活の開始
3　壊れる世界

第9章　疲弊　331
1　身体疲労／肉体疲労
2　待機する再居住地
3　疲弊を思考すること

第10章　癖——不可量領域の記述　357
1　不可量領域の記述
2　癖から考える
3　癖の改造
4　癖を書く
5　癖の自覚化／欺瞞化

終　章　抑圧の時計　381
1　時間的予見
2　抑圧の時計——どうなるのか／どうするのか
3　人生を目撃する

あとがき　393

参考文献　iv
人名索引　i

タイミングの社会学——ディテールを書くエスノグラフィー

凡例

・本書に収められた写真のうち、クレジット表記のないものは、すべて著者撮影による。

・インタビュー対象者の語りからの引用文に差別用語にあたる言葉がある場合、語りのニュアンスを残すために、そのまま記した。生活の言葉にはそれ自体に歴史性があり、その言葉への違和感を取っ掛かりにして、差別について考えることを可能にするためである。

・引用文の日本語訳については、訳書・訳文がある場合にも、原書を参照の上、訳を変更したものがある。

・引用文におけるタガログ語（フィリピンの公用語）の重要な表現は、イタリック体で表記した。

・フィリピン・ペソに日本円の換算額をつけた箇所では、各時点でのレートに基づいた換算額を記した。

はしがき

書くことは考えることである。考えることが書くことによって結実するというのではなく、書くことが考えることであるというこの順序を大切にしたい。

エスノグラフィーは、現実を書き残す実践である。見聞きするだけでは消え入ってしまうものを、書くことで表し出す。そうして書き表したことを通じて、あらためて見聞きする。この循環的で綜合的な営みによって、現実の別の容貌が——すなわち《まだ・ない》ものが《すでに・ある》ものとして——立ち現れてくる。書かれた文書史料を題材にするというよりは、いまだ文書にならざるものを文書化する過程で何が生まれているのかを捉え、そこから考えることが、エスノグラフィー研究の醍醐味である。

思えば、私は小学生の頃から、感情を抑えきれない出来事があった日に、ひとり夜に、ノートや裏紙に、感情に沿った言葉を書きなぐってきた。誰の目にも触れることのない、断片的な言葉である。そんな言葉を書くことは、感情に囚われた自分を突き放すために必要なことだった。書くことを通じて、状況と自分との関係を整えようとする。自己形成の過程において、誰に見せるわけでもない、自分だけのノートと向き合う時間を通じて考えを深めること、すなわち書くことを通じて考えることが、私にとっては必要なことだった。

マニラで過ごしていた夜、友人が紙片の裏に、ボールペンで言葉を書き付けていた。彼は人生がうまくいかず、妻と別れた直後だった。彼もまた、状況と自分との関係を整えようとしていた。書くことは自らをケアすることでもある。私は「書き物」に関心があるというよりは、「書くという行為」に関心があるのだと、本書を書きながら、あらためて気づいた。もちろん現場で書かれたフィールドノートをはじめ、さまざまな書き物が本書の土台になっているが、同時にフィールドノートなどを書くという行為を通じて考えてきたことを、私は本書において読者のみなさんに提示したい。

なかでも本書では、「他者を書くという行為」をめぐる思索を提示していく。本書はフィリピン・マニラで見聞きした出来事の機微を記す試みであるが、日本語で書かれたこの本を手に取っている多くの読者にとって、その地は非常に遠くの世界に思われるかもしれない。たしかにそこは、地理的にも国内のフィールドと比べると随分と遠く、社会的な制度も異なっている。

しかしながら、そうした他者たちの世界で生活をしながら出来事を書き留めていくなかで、その世界のありようが、だんだんわかってくる。わかってくるだけではない。その世界へと自らが開かれていくようになる。言い換えれば、私にとって、他者たちの世界を訪ねそして書くことは、自らがその世界へと「とりさらわれて」いくことである。自己を中心に他者たちの世界をまなざすのではなく、他者たちの世界が中心になって自己が組み替えられていく。それは、ボディ・スナッチャー(身体のっとり魔)が侵入する経験とも言えるだろう。そして、このとりさらわれの過程において、他者たちの世界を私は垣間見る——隣人として見る——ようになっていく。

さらに、そうした世界からこちら側を見てみると、自分の慣れ親しんだ地を逆さまに眺めることになる。それは、自らの気づかれざる桎梏を見つめる機会が提供される経験でもあるだろう。それまであたりまえであった事柄が、揺らぎをもって立ち現れてくる。自らの安定していたはずの足場が崩れると同時に、別の見方が登場してくるのである。この点は、書くという行為だけでなく、読むという行為にも通ずる営みであるだろう。これまでに刊行されたエスノグラフィーの作品群を読んでいたとき、それらが私にとって見知らぬ世界の記録であるにもかかわらず、まるで身近な出来事のそれのように読めたことが何度もあった。「近さ」や「遠さ」という通念が瓦解していき、別の見方で身近な日常が捉えられていくようになるのである。他者を書くという行為――あるいはそうして書かれた書物を読むという行為――の意味は、こうして自らが変化するという点にあるだろう。

このような本書の試みにおいて、特に注目するのが、マニラの貧困世界を生きる人びとが直面する困難な時間についてである。ボクシング・キャンプ、都心のスクオッター地区、人里離れた再居住地の事例が記されるが、それらを貫くものがあるとすれば、それは「アウェーの時間」とでも呼べるものだろう。フィリピンのボクサーは、日本で試合をするとき、敵地＝アウェーのリングに上がることになる。アウェーで試合をすることは、大多数の敵陣応援団の前で戦うことだけを意味するのではない。減量中の身体を携えて長時間のフライトで異国に移動し、到着した空港から宿泊先までは、通行人に道を尋ねながら見知らぬ街を自力で移動する。減量中であっても摂取可能な食材を、現地のスーパーマーケットで苦労して探す。気候も違い、試合は予定時間には開始されず何時間も待たされる。ハプニングだらけなのである。ホームのボクサーが、運転手を伴って悠々と自動車で計量会場に登場するとき、アウェーのかれらはすでに数多のハプニングを経て消耗している。

アウェーの時間とは、ホームに居る者が決して経験することもなければ、思い描くことすらないような絶えざるハプニングを引き受けなければならない時間だ。ホームの観客はリング上での戦いに目を向けるが、アウェーを生きる者はリングに上がるずっと前から別の戦いに直面している。アウェーの時間を生きるのは、ボクサーだけではない。マニラのスクオッター地区で、住み慣れた家を破壊されて再居住地へと輸送される人びとも、アウェーの時間を強いられる。仕事、学校、人間関係、あらゆる条件が強制的に組み替えられ、今後の見通しが立たないまま、日々を凌がなければならない。マニラの都市再開発が進み、幹線道路や主要河川敷の整備が進む今日において生み出されている再居住者もまた、アウェーの時間へと放逐される。

けれども、本書のメッセージは、アウェーの時間を生きる人びとに同情することにはない。そうではなく、アウェーの側に置かれるからこそ、ホームに居る者が見ないで済ませている社会の根底的な成り立ちが見えてくる点が重要である。ホームに居ると考えずに済ませられることが、アウェーに在ると思考の対象になる。ハプニングに対処する中で練り上げられる強度がある。本書が目指すのは、こうした固有の位置性から社会学的思考を練り上げることである。方法としてのアウェーだ。

アウェーという言葉は、また、別のイメージをつくりあげることも可能にする。序章で言及したが、私の父は、中学を卒業後、貧しさゆえに高校に進学できず、その後、五〇年間にわたり自動車修理工として働いた。父は工場(〝こうば〟と読むか〝こうじょう〟と読むかで、ものの見え方は変わる。前者で読んでほしい)でたくさんの排気ガスを吸って最期は肺気腫で逝ったが、父の姿が私をして貧困や構造的暴力の考察へと向かわせた。学問の「が」の字もないアウェーの環境で育った私が、自分の生きてきた世界を対象化して掴まえなおそうとした軌跡が、本書には刻み込まれているだろう。

私にとって社会学は、自らの姿を(再)発見することを可能にする領域の呼び名である。序章では、マニラのスクオッター地区で、暗がりの部屋で過ごすロセリトについて書いた。ロセリトの経験は個的なものである。だが、社会学は、ロセリトをそうした状況に追い込む貧困という条件を照らし出しながら、ロセリトの経験に立ち返ろうとする。条件への遡行は、個的な経験が完全に個的なものではなく、そこに類的な性質が潜んでいることを表し出す。ロセリトの経験を書くことは、貧困下を生きる無数の「ロセリトたち」の経験を浮かび上がらせる。かれはわたしだ。個的経験を、類的経験へと接続しながら書くのが、社会学のエスノグラフィーである。

そうしたエスノグラフィーを書き残すことは、ケアをめぐる議論とも交錯する実践となるだろう。困難な時間に投げ入れられたとき、いかにしてその時間を凌ぐのか。ひとつのやり方は、その困難な時間が自分のみに唯一到来したのではなく、他の人びともまた同様の時間を経験したことがある点を知ることだろう。立ち退きの通達を受け取った者は、ひとりで圧力に向き合うことは難しい。だが、役場からの通達の送付が、これまで住人たちに対して採られてきた所定の圧力の掛け方であることを知ったとき、かれは局所的に縛り付けられた自らの視座を、より広いそれへと放つことができる。困難な時間が個的にだけでなく類的にも経験されているのだと理解すれば、その対処法も類的に――すなわち集合的な智慧を用いて――考えていくことが可能になる。そしてそれは、困難な時間をひとりで背負い込む人に、《あなたはひとりではない》と語りかけることでもある。

本書は、私が過去二〇年ほど、マニラでおこなってきたフィールドワークの成果を時間論の観点からまとめたものである。人と人あるいは人とモノとの関係において、順調に進んだり、失調したり、不調に陥ったりする時間のありようを捉えるために、「タイミングの社会学」（「タイム」ではなく）という表題をつけた。調子のよいときに覆われている前提は、不調になることで顕在化する。何かを調べることは、やはり、その世界の律動を感じ取ることと不可分であるだろう。そして庶民生活に息づいている律動が、力の行使によって強制的に転調させられることが、構造的暴力にほかならない。

前著『ローカルボクサーと貧困世界』(世界思想社、二〇一二年)の刊行後、私は大きくふたつの研究上の旋回をすることになった。ひとつは、日本語以外で研究発表をする機会が増えたことである。特に二〇一四年にブレーメンで開催された日独先端科学シンポジウム(JGFoS)という企画に参加して以降、ドイツやスロベニアやオーストリアなど、ヨーロッパで活躍する社会学者と交流するようになった。また、国際学会やコロキウムで発表をする中で、ニュージーランドやチリや南アフリカの社会学者とのつながりも生まれ、グローバルサウス発のエスノグラフィー研究にも触れることになった。

私はそれまでフィリピンと日本を往復しながら社会学を考えてきたが、そうして考えてきたことを、どうすれば、日本でもフィリピンでもない地でうまく伝えることができるのか。新たな作戦を、私は立てなければならなかった。前著がフィリピンと日本という二点の関係で生み出されたのに対し、さらにドイツやニュージーランドやチリなどグローバルな来歴を持つ人びとの視点を加えた三点で物事を考えるようになった。二点は「線」にとどまるが、三点は「面」を作る。本書は、そうした三角形の面的な思考枠組みの中で、マニラのスクオッター地区に生きる人びとが置かれた世界について考察したものである。本書で記述されるディテールはマニラの具体的現実に根ざしたものであるが、そのディテールを掴まえる私の視線には、ベルリンやケープタウンやサンチアゴで交わした議論が深く影響を与えているだろう。

もうひとつは、前著がボクシングジムを舞台とした貧困世界のエスノグラフィーであったのに対し、本書はスクオッター地区の立ち退きと強制撤去の事例についても掘り下げて考察した点である。このことの意味は、単に新たな事例研究をおこなったというだけにとどまらない。それ以上に、私は強制撤去のフィールドワークを進める中で、あらためてボクシングの事例との向き合い方を手にした。すなわち、新たな事例を調査研究することは、すでにおこなった調査研究において、何を手つかずのまま不問にしてきたのかを浮かび上がらせもする。

たとえば本書では、ボクシングの事例を記した箇所で、ボクシング・キャンプ――ボクシングジムではなく――という言葉を使っている。私は強制撤去をめぐるフィールドワークをしながら、住まいとは、住人とは、追放とは何かについて考えた。そして強制撤去の調査研究を経た上で、ボクシングの現場に戻ると、今まで深く考えてこなかった主題に出会いなおすことになった。住み込み式のボクサーの練習生活がそれである。知っているつもりで知らなかった世界を獲得しなおす。そして、過去の事例調査を別のやり方で組み立てなおす必要性に迫られる。ボクシング・キャンプという言葉は、強制撤去の調査研究を進めたからこそ見えてきたボクシング研究の新たな主題を浮かび上がらせるために、本書で使用したものである。

このように本書は、これまでのフィールドワークの成果であると同時に、私自身の認識の形成を辿るビルドゥングスロマン（教養小説）のような性質を備えたものである。そこに表れているのは、フィールドについての記述であるだけでなく、フィールドとそれに対峙する私との関係史でもある。

序章

暗がりの部屋

別の世界を作るには、まず、別の見方を作らなければならない。
ボアベントゥーラ・デ・ソーサ・サントス[★1]

1　暗がりの部屋から

ロセリト・カンパニヤは、マニラでボクサーとして稼ぎを得ながら、スクオッター地区に居住する若者男性である。三歳と一歳のふたりの息子を育てながら、妻のアウラと一緒に、貧しいながらも充実した日々を過ごしていた。ロセリトもアウラも生まれ故郷のセブで生活していたが、ロセリトがボクサーとしてのキャリアの上昇を目指してマニラのボクシング・キャンプに移籍したため、一家でマニラへと上京していた。彼は、マニラでの生活に手応えを感じており、新たな人生を首都で送ることを思い描いていた。

私がマニラのボクシング・キャンプで住み込み調査をおこなっていたとき[★2]、ロセリトは私の最も親しい友人だった。当時、私は二七歳で、彼は二二歳だった。彼は一〇代半ばから、いろいろな雑業――たとえばナイトクラブの用心棒など――をおこなって、わずかな収入を手にしながら、ボクサーとして活動してきた。ボクシング・キャンプには、一〇代の若い少年たちも多く、私とのあいだには、年齢的なギャップがあった。だが、ロセリトは、二〇代で、しかもさまざまな人生の経験をすでに積んでおり、私とは話が合った。私と彼は、練習時間以外でも一緒にいることが多く、私は彼の家で食事をしたり、一緒にビールを飲んだりするようになっていた。

だが、ロセリトはその後、苦境に陥った。試合がなかなか組まれなかったため、収入がなくなり(ボクサーは試合をすればファイトマネーが手に入るが、試合をしなければ無収入である)一家が困窮していった。ロセリトは、練習の合間に、フィットネス目的でジムにやってくる一般人を相手にしたトレーナー役を担当し、さらには、タニマチに一時的な支援を求めるなど、いろいろな策を試みた。だが、どれも一家の家計を維持するには不十分だった。

ロセリト一家は、公共料金の支払いができなくなり、電気も止められてしまった。彼はこっそりと盗電して、テレビだけは観られるようにしていた。電気は止められているため、堂々と電灯をつけるわけにはいかない。かれらは夜も、テレビ画面の明かりだけを灯して、料理をし、夕食を済ませる日々を過ごした。暗がりの部屋で毎晩を過ごすことは、かれらの困窮を表すものだった。

★1　グローバルサウスを研究対象とするエスノグラファーの学術集会CEAD(Contemporary Ethnography Across the Disciplines)の二〇一八年チリ大会のシンポジウムにおけるサントスの講演時の発言(二〇一八年一一月二三日、於サンチアゴ大学)。私はこの集会に、日本からひとりで参加していた。CEADの二〇一六年ケープタウン大会の成果として刊行された論集 *Southern Hemisphere Ethnographies of Space, Place, and Time* には、拙稿も収められている(Ishioka 2018)。

★2　私は二〇〇五年四月から一年間、マニラのEジムで住み込み調査をおこなった。そのときの様子については石岡(2012)を参照。

その暗がりの部屋で私が痛感したのは、貧困とは恐怖であるということだった。貧困というと、それは所得や福祉施策といった制度的な事柄を念頭に測定されることが多い。だが、暗がりの部屋で私は、貧困とは当たり前であった事柄が徐々に、しかし確実に、崩壊させられることだと痛感した。灯っていた電気が灯らなくなることは、恐怖を知覚させるに十分である。静かに、だが着実に忍び寄り、日常を崩壊させる力こそが、貧困の核心にほかならない。貧困を語るときの中心は所得でも政策でもなく、恐怖なのだということが、このとき以来、私の中心的な考えとなっている★3。

フィールドワークをおこなう者には、眼に焼き付いた光景というものがある。自分が望んで見るのではなく、状況の側がこちらに突き付けてくるような光景だ。ロセリト一家と暗がりの部屋は、私にとって、そうした光景である。この光景は、私がマニラの貧困と構造的暴力について考える上で立ち現れてくるものである。

私はこれまで一貫して、マニラの貧困世界をエスノグラフィー★4として描く仕事をおこなってきた。なぜエスノグラフィーかと言えば、眼に焼き付いた光景に繰り返し立ち返り、それに記述と分析を与えようとする過程で見えてくる社会批判の契機に、私はこだわりたいからだ。そのためには、具体的なディテール——暗がりの部屋——を削ぎ落とさず、それをそのまま照射するエスノグラフィーが必要になる。本書は、そうして執筆してきたマニラにおける貧困と構造的暴力をめぐるエスノグラフィーであると同時に、なぜそうしたエスノグラフィーが社会学において必要とされるのかを問う理論的考察の書でもある。

2 エスノグラフィー

エスノグラフィーとは、調査者が対象世界——フィールドと呼ばれることが多い——に分け入り、そこで長期にわたって過ごしながら、その対象世界の成り立ちや居住する人びとの生活について記述する研究方法である。また、こうして生み出された作品そのものをエスノグラフィーということもある。エスノグラフィーは、制作過程（production）において用いられる方法を示すと同時に、そうして制作された作品（product）を指す言葉でもある。★5

私が社会学の研究に惹かれたのは、この分野にはたくさんの刺激的なエスノグラフィーがあったからだ。『ストリート・コーナーソサイエティ』（ホワイト 2000）から『都市を飼い慣らす』（松田 1996）まで、フィールドで膨大な時間とエネルギーを投入した作品が、すでに存在している。社会学には統計分析や

★3 このロセリトたちの暗がりの部屋の様子をめぐっては、私は以前にも記したことがある（石岡 2016）。ここでは、そこで論じた内容を改稿して記している。暗がりの部屋の様子は、私にとって何度も立ち返るべき光景であり、その光景からその都度、新たな考察を試みてきた。

★4 エスノグラフィーは「民族誌」と訳されることがあるが、本書では「エスノグラフィー」とカタカナで表記する。その理由は、今日において、エスノグラフィーは「民族」を対象にした調査に限定された方法ではないからである。コールセンターで働く人のエスノグラフィーもあれば（Fabos 2016）、金融トレーダーのエスノグラフィー（Knorr-Cetina & Brugger 2002）もある。今日においては、少なくとも社会学の国内外の研究動向においては、エスノグラフィーは調査方法のひとつとして人口に膾炙した用語であり、そのことからもカタカナ表記で用いる。

★5 production と product の区別については、Washiya（2022）を参照。

アンケート調査などに基づく研究も数多いが、それと同時に、エスノグラフィーの成果もまた古典的作品として位置づけられている。対象世界にどっぷりと浸かりながら研究をすることが正当なアプローチとして許されていること自体が、私には刺激的だった。

では、エスノグラフィーには、どのような特徴があるだろうか。それは一言で言えば、「血の通った考察」を可能にする点である。ブロニスワフ・マリノフスキの『西太平洋の遠洋航海者』(2010：英語原著は1922)を参照して考えてみよう。マリノフスキによれば、年表や事象のリストなどを正確に作成することは、現地調査において不可欠な作業である。そうして作成された調査報告は、素人の著作とは異なった質の高い内容を備えている。その点を強調した上で、しかし「素人の著作の方がしばしば優っている点がひとつある」とマリノフスキは付け加える。

> 学術的な業績、とくに「調査報告」と言われてきたもののなかには、部族社会の構成の見事なスケルトン(an excellent skeleton)が描かれているが、それは血肉(fresh and blood)を欠いている。(マリノフスキ 2010：54)

マリノフスキにとって、社会生活の把握は、骨組みの解剖だけによっては達成されない。それは「見事なスケルトン」ではあっても、重要な部分を無視している。そうではなく、「血肉」こそが観察によって記述されなければならない。「平日のありふれた出来事、身じたく、料理や食事の方法、村の焚火の回りでの社交生活や会話の調子」(マリノフスキ 2010：56)といったありふれたものごとこそが重要なのだ。これら——マリノフスキは「実生活の不可量領域(imponderabilia of actual life)」(マリノフスキ

2010：56）と呼んでいる★6――こそが、社会生活の血肉を成しているのであり、それを削ぎ落として骨組みに還元してしまうならば、きわめて不十分な報告となってしまう。素人の観察が、当時の学術的報告書よりも優れていたのは、直接観察に基づく、こうした「血肉」に関する記述である。そして、この直接観察の重要性を研究行為に持ち込んだのがエスノグラフィーにほかならない。

エスノグラファーは、ときには、カメラとノートと鉛筆を置いて、自ら、目の前で起こっていること（what is going on）に身を置いてみるのがよい。現地の人びとのゲームに加わったり、訪問や散歩に一緒に付いて行ったり、座って会話を聞いたりするのがよいのだ。（マリノフスキ 2010：60）

エスノグラフィーとは「骨」の重要性を認めつつも、「血肉」により敏感になる方法なのである。フランス出身の社会学者で、シカゴの黒人ゲットーに位置するボクシングジムで三年間におよぶフィールドワークをおこなったロイック・ヴァカンは「血肉の社会学（sociology of fresh and blood）」を構想した（ヴァカン 2013）。ジムに貼られたポスター、縄跳びをする音のリズム、ミット打ちのテンポ、軋むロッカー。こうしたディテールが交錯することでジム空間の宇宙が立ち上がるのであり、ボクサーはそのなかに身体を配置することで、その実践に必要とされる感官をわがものとする。ディテールを捉えること

★6　箭内匡は『イメージの人類学』の第二章でこの点について重要な議論を展開している（箭内 2018）。なお『西太平洋の遠洋航海者』の訳書、および箭内の著書では imponderabilia を「不可量部分」と訳しているが、「部分」という言い方はきわめて量的な性質を喚起すると考え、本書では「不可量領域」という用語を使うことにする。

は、ボクサーを生み出す空間の分析と不可分である。よってヴァカンは、マリノフスキを引きながら、「見事なスケルトン」とは異なった「血肉」への注目の必要性を説くのである（Wacquant 2022：xi）。人びとの語りや生活行為には、切れば噴き出るようなものが多く存在する。骨の解剖学から血肉の生理学へ。調査のやり方の転回こそが、エスノグラフィーという方法には賭けられているのであり、そのためエスノグラフィーは「血の通った考察」を可能にするのである。

マニラの貧困について考える際にも、貧困率やスクオッター地区数などの統計データは「見事なスケルトン」を作り出すことを可能にする。だが私は、テレビ画面の薄明かりだけで夜を過ごす一家の様子から、貧困を考えたい。そこに「血肉」があるからだ。こうした調査態度は、私がまさにマリノフスキを嚆矢とする直接観察のエスノグラフィー研究から学んできたものだ。

3　認識の生産——時間的・対位的・転覆的であること

エスノグラフィーは、「骨」の代わりに「血肉」に注目するというだけではない。それは、社会学的認識（ブルデューほか 1994；田原 1993a）を深める上でも重要になる。ここでは、エスノグラフィーと認識の生産に関わる三つの特徴を提示しよう。すなわち、現在進行的、対位的、転覆的な考察を深める点についてである。

3-1 現在進行的であること

第一に、エスノグラフィーは、現在進行的な考察を深めるものである。この点は、冒頭の記述で言えば、ロセリト一家の感じる恐怖が「未来が見える」ことで生まれる点と関係する。ロセリトは「今」に恐怖を感じているのではない。明かりが灯っていた部屋に明かりが灯らなくなるように、今後の悲惨——たとえば食べ物さえ事欠くようになる——が見えていることが恐怖なのだ。よって、貧困を考えるには、一時点のみをワンショットで捉えるのではなく、そのプロセスに接近する必要があるだろう。

そのプロセスをめぐっては、事後的な振り返りの観点、つまり完了形の時制で捉えるだけでなく、その渦中にいる人間がどのように展望を抱いているのかという進行形の時制で捉える必要がある。ロセリトは、この後、結局、家族で居住することを諦めて、アウラとふたりの子どもは故郷のセブへと戻った。そして彼は、ボクシング・キャンプに住み込みで生活をすることで、家賃という彼にとって——日本に住む私たちにとっても同じである——家計を逼迫させる大きな出費を削って、家族生活を再編した。★7

しかしながら、エスノグラフィーにおいて重要なのは、こうした帰結——妻子との別居——を前提に、そこからの振り返りの観点で、冒頭の暗がりの部屋の出来事を上塗り的に解釈しない点である。ロセリトたちが暗がりの部屋で予見していたものは、その後の帰結と重なりつつもそれに収まりきらない。ロ

★7　私がフィリピンの調査で思い知ったことは、貧困を生きる人びとにとって「同居すること」は、ときにたいへん困難なものであるということだ。貧困であるということは、家族が同居できないことでもある。出稼ぎに行ったり、家賃を準備できなかったりして、同居生活が継続できない。こうした同居の単位となる「世帯」をめぐっては、イマニュエル・ウォーラーステインの考察も参照（ウォーラーステイン 1997）。また、この点については、第4章の5-6の分析とも関連している。

セリトは、暗がりの部屋で、アウラと子どもたちとの別居を考えながらも、同時に、一家揃ってのボクシング・キャンプでの住み込み生活や、別の友人所帯宅への一家揃っての居候や、さらには地下格闘技にマネージャーには内緒で出場してそこで得たファイトマネーを用いての家族生活の継続なども考えていた。これらは想定であって、確実に成功する結果を伴うものではなかった。しかし、こうした想定は、現在進行形のなかで人が対峙している世界を開示してくれる。

社会調査は過去を見るのが得意である。かっちりとしたデータが取得できるからだ。しかし、アメリカの社会学者であるロバート・マートンが「社会的展望時間（socially expected duration）」という概念で示したように（Merton 1984）、人は、過去の蓄積だけでなく、未来の展望に即しても行動する。マートンは、ニューヨーク近郊の産業地帯の地域コミュニティでの調査を通じて、住民が街のコミュニティ活動に参加するかどうかに関しては、どのくらいそこに住んでいるか（事実としての居住年数）ではなく、どのくらいそこに住むつもりか（展望する将来的な居住年数）という点が大きく影響することを論じた。ここからマートンは、「永住予定者」と「一時的居住者」という区分を作り、前者こそがコミュニティ活動の中心となることを示したのである。

マートンの知見は新鮮だった。なぜなら従来の社会学においては、コミュニティ活動に参加するのは、その土地に長く住んでいる人という前提が共有されていたからである。しかしマートンは、どのくらいそこに住むつもりかという想定が、地域活動への関与に深く関わっていることを説明してみせたのである。マートンが「時間」を duration という言葉を使って論じているように、その地域に住んでいる人が今後も住み続けると想定している、そうした持続的な時間が、この概念では掴まえられている。

私は以前、エスノグラフィーとは、「人びと」について知るのではなく、「人びとの対峙する世界」について知るものであると論じたことがある（石岡 2016）。ロセリトと彼の置かれた状況について考える際にも、彼の出身地や学歴や収入などの背景情報に還元して解釈してしまうのではなく、そのなかを生きる彼自身が、何を見つめていて、どのような展望や想定をもって、その状況を捉えているのかを知る必要がある。「彼が見ているもの」を度外視して、出身地や学歴や家計支出などの変数から裁断するのではなく、「彼が見ているもの」をエスノグラファーも見ようとするのである。出身地などの変数はもちろん重要であり、正確にデータを集める努力が不可欠であるが、それは「彼が見ているもの」に接近するための素材であって、そうした変数でもって人の経験を裁断するのではない。

エスノグラフィーが現在進行的な考察を深めるというのは、このように「人びとが対峙する世界」を、完了形ではなく進行形の時制で捉えることを目指すからである。こうした現在進行的な認識は、本書のように貧困や構造的暴力を考察する著作においては、重要なものになる。

3−2　対位的であること

第二に、エスノグラフィーは、対位的（contrapuntal）な考察を深めるものである。[★8] 冒頭の記述とのつながりで言えば、ロセリトと共に在った暗がりの部屋を考えることが、同時に調査者である私自身の生

★8　「対位的（contrapuntal）」という言葉の使用は、新原道信の著作の影響を受けている。新原は、五線紙上で異なる音を一緒に並べる技法である対位法を、フィールドワーク論に援用して議論を展開している。「他者のなかに「見知らぬわたし」を〈みる・きく・かんじる〉、そして「自分のなかの他者と〝出会う〟」」（新原編 2022：213）というふたつの過程を並行して把握することの重要性を、新原は記している。

活史ともつながっていることを指す。エスノグラフィーは、フィールドワークを通じて描かれる。そしてフィールドワークとは、フィールドについて探索する営為である以上に、フィールドとホームを往復することで深まっていく営為でもある。「人類学では「ホーム」と「フィールド」との往復が欠かせない。そして、その両者が思考の対象となる。人類学といえば、よく遠くの国の異文化について研究していると思われてしまうが、人類学者はたんにフィールドの「かれら」だけを調査しているわけではない」（松村 2017：52–53）のである。

フィールドについて知ることは、同時に、ホームを再発見していく作業でもある。そして再発見されたホームから再びフィールドに戻ると、そこでは新たなフィールドの模様が立ち現れてくる。フィールドワークとは、こうした往復作業によって、漸次的に理解が進むものであり、[★9] フィールドとホームが同時に対象化されていく過程がそこには含まれるのだ。

私は二〇〇二年に初めてフィリピンを訪れて以降、日本とフィリピンを何度も往復しながら、ボクシング・キャンプやスクオッター地区の調査を進めてきた。それは言い換えれば、何度もフィリピンに行くと同時に、何度も日本に帰ってきたということでもある。出向と帰還はセットだ。そこで生まれる回帰の経験が、エスノグラフィーの性質を条件づける。長年にわたって地中海の島サルデーニャを調査してきた社会学者の新原道信は、フィールドワークの対位的な特徴を記している。

> 対象の中で己れを失い、対象の内で有機化されることによって傍観者としての自己を失う。ガラス越しに対象を見る純粋な思考など不可能であり、考えるとは存在と契る（s'engager）ことである。（新原 1997：8）

「対象の内で有機化される」ことで己れが失われていく。だからこそフィールドワークは危険だ。自明であった足場が融解し、宙吊りにされていくのだから。「考えるとは、確かさを求める自己にとって危険なものである」（新原 1997：8）。だが、この自失の経験は、同時に自らに刻印されている特質を晒し出すことを可能にする。

しかし、その時でさえも、いやむしろその時にこそなのかもしれないが、流動化しつつある自分の中に、固くしこった思考の枠組みがあるのを強く感じた。（新原 1997：6、傍点は引用者）

フィールドに没入し自己が組み替えられていく、まさに「その時にこそ」現れる、自らの原体験や原風景がある。ホームでの安定した日常では決して登場することのない基層が、フィールドのなかで照らし出される。「その時にこそ」根底から問いが立ち上がる。フィールドについて知るためには、そのフィールドに関心を向けてしまう自分自身について知る必要があり、また自分について知るためには、その自分に馴染みある世界とは異なった世界に飛び込む必要がある。こうした対位的な認識を形成する

★9　ピエール・ブルデューの「リフレクシヴ・ソシオロジー」に関わる以下の箇所を参照。「認識論的切断について語る人々のための教訓として、切断は一挙におこなわれるわけではなく、入門レベルの哲学（やアルチュセール派）が考えるような一種の創設的行為のようなものではないということがわかります。切断には三十年かかることだってあります」（ブルデュー＋ヴァカン 2007：212）。

ことが、エスノグラフィーには賭けられているのだ。私がマニラまで、貧困下をからだひとつで生きる人びとに触れに行くことの背景も、私自身の生活史が深く関わっている。この点については次節で言及しよう。

対位的な考察を深めることをめぐっては、ベネディクト・アンダーソンが「接眼レンズと対物レンズをひっくりかえして望遠鏡を見る」（アンダーソン 2005：2）と評した経験とも関係しているだろう。アンダーソンにとって、フィールドワークとは difference（何かが違う）と absence（あるべきものがない）の発見のなかで進むものだった（アンダーソン 2009）。アイスピックは日本ではバーテンダーが氷を削って丸く仕上げるために使用するものだが、フィリピンでは氷割りに使用すると同時に寝込みを襲われたときの護身用具としてスクオッター地区の住人が使用するものである。冷蔵庫のない貧しい家に、安いジンと氷を買って遊びに行ったとき、友人が、隠しているアイスピックを枕元から出して氷を削り始めたことがあった。寝込みを襲われても対処できるように、枕元にアイスピックを置いて眠るのが、彼にとっての日常なのである。アイスピックというひとつのものが、ホームとフィールドでは違ったふうに使われている。これが difference である。また、夜の街には光があることが当然である。だが、ロセリトの暗がりの部屋には光がない。あるべき光が不在である。これが absence だ。

エスノグラフィーとは、こうした difference と absence を対位的に浮かび上がらせるなかで、事象を明るみに出していく実践である。そしてそれは、接眼レンズから対物レンズを眺めていた状況を、逆さまに見ることを可能にする経験でもある。多くの日本の読者にとって、マニラのスクオッター地区は、困窮と治安の悪さに代表される問題地区として想像されるだろう。だが、そうした人の住むような場所ではないと言われるような場所において、無数の人びとが住んでいる現実がある。行政サービスが行き届かず、治安が悪く、アイスピックを枕元に置いて眠る都市の片隅において、それでも人が住んでいるということは、そこでは人びとの生活力と創造力が相当に引き出されていると捉えることができる。スクオッター地区は、人間が生き延びることに関する知の集積地とも言えるだろう。こうした「接眼レンズと対物レンズをひっくりかえして望遠鏡を見る」ような対位的な経験が、エスノグラフィーを書く際の根底にある。

3－3　転覆的であること

第三に、エスノグラフィーは、転覆的（subversive）な考察を深めるものである。ロセリト一家の暗がりの部屋の事例で言えば、そのシーンを考えることは、力なき者の力を可視化することにつながっているという点である。エスノグラフィーを書くことは――少なくとも私にとっては――支配的なものの見方や臆見を転覆させる、別の見方を生み出す行為であるということだ。

暗がりの部屋で生活することは、盗電をしているという事実を近隣には隠したまま、バレるとまずいという恐怖とともに過ごすことである。電気代を払うことに苦労しない者にとって、夜に部屋が灯っているのは自明である。だが、その支払いが困難な者にとって、夜の明かりが思考の対象になる。

マイノリティとは、[★10]マジョリティが考えなくてもよいことを日常的に考え続けなければならない人のことである。《あの家は、真っ暗なまま、人影だけがある》という周りの侮蔑的な視線を浴びて、ロセリト一家は毎晩を過ごす。夜は屈辱を感じさせられる時間だ。明かりが灯らない部屋で生活するとはどういうことであるのかについて、かれらは向き合わなければならない。多くの人が考えないで済むことを、かれらは考えなければならないのである。

ある人にとっては自明な前提が、別の人——多くの場合、力なき人びと——にとっては思考の対象になるという点については、人類学者のデヴィッド・グレーバーが「解釈労働（interpretive labor）」（グレーバー 2017）と名づけた行為とも関係するだろう。力なき者は、力を所有する者の顔色をうかがわなければならない。グレーバーに倣って主人と奴隷のプロトタイプで考えるならば、奴隷は生き延びるために主人の機嫌を読み取ろうとする。直接話しかけることを禁じられているなかで、主人が階段から降りてくる足音、食事の取り方、携帯電話での話し声などから得られる情報を全身をアンテナにして読み解きながら、今日の主人の機嫌を知ろうとする。こうした解釈は、文字通り、命懸けの行為である。この解釈労働を通じて、かれは奴隷としての日々をなんとか生き抜く。

一方、主人の方は、解釈労働をする必要はない。なぜなら、主人は意に沿わないことがあれば、暴力を行使すればよいからだ。奴隷が気に入らなければ——グレーバーが述べているように——その人物の頭をぶん殴れば事は終結する。あるいは、雇い止めしてしまえば（ドナルド・トランプの口癖だった“You're fired”という言葉を思い起こす必要がある）、明日からは主人の快適な自宅空間が再び作られるだろう。グレーバーは、力を所有する者とそうでない者のあいだに広がるこうした格差を、「想像力の偏曲構造（lopsided structures of the imagination）」と呼んでいる（グレーバー 2017：133）。前者は相手の考えていることを考える必要がないが、後者は徹底的に相手の考えていることを考え抜く必要がある。解釈労働とは、力なき者に強いられる労働であり、これが積み重なることで力なき者は精神的暴力を被ることになるというのがグレーバーの議論である。また同時に、力を所有するものは、解釈労働を要しないため、他者の頭のなかを考慮する機会を失っていき、結果的にどんどん馬鹿になる、[★11]という点も、解釈労働という概念を使ってグレーバーが展開した、もうひとつの論旨である。

解釈労働という概念は、人類学者のグレーバーらしい現実感を伴った抽象である。その上で、私はグレーバーの議論を次のように敷衍したい。解釈労働は、力なき者に、単に精神的暴力を被らせるというだけでなく、この労働を通じてかれらは大半の者が感知しない事柄までをも、思考の対象に仕立て上げるという点である。解釈労働は、現実の別の見方を作り上げる基礎にもなるのだ。転覆的な認識が生み出されるのは、この時点である。

ロセリトたちにとって、貧困とは、夜が怖いことである。テレビ画面の明かりだけを頼りに生活する

★10 本書において「マイノリティ」は、「少数者」と同じ意味を指すのではない。フィリピンのようなポストコロニアル社会を考える場合、数的には少数であっても、政治的には圧倒的に力を有するグループが存在する。「常識的(normal)なこと」は数の論理ではなく、力の論理で作られる。その点で「標準的(standard)なこと」や「平均的(average)なこと」とは異なる。全体の五%しか数的には占めないグループであっても、かれらの定義した「常識」が社会のルールとして根ざしている社会は存在するのである。この点に関して、アンソニー・ギデンズによる次の論述も参照。「社会学者は、多くの場合、社会の内部で特定の集団が置かれた従属的位置づけを指称するために、「マイノリティ」を、字義通りの数量的意味ではないかたちで用いる。「マイノリティ」が実際に多数派を形成している事例は、数多く存在する」(ギデンズ 2009：499)。

★11 実際のところ、馬鹿になるだけではない。それに加えて、そうした人びとは「食うべからず」でもあるのだ。小泉義之が田辺元を引きながら論じた次の文章を参照。「この(田辺による：引用者)公式的な言明で注意しておきたいのは、「働かざる者は所有すべからず」、ひいては、「働かざる者は食うべからず」という警句が、誰よりも先ず、生産資本の私有階級に向けられているということである。ところが、その後、その警句は、誰よりも先ず、失業・障害・病気のために働けない者に向けられるものとして理解され、しかも、誰よりも先に「当事者」自身が自らに向けられた警句と受け止め、それに抗して弁明をなすべきと思いなされるようになった」(小泉 2022：209)。

ことは、惨めさを痛感することでもある。いつの間にか、息を潜めながら、生活をするようになる。こうして貧困は差別と接続し、そこには侮蔑性を伴う他者たちの実践に包囲された日常が形成されることになる。しかしこのとき、ロセリトは、貧困や差別との固有の向き合い方を獲得する。かれにとって貧困とは、息を潜め続けて生きることであり、今後の展望を持つという時間的予見が剥奪されることである。その状況理解のあり方は、フィリピンの学者がスクオッター地区の貧困について貧困線の算出から把握するような理解とは異なる。そうした支配的な認識をひっくり返すような転覆的な特徴を獲得していると言える。

エスノグラファーが、マージナルな人びとに接近するのは、かれらが解釈労働を通じて獲得した別のものの見方に学び、それにことばを与え、そこから批判的な認識を形成する作業に参画しようとするからだ。こうした転覆的な契機こそが、エスノグラフィーには――少なくとも私にとっては――不可欠だ。物見遊山に行くのでも、かわいそうな人に同情しに行くのでもない。ロセリトたちは対象であるだけではない。かれらから別の見方を学び、その見方を敷衍してエスノグラフィーを書くことで、その別の見方を世界に拡散させるのである。

転覆的な認識の生産をめぐっては、ポルトガルの社会学者で、グローバルサウスの認識論の研究で著名なボアベントゥーラ・デ・ソーサ・サントスの仕事ともつながってくる。サントスは、別の世界を作るには、まず、別の見方を作らなければならないと強調した。

私たちは被害者(victims)ではない。私たちは被害を受けているのであり(victimized)、それは同時に抵抗を導くものだ。私たちはたくさんいるのであり、まったく違ったやり方で新たな学習を用い

るのだ。(Santos 2014：10)

被害者(victims)として境界確定させてしまうのではなく、被害を受けている(victimized)という動的過程において立ち現れるものを捉えようとする。抑圧のあるところには抵抗が生まれ、障壁のあるところには新たな知識が生まれる。苦しみは私たちの思考を深化させる。そうした「争いのなかで生み出される知識(knowledges born in the struggle)」を捉えることに、サントスの社会学のねらいがある(Santos & Meneses 2022)。

では、なぜサントスは、認識や知識にこだわるのだろうか。それは、植民地支配がつねに認識的ジェノサイド(Epistemicide)を実行してきたからである。別様に考える力や語彙を削ぎ、単一の文法が行き届くことで近代社会は形成された。だとすれば、その社会に内在する暴力や抑圧に抗する別の文法は、その内部からではなく、その社会が形成される過程で破壊されてきたものを拾い集めるなかで作られる必要がある。別の世界を作るには、まず、別の見方が――破壊されてきたものを拾い集めながら――作られなければならないのである。

別の見方を作っていくことは、解釈労働を余儀なくされる人びとの「見抜く」技術と連動することで、実質的なものになっていくだろう。エスノグラフィーが転覆的な考察を深めるというのは、それがこうした別の見方の創出と連動しているからである。

ここまでエスノグラフィーと認識の生産をめぐる三点について論じてきた。次節からは、本書の主題である貧困と構造的暴力について論じていこう。

4　貧困と構造的暴力

4―1　対位的な問題設定

本書では、私がマニラのボクシング・キャンプやスクオッター地区において、見聞きしてきたこと、さらには「眼に焼き付いた光景」を記述し、分析していく。そこで記述されるのは、マニラの文化や政治といったガイドブック的な内容ではない。そうではなく本書では、貧困と構造的暴力という主題に沿って記述と分析がおこなわれる。そしてその主題の下位を成すものとして、身体、都市、インフラストラクチャーといった別の主題が登場することになるだろう。

なぜ貧困と構造的暴力なのか。その理由は、それらが私にとってもっとも切実な主題であることによる。私は一九七七年に岡山市で生まれた。生まれ育ったのは、貧困と差別が生々しい問題としてあった地区だった。通っていた小学校区には、遊廓があり、暴力団事務所があり、採石場があり、市営墓地があり、屠場があった。父は、中学を卒業してから約五〇年間、自動車修理工として身を粉にして働いた。母は小作農の三女であり、高校卒業後にしばらく働いた後、父と結婚し、子どもを三人産んだ。私はその三人の末っ子の長男だったが、私だけが大学に行かせてもらえた。姉の二人は、まだお金のかかる「弟」がいるという理由で、地元の商業高校を卒業して就職した。大学進学を前に、母は私に、ほかの学生と同じようにはお金を使ってはいけないことについて釘を刺した。

社会学は、私にとって、必然的な出会いでもあった学術領域だ。大学時代、私は体育専門学群という学部に通っていて、将来は岡山で体育の先生になろうと考えていた。決して学習に熱心ではなかったが、単位の都合で履修したスポーツ社会学の講義は刺激的な内容だった。スポーツと階級、文化資本、規律訓練、認識論的切断、『ハマータウンの野郎ども』、エスノグラフィー。社会学がほかの学術領域とは異なると感じたのは、それに関する講義を聞き、紹介された本を読んでいるときに、そこに自らを発見することにあった。

たとえば、講義で何度も紹介されたフランスの社会学者ピエール・ブルデューを引き合いに出してみよう。ブルデューは、フランス南西部の村ドンガンに生まれた。村の郵便局員の息子だった彼は、パリに進学し、最終的にはコレージュ・ド・フランスの教授となる（ブルデュー 2011）。そうした来歴を持つブルデューは、訛りについての考察をおこなっている。訛りは、学習された自然であり、容易には消し去ることができない。そのアクセントは、かれの一部である。だが、こうして容易には消し去ることのできないものを標的にして、パリの人びとは彼を田舎者として揶揄する。こうした微細な考察から、ブルデューは文化資本という概念を練り上げていく。体験に回帰しながら学問の言葉が練り上げられていく。自分ではどうしようもないもの——訛りのアクセントなど——を攻撃され、そのことで自分の劣位が再生産される。この省察は、決してブルデュー個人に閉じたものではない。何人もの「ブルデューたち」がこの世界にはいるだろう。ブルデューの格闘はブルデューたちの格闘であり、それはわたしたちの格闘である。

ブルデューについて私が考えるときに重要なのは、彼が成り上がったという事実ではなく、彼が複数の「界（field）」を横切ったことである（ヴァカン 2009）。郵便局の仕事は、大学の仕事とは異なる。農村の生活は、首都の生活とは異なる。故郷の幼馴染との集まりは、コレージュ・ド・フランスの教員との集まりとは異なる。ブルデューは界を横切りながら、界と界の「あいだ」を見出すことによって、そこから社会を対象化する視座を獲得していく。どっちつかずであることは、どっちに帰依することもなく、それぞれを対象化することを可能にする。

私はスポーツ社会学の講義を通じて、ブルデューの名などを学びながら、自らの来歴に立ち返り、そこから思考を立ち上げることが可能なのが社会学であると学んだ。そして私にとって切実な問題は、貧困と構造的暴力であった。だから、私はこの主題に関する社会学的考察を、それ以降おこない続けているのである。またオートエスノグラフィーのような形式ではなく、いったん自らとは遠く離れた人びとの世界に分け入ることを通じて、自らの来歴に立ち返ってくるという「回帰」★12の叙述が私にとっては重要だった。こうした対位的な問題設定のもとに、私はマニラのボクシング・キャンプとスクオッター地区に没入することになった。

なぜマニラだったかというと、それは偶然でもあった。私は修士課程の院生だった際に、同じ県内の日立市に、多くのフィリピンからの「出稼ぎボクサー」が来ていることを知った。このジムには多くのフィリピン人ボクサーが六ヶ月間（興行ビザの滞在期間と重なる）やってきて、日本で「噛ませ犬」として試合をしていた。つまり、日本の若手のスター候補のボクサーが、実戦で自信をつけるために殴り倒される相手役として、かれらが存在していた。マッチメイクはミスマッチなことが多い。フィリピン人ボクサーよりも日本人ボクサーの方が、明らかに身長が高く、体重が重いという組み合わせだ。だが、フィリピン人ボクサーは日本で試合をすると、ファイトマネー（勝敗に関係なくリングに上がること自体に支払われる報酬）が跳ね上がる。かれらは噛ませ犬であることをわかった上で、日本に出稼ぎに来るのであった。私は、このジムでぜひフィールドワークをおこないたいということを、日立市にあるジムの会長宅で話し、それが受け入れられて、修士論文に結実する調査を開始した。

この修士課程でのフィールドワークが、その後のマニラのフィールドワークへとつながった。私は、からだひとつで生き抜く噛ませ犬ボクサーたちの現実に、自らが反響する感覚を持った。なぜ、そうした姿に反響したのか。それはひとえに、私の父が、祖母が、祖父が、幼馴染たちが、みなそうやって生きてきたからである。からだひとつで食べていくことは困難である。からだを壊したら困窮へと一直線だ。そして貧しさは、他者に馬鹿にされる引き金にもなるだろう。貧困は、経済的問題であると同時に存在をめぐる問題である。こうして私は、マニラから、私の来歴をも照らし出す貧困と構造的暴力をめぐる記述と分析を展開したいと考えたのである。

4—2　なぜ構造的暴力か

よって本書は、ビルドゥングスロマンのような性質を備えている。次章以降に記述される内容は、マニラで起こっている出来事であると同時に、それを捉えて離さない私自身の問題意識に絡め取られているものである。その上で、ここで説明しておきたいのは、私がなぜ「貧困」ではなく「貧困と構造的暴力」と主題を設定しているかという点である。

貧困については、日本でもたくさんの研究が上梓されてきた。社会学に限っても、寄せ場労働者の〈ミジメとホコリ〉の世界を開示した青木秀男の古典的研究（青木 1989）や、生活構造論の伝統を批判

★12　クロード・レヴィ＝ストロースの『悲しき熱帯』の最後に置かれた第9部のタイトルが「回帰」であることを想起されたい（レヴィ＝ストロース 2001）。

的に展開するかたちで室蘭市における貧困と家族崩壊を実証的に分析した鎌田とし子の著作（鎌田 2011）、貧困を非定住・非組織の問題として実証的かつ理論的に論じた西澤晃彦の仕事（西澤 1995）など、私が読み返してきた重要な成果がある。

その上で、なぜ、私が貧困だけでなく構造的暴力という新たな概念を付けて本書の主題とするかというと、構造的暴力という概念が、人びとの状況の知覚——ロセリト一家の暗がりの部屋の恐怖——を内包しているからである。すでに引用したサントスが、私たちは被害者（victims）ではなく被害を被っている（victimized）と、動詞で抑圧について論じていた点を思い出そう（Santos 2014）。貧困は「貧困層」の抽出のように、客観的状態の切り分けをおこなう上で重要な概念であるが、人びと自身による状況の知覚や身構えを含めた議論を目指すためには、構造的暴力という概念を付加することでそのねらいに近づくことができる。

ノルウェーの平和学者であるヨハン・ガルトゥングは、「平和」とはいかなる状態であるのかを定義するために、それと対局の「暴力」について詳細に定義した。その際のポイントは、ガルトゥングが「暴力とは、潜在的可能性と現実とのあいだのへだたりを増大させるもの」（ガルトゥング 1991：6）と論じた点である。たとえば、結核で亡くなることは一九世紀においては避けられないことだった。薬も医療設備も無かったからである。だが、現在においては、結核を治療することが十分に可能になっている。にもかかわらず、現在においても結核で亡くなる人びとが地理的社会的な布置関係において生じ続けているのであり、これは暴力とみなされる。現在においては、結核への対処が潜在的に可能であるにもかかわらず、実際的には放置されているという「へだたり」こそが、暴力をめぐるガルトゥングの議論にとって重要な鍵になっている。

ガルトゥングの議論では、暴力を、直接的（direct）なもの――殴るなど――だけでなく、間接的（indirect）なもの――現在における結核による病死――にまで拡張した定義が採用されている。そして、潜在的なものと実際的なものの乖離は、つねに社会という場において生み出されているのだから（たとえば貧困地区の住人を皆医療制度に組み入れることは潜在的には可能なのに、実際的にはそうしない国家社会はたくさん存在する）、暴力を社会学的視座から考察することが必要になる。こうして、間接的なかたちで、社会というフィルターを介することで生み出される暴力のことを、ガルトゥングは構造的暴力と呼んだ。

エスノグラファーたちは、このガルトゥングの定義を念頭におきながら、貧困地区の記述と分析を、構造的暴力という概念を使って遂行してきた（Scheper-Hughes 1992；ファーマー 2012）。アメリカの医療人類学者であるポール・ファーマーは、「構造的暴力とは、ある社会秩序に属するすべての人が体系的に、つまり間接的に行使する暴力のことである」（Farmer 2004：307）と定義している。ここでも「間接的」と「社会」という鍵用語が入っているが、その上でファーマーは、構造的暴力がどう発動し、それを人びとがどう知覚しているのか――あるいは非知覚であるのか――を、ハイチにおける農民と病気をめぐるエスノグラフィーとして描出している。

彼は、ハイチの農民が、貧困と同時に、エイズやレイプや軍部による恣意的な物理的暴力の苦しみ（suffering）に晒されている現実を記述しながら、それが同時に、ダム開発によって引き起こされている点を述べている。ファーマーは、ダム開発で強制移住をさせられた農民たちを「水難民（water refugee）」と呼ぶが、かれらには、複合的な苦しみが重く伸し掛かることになる。[13] 人びとは圧倒的な貧困下を生きているが、同時に自分たちが脅かされた生存と生活を送らされていることを知覚している。そうした人びとの知覚を含み込んだ上で、ファーマーによる構造的暴力のエスノグラフィーは書かれているのであり、この点に私も倣って、本書では「貧困と構造的暴力」という主題の設定の仕方を採るのである。「貧困と構造的暴力」をエスノグラフィーとして描こうとした場合、私の視座は貧困者の側に迫ろうとする。それは〝ニュートラル〟な視点ではないという指摘が出されるかもしれない。だがこの指摘に対しては、〝ニュートラル〟な視点がどのように形成されているものなのか、つまりその内容を歴史化して考える必要があるだろう。本書では、立ち退きの結果、再居住地へと強制的に送り込まれたマニラの人びとの事例についても紹介する（第8章）。そこで詳述するが、立ち退きについては、ディベロッパーや都市計画の人びとの声は甲高に流通し、スクオッター住人の声はかき消されていくことになる。「貧困者は沈黙するよう条件づけられている」（ファーマー 2012：60）。だとすれば、〝ニュートラル〟な視点に立つということ自体が、流通しやすい側の声に加担することにつながりかねないだろう。この点に関して、ファーマーの著作から引用しておこう。

私は貧しい病人の側に公然と立っているし、中立派に与することは望まない（そうした「中立性」はしばしば、故意であれ無意識であれ、本書で取り上げる構造的暴力の煙幕あるいは弁解に利用されると、私は指摘してきた）。（ファーマー 2012：62）

「急流を暴力と名づける／しかしその周辺の河川敷を誰も暴力とは言わない」★14というベルトルト・ブレヒトの詩を思い起こそう。河川敷が、ある人の眼には、暴力の対象と映っている。だが大多数の者には、河川敷をそのように見ることはない。それは貧困者から見ることで、見えてくるものである。またこうした事象の捉え方は、前節で論じた転覆的な認識生産とも関連してくるだろう。中立派からは見えない、その外部に放逐された者の知覚に迫ることから、私は貧困と構造的暴力を記述していきたい。

4―3　反センセーショナリズム

「貧困と構造的暴力」のエスノグラフィーを記述する上で、注意したい点がある。それは、センセーショナルな出来事に、眼を奪われてはならないということである。

マニラの貧困というと、廃品回収で家計を助ける子どもたちの様子や都市再開発のためにスクオッター地区の自宅を強制撤去で破壊された住人の姿が、フィリピンにおいても頻繁にメディアに取り上げられる。センセーショナルな報道は、視聴者の目を引くからだ。しかしながら、かつてアメリカの黒人解放運動を牽引したストークリー・カーマイケルが言ったように、「テレビカメラで記録することのできる」（Carmichael 1968：151）暴力には注意が必要である。

カーマイケルがそう述べたのは、暴力がマスメディアによって報道されるときに、センセーショナルな映像のみが拡散されてきたことへの危惧があったからである。警官が黒人を殴打し、頸動脈を圧迫する。もちろん、こうした不正義に対しては、それを正す運動が不可欠だ。だが、センセーショナルな映像とそこで表象されている「個人的レイシズム」が、そのシーンのみをパッケージに包んで世界中に拡

★13　ファーマーがつねにダム開発に注目する点をめぐっては、トレイシー・キダーによるファーマーについてのルポルタージュにおいても記されている（キダー 2004）。

★14　このブレヒトの詩は、ファーマー（2012：39）から再引用した。

散されることで、逆に「制度的レイシズム」が覆い隠されてしまう点を、カーマイケルは憂慮したのである。そしてカーマイケルが、この制度的レイシズムという言葉で名指した位相で働く暴力のことを、のちにガルトゥングも構造的暴力の概念を練り上げる上で重視している（ガルトゥング 1991：56）。

センセーショナルな映像は、それを観た者たちの眼を奪う力を持つ。カーマイケルの時代以上に今日のSNS隆盛の時代には、短い動画が世界中に拡散し、そうすることで反暴力の運動が国際的なつながりを生み出すだろう。しかしそのセンセーショナルな動画は、視聴者の表面的な共感を作り上げることはあっても、その事態の意味を伝えるかどうかについては別である。「暴力は現前すると同時に仮面をかぶっている」（ブルデュ 1988：209）ことを、私たちは想起する必要があるだろう。ブルデューに倣うならば、センセーショナルな動画に眼を奪われているときにこそ、別の暴力が作動していると考えることも可能だ。警官のチョーキングに私たちが眼を奪われているとき、そこで覆い隠されているのは、日常的に市井の人びとが晒されているハラスメントの数々である。わかりやすい映像は、こうした構造的暴力を後景へと追いやる効果を持ってしまう。黒人であるがゆえに、そうではない人びとが何ら気にしなくても良いことを、かれらは気にかけなければならない。かれらの背中をつたう冷汗を感知する手法こそが、カーマイケルとブルデューに倣うならば、私たちには求められているのである。

「事件が起こると個別事例ばかりがとりあげられるが、ひとりの人間の背後でどれだけの数の人間が殺され、痛めつけられ、嫌がらせを受けてきたのかを具体的に想像する必要がある」（中村 2020：143）。エスノグラフィーを書くことは、眼が受け取る光線の向きに自覚的になりながら、前景化と背景化、地と図の構図を踏まえつつ、暴力の作動する日常的領域を捉えなおすことである。

5　制約下での社会学的想像力

具体的な本書の構成の紹介に入る前に、もう一点、言及しておきたい点がある。それは、エスノグラフィーとは、何を「書けるか」ではなく、何を「書けないか」という、その制約条件に基礎づけられた方法であるということだ。

私たちは、フィールドワークの過程で、さまざまな出来事を目撃する。しかし、当然ながら、それらすべてが書かれるわけではない。研究において重要に思われる出来事も、そこで生活する人びとにとっては、公にすることを控えてほしいという内容が多々ある。そうした事柄については、私たちはもちろん書かない。社会学者の丸山里美が指摘するように、「調査者が肝に銘じておかなければならないもっとも重要な原則の一つは、調査対象者の生活やその都合をうわまわる調査はない」（丸山 2016：61）ということなのである。

調査者からすれば、時間をかけて収集したデータを用いることができなければ、大きな制約になるだろう。けれども、逆に、収集したデータをすべて使用できるという前提自体が問題含みであるとも言える。また、特定のデータを公表できないからといって、フィールドワークそのものがすべて無駄になるわけではない。なぜなら、具体的事例としては書けなくとも、そこで表れた内容を抽象化することで、今後、社会理論の論文を構想する手がかりを得られるかもしれないからだ。あるいは、その事例の公表を差し控えて欲しいという主張の背後を考えなおすことで、よりいっそうその主題の特徴を掴まえることができるかもしれない。「書けないこと」は当然ある。しかしながら、「書けないこと」をいかにして

「書けるようにするか」について考えること自体が、社会学的思考の重要な訓練でもある。「書けないこと」をめぐる議論で必要なのは、事例公表の可否の話ではなくて、そのなかでいったい何が「書けるのか」を考えなおす社会学的想像力である。

「書けないこと」をめぐるこうした考察は、調査倫理にまつわるものだけではない。とりわけ、貧困や構造的暴力といったテーマは、国家機構を通じて、調査データの公表にあたって検閲をかけられたり、取得したデータそのものの破棄が命じられることもある。今日の日本だけに視座を中心化するのではなく、もっと地理的・歴史的に射程を広げてみれば、エスノグラフィーを自由に書くことができるという前提が、実は例外的なことがわかるだろう。その前提こそが、闘争の結果、人びとによって歴史的に勝ち取られてきた条件である。

ひとつの例として、ボリビアの社会学者であるシルビア・リベラ・クシカンキの経験について記した い。[★15]彼女は、先住民族アイマラにルーツを持ち、フェミニストとして活躍しており、南米ではその名が広範に知られている。彼女は、文字だけでなく、図像や写真を用いたビジュアル・メソッドと呼ばれる手法を社会学の研究でいち早く用いており、その方法的な先見性から注目を浴びてきた。

リベラ・クシカンキがビジュアル・メソッドを用いたエスノグラフィーの作成を試みたのは、実際のところ、強いられた結果であった。一九六〇年代後半、彼女は、先住民族が経験してきた暴力をめぐる歴史社会学の論文を準備しており、自室には必要な史料が集められていた。だが、その史料は一九七〇年代初頭に、隣国チリから来た治安維持部隊によって没収され、廃棄されてしまう。当時、チリではアジェンデ政権に対する軍事クーデターが仕掛けられており、その影響は隣国ボリビアにまでもたらされていた。ピノチェトの率いるチリの軍事政権は、隣国で活躍するリベラ・クシカンキをも監視の対象とし、その結果、彼女のほとんどの文書史料は焼かれることになった。

しかしながらリベラ・クシカンキは、あきらめなかった。彼女は、文書史料が奪われてしまった後に、それでもできることを考えたのである。そうして彼女は、図像学などを駆使しながら、先住民族の記憶と闘争をビジュアル・メソッドの方法を用いて、執筆していった。彼女にとって方法とは、自分で選択可能なものではなかった。制約下において、それでもできる方法を編み出すなかで、ビジュアル・メソッドが発展させられたのである。彼女の主要な著作のタイトルは『抑圧されたが負けたわけではない（*Oppressed but Not Defeated*）』（リベラ・クシカンキ 1998）であるが、このタイトルは、まさに彼女自身が人生において直面してきたことを表したものでもある。

エスノグラフィーは、検閲の対象とされやすいものである。フィールドワークが禁止されることもあれば、リベラ・クシカンキのように史料そのものが没収されてしまうこともある。だが、それでもエスノグラファーは、そのなかで可能なやり方を模索してきた。無制約ではなく制約があるからこそ発揮される社会学的想像力と対抗力が、そこには賭けられている。

★15　リベラ・クシカンキの体験をめぐっては、本章★1で記したCEAD二〇一八年大会における彼女の講演「オーラリティを取り戻すことへの招待」（二〇一八年一一月二二日）の内容を、私が再構成したものである。この講演は――本章★1で記したサントスの講演も同じであったが――、サンチアゴ大学内のサルバドール・アジェンデ講堂でおこなわれた。

6　本書の構成

本書では、次章以降、具体的なフィールドの記述とそこからの理論化の作業を繰り返しおこないながら、貧困と構造的暴力という主題について考察していく。

本書の叙述の順序は、私のフィールドワークの展開に沿っている。私はすでに述べたように、身ひとつで生きているボクサーたちの世界に関心を持ち、大学院時代よりフィールドワークをおこなってきた。そのなかで外せない主題が、貧困であった。ほぼすべてのボクサーは、貧困からの脱出を企図して、競技に参入する。かれらはチャンピオンを目指しているだけでなく、「食べていく」ことを目指している。チャンピオンになるとファイトマネーやその後の進路なども可能性が開けるために、結果的に「食べていく」ことが可能になりやすい。かれらはチャンピオンになることそれ自体を目指すというよりは、そのことによって得られる経済的報酬を手にしたいと考える。よって、フィリピンでボクシングについて考えることは、若者男性がどのようにして貧困から脱出し「食べていく」のかをめぐって考えることでもある。

本書の第1章から第3章までは、こうした「貧困とボクシング」という観点から、記述と考察がおこなわれる。第1章では、ボクサーの減量が取り上げられる。ボクシングの試合は体重別の階級制でおこなわれるため、ボクサーは減量をしてできるだけ軽い階級で試合に出場する。五キロから、場合によっては一〇キロ近く、体重を落とすボクサーもいる。しかし減量において重要なのは、何キロ落とすかという「量」だけでなく、どれくらいの期間で落とすかという「タイミング」である。第1章では試合が決定して、減量で身体を試合用に作り上げていたにもかかわらず、試合が延期や中止されることで、その苦労が「なかったこと」にされるボクサーの絶望感が記述される。

第2章では、本書がなぜ「ボクシングジム」ではなく「ボクシング・キャンプ」と呼んでいるのかという理由が、そこでの共同生活に焦点を当てながら説明されていく。フィリピンでは、ボクサーたちはボクシング・キャンプに住み込みで生活をしながら、練習をおこなう。ボクシング・キャンプは、練習の場であると同時に生活の場であり、そこには貧困から身を守ると同時に貧困を自覚させられるという二重性が息づいている点が論じられる。

第3章では、ボクシング・キャンプから脱走した、ひとりのボクサーの事例が詳述される。彼は現役のフィリピン国内チャンピオンであったにもかかわらず、そこで提供される食事が粗雑だったために、それが嫌で脱走した。食べることは、その人がその空間でどのように扱われているのかを示す、わかりやすい事例である。貧困の問題は、こうして「扱いの問題」へと接続される。

続く、第4章と第5章は、概念的な考察がおこなわれるパートであり「レジリエンス」と「解釈労働」という概念が取り上げられる。私は二〇一四年以降、ボクシング・キャンプの調査と並行して、スクオッター地区の強制撤去についての調査もおこなってきた。なぜ、強制撤去の調査を始めたかというと、友人のボクサーの親戚が、実際に強制撤去を受けたからだった。その事態を眼の当たりにするなかで、私は強制撤去と立ち退きが、貧困と構造的暴力に関わる重大な問題であることを知った。さらに、立ち退きとは、身体と社会関係と世界の結びつきを切り離される事態であること、その点において、身体というテーマに関心のあった私にとっても向き合うべき重要な調査内容であることを思い知った。第

4章と第5章は、こうしたふたつの調査内容――ボクシング／スクオッター地区の強制撤去――をつなぐパートとなっている。第4章では、レジリエンスについて、その概念への批判も念頭におきながら、それでもポストコロニアル都市の文脈において、この概念を用いることの含意が述べられる。第5章では、この序章でも取り上げた「解釈労働」について詳述される。この概念は、たとえば「感情労働(emotional labor)」とは異なり、他者に対する絶えざる予期を強いられる労働であることが説明される。また、「解釈労働」が、状況をめぐるディテールの叙述と関連している点が論じられる。

第6章から第9章までは、スクオッター地区の強制撤去に関わる内容である。第6章では「立ち退きの時計」という概念を使って、強制撤去が一回性の出来事ではなく一連のプロセスを備える点が論じられる。さらに、立ち退きや強制撤去の実行過程だけでなく、その「未実行」過程が実は行政にとって積極的な権力行使であることが説明される。

第7章では、今日のマニラの都市空間が「時間―空間の伸縮」という観点から考察される。デヴィッド・ハーヴェイによる「時間―空間の圧縮」という有名なテーゼを参照しながら、そこに都市空間におけるモビリティの担い手である運転手などの身体を入れて考えることで、マニラの都市空間が実際のところどのように作動しているのかが捉えられる。そして空間をめぐる争いが説明される。

第8章では、強制撤去を受けて、郊外の再居住地へと送られた一人の男性の軌跡を中心に、強制撤去が「根こぎ」の経験を生み出すことが記述される。この章は、フィールドノートとして書かれたものであり、記述はきわめて具体的である。しかし、このディテールを含んだ具体的な記述こそが、同時に理論的な産物でもある。

第9章では、郊外の再居住地に「送られた」人びとが、日々の長距離通勤を通じて経験する「疲弊」

について説明される。疲弊は、疲労とは異なり、何に疲れているのか、という対象を指示することが難しい。逆に言えば「すべて」に疲れるというのが疲弊である。こうした疲弊が、マニラの都市底辺層の人びとに構造的に蓄積していく模様が解読されていく。

第10章では、それまでの章で考察されてきたボクシング・キャンプやスクオッター地区の強制撤去の事例を踏まえて、「癖」という概念が練り上げられる。エスノグラフィーが不可量領域の社会記述を試みる作業であるならば、癖ほど不可量のものはないだろう。筆跡、食べ方、身体の動かし方、居住様式をはじめ、さまざまな生活実践が癖と密接に関わっている。そして暴力とは、こうした癖の解体に関わる事象であることが論じられる。

以上をまとめる形で、終章では、貧困と構造的暴力のエスノグラフィーが、状況の時間的な流れ、すなわち「タイミング」にこだわる特徴を持つ点が示される。すなわち、エスノグラフィーの理論は、タイミング論の考察に行き着くということが、本書の到着点として論じられる。

第1章

不確実な減量

待機するボクサー

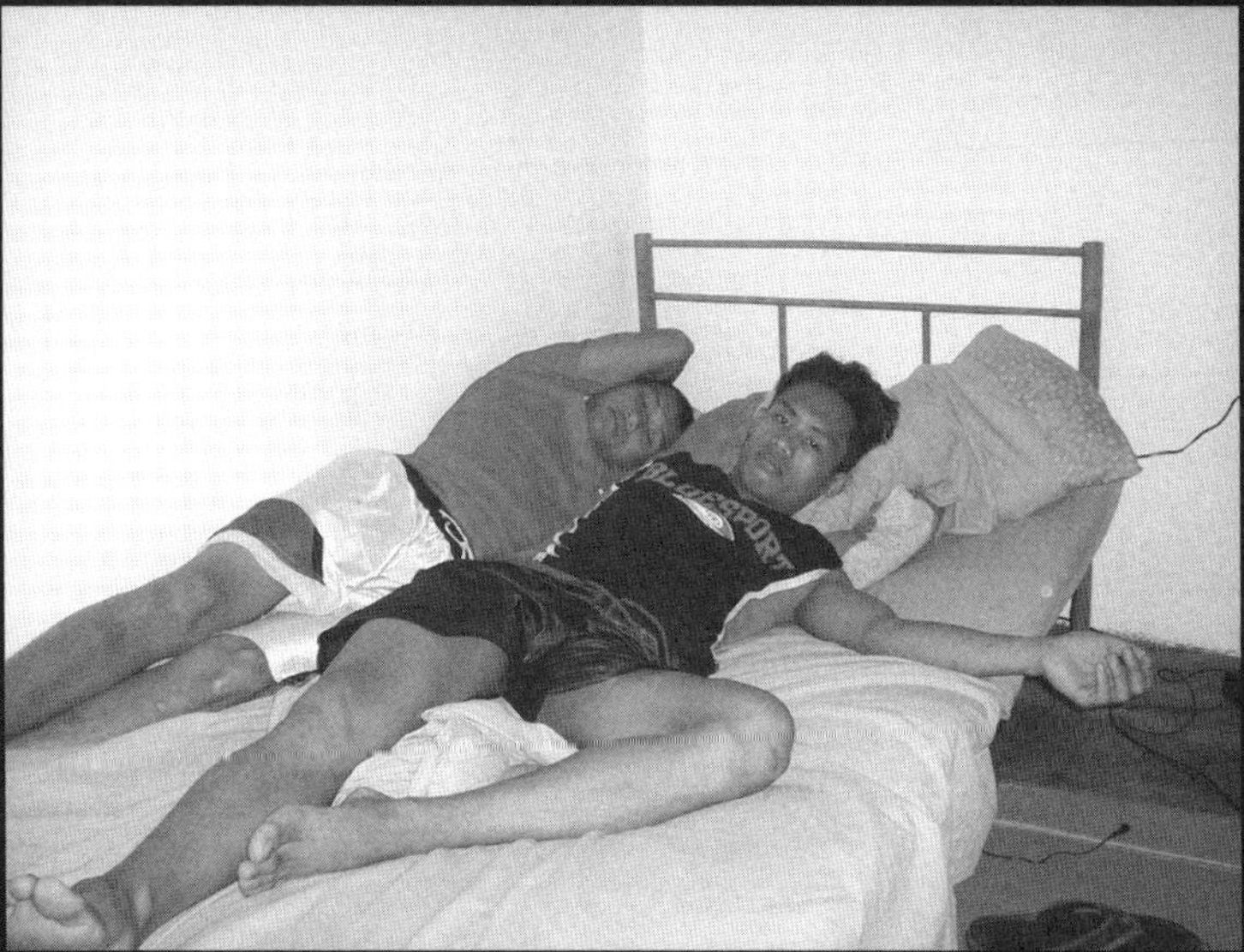

ライアン・ビトは、一九八六年にレイテ島のバトという小さな街で生まれた。★1 私が彼と初めて会ったのは、彼が一七歳のときである。彼はレイテ島のオルモックという港町でおこなわれたアマチュア・ボクシングの試合に出場していた。リズミカルなフットワークと柔らかい上体の動きは、天性のものだった。小柄だったが、最軽量のミニマム級のボクサーにしては上背があり、腕も長く、小顔だった。ビトは一八歳になると、マニラに上京してEボクシングジムに入門し、プロボクサーとして住み込み生活を始めた。

彼は順調にキャリアを積み重ねた。フィリピン国内ではいち早く名前を知られ、その後、海外でも数多く試合をおこなった。絶頂期だった二〇一〇年には、メキシコシティで元世界チャンピオンのエドガー・ソーサとタイトル戦をおこなった。その試合に敗れたものの、その後には日本のボクシング・マネージャーから声がかかり、二〇一三年から日本のジムに移籍した。東京の江戸川区のアパートに寝泊りしつつ練習し、二〇一七年の現役引退まで日本のリングで戦った。引退後は日本にトレーナーとして残り、二〇二三年一月現在も葛西のアパートに住んで、後進の育成にあたっている。

彼のボクシング人生は、順調そのものだったように見える。だがボクサーとして生きる「その時々」においては、さまざまな危機があった。彼はそうした危機を結果的にうまく乗り越えた。しかし一歩間違えれば、キャリアは早々と終わっていたかもしれない。ボクサーは硝子細工である。ほんのわずかのことで、その作品は壊れる。運もそこに深く影響する。

通算戦績を振り返れば、彼は紛れもなく成功したボクサーである。本章では、しかしながら、こうした事後的な振り返りの観点からではなく、彼のボクシング人生に図らずも伴走することになった私自身の視点から、彼の直面した「その時々」の危機について論じたい。なかでも注目するのが、彼が二〇〇八年にEジムを脱走し、当時付き合っていた恋人のもとに身を寄せていた時期である。彼は予定されていたスペインでの試合が、二回続けて流れたこと（一度目は延期、二度目は中止）に失望して、ボクシング・キャンプを脱走した。

なぜ試合の延期や中止が、重大な意味を持つのか。延期や中止について考えることは、次の二点を探究することにつながっている。第一に、身体が生理学的流動体である点である。身体は同じ組成に止まっていることがない。食べ物やトレーニング内容によって、その組成は絶えず移り変わっていく。その生理学的身体を調整することで、ボクサーは試合用の身体を作り上げる。延期や中止は、生理学的身体の調整という努力をなかったことにする。

第二に、減量や準備をおこなうためには、試合の予定が確実でなければならないが、頻発する延期や中止は、この予定をあやふやにしてしまう。そして、不確実な時間を待機することを強いられる。ボクサーの生活は、時間的秩序に備えることによって成立している。延期や中止はこの時間的秩序を狂わせ、不確実性（uncertainty）へとかれらを放り込む。

こうした生理学的身体および不確実性という二つの論点を念頭に置きながら、ビトの危機を記述して

★1　ビトの生年月日は、証明書などでは一九八六年三月三一日になっているが、実際には同年二月一一日である。ビトの世代では、まだ、実際の誕生日と証明書におけるそれがズレていることが頻繁に見受けられる。

	リミット体重（ポンド）	リミット体重（キログラム）
ミニマム	105	47.62
ライトフライ	108	48.97
フライ	112	50.8
スーパーフライ	115	52.16
バンタム	118	53.52
スーパーバンタム	122	55.34
フェザー	126	57.15
スーパーフェザー	130	58.97
ライト	135	61.23
スーパーライト	140	63.5
ウエルター	147	66.68
スーパーウエルター	154	69.85
ミドル	160	72.57
スーパーミドル	168	76.2
ライトヘビー	175	79.38
クルーザー	200	90.72
ヘビー	200超	90.72超

表1　プロ・ボクシングの階級表（男子）

いこう。

1　ボクサーにとっての試合決定

1―1　試合体重と日常体重

二〇〇八年一二月三日、札幌で生活していた私のもとに、マニラから一通のEメールが届いた。Eジムのトレーナーのサニーからだった。ジムの主要ボクサーであるビトの脱走について、こう書いていた。

ビトのスペインでの試合は、相手のケガで延期になりました。プロモーターは日程の再調整はおこなわず、そのまま流れてしまいました。ビトはこのことを知らされてから、三週間、ジムを出て行ったままです。私は彼に怒っています、それで彼にこう言いました。お前はまだ若いんだし、夢を諦めるんじゃない、トレーニングをちゃんとしろ、そうすれば、数多くの試合がお前にもきっと

組まれるはずだと。（サニーからのEメール、二〇〇八年一二月三日）

当時、ビトは二二歳だった。このメールを読んでから、私はビトの携帯電話に国際通話をかけた。電話口の彼は、元気そうだったが、試合中止のことになると、意気消沈した様子で「俺はもうボクシングを辞める。もうやる気が出ない」と言った。その後、毎日一－二回ほど、携帯電話のテキストメッセージで、たわいもないことを連絡しあった。

ビトの失望をめぐっては、Eジムの仲間たちも、その感覚を十分にわかっていた。ボクサーにとって試合が延期や中止になること、しかも国際試合のような大きなイベントが中止されることは、大きな意味を持つ。

ボクサーは試合が決定すると減量に入る。ボクシングの試合は体重に基づく階級制であり、試合には契約体重がある。たとえば、最軽量のミニマム級であれば一〇五ポンド（四七・六二キロ）以下に体重を作らなければならない。中量級のライト級であれば一三五ポンド（六一・二三キロ）、重量級のミドル級であれば一六〇ポンド（七二・五七キロ）以下となる。そのためボクサーには、「試合体重（fight weight）」と「日常体重（walking-around weight）」のふたつが存在する。たとえばビトの場合、試合体重が一〇五ポンドで、日常体重が一一五ポンド（五二・一六キロ）であった（**表1**）。

Eジムのマネージャー（日本で言う「会長」）のマーティーは、所属ボクサーたちに、日常体重を試合体重のプラス一〇ポンド（四・五キロ）以内に維持しておくように指導していた。その範囲内であれば、減量はさほど難しくはない。急に試合のスケジュールが組まれても（私はわずか一週間の準備で試合に出場したボクサーを知っている）、一〇ポンドであれば何とかなる。フィリピンにおいて、ボクシングはビジネスだ。試合に出ればファイトマネーが手に入る。いつ声をかけられても対応できるように、体重を維持しておかなければならない。ある興行の出場予定選手が急遽キャンセルをしたことによって、自分に代役が回ってくるかもしれないのだ。★2 しかしながら現実には、一〇ポンドを大幅に上回ることも少なくない。

とりわけ、ボクサーの身体が成長期に当たる場合はそうである。フィリピンでは、多くのボクサーが一〇代後半でプロボクシングの世界に入る。二〇代半ばまでは身体が成長し続けるため、一〇代後半のデビュー時と経験を積んだ二〇代半ばでは、身体のサイズが大きく異なる。よって、年齢を重ねるにつれて、ボクサーは階級を上げることが通例である。

そうしたなか、Eジムでは体重の「共同管理」がおこなわれる。具体的には、毎日の練習後に、ボクサーはトレーナーの見ている前で体重計に乗るのである。一人で乗るのではなく、他人が見ている前で乗る。このまなざしの効果は抜群である。食べ過ぎを注意するよりも、トレーナーや仲間の前で体重計に乗せられる方が、ボクサーの体重管理はうまく進む。また減量がどのくらい順調に進んでいるかという点が、そのボクサーの試合にかける意気込みを示す指標にもなる。やる気のないボクサーは減量が計画的ではなく、土壇場で下剤を使って落とすようなことになる（これはルールで禁止されていることが多い）。試合に向けて意気込んでいるボクサーは、時間をかけて計画的にきちんと落とす。やる気は、口上でなく、身体によって示される。それがボクサーの世界だ。

ビトがジムを脱走した際、彼は二二歳だった。身体がちょうど大きくなりかけた時期であったが、試合の契約体重はミニマム級の一〇五ポンドのままであったため、彼は減量に苦労していた。日常体重は一二〇ポンド、油断をすれば一二五ポンドにまで増えていた。この年齢になれば身長が伸びることはないが、体重は増えていく。彼は困難な減量を、計画的に実践していた。そうしたなかで試合が延期になり、中止になった。

1―2　共食という形式

減量の困難は、世界中のボクサーが共通に経験するものである。日本のボクサーと話をしても、成長期にある者たちの過酷な減量体験を耳にすることは珍しくない。

しかしながらフィリピンの場合、固有の困難がある。第一に、フィリピンでは、ボクサーはジムに住み込みで練習をする。ボクサーたちの共同生活については次章で詳しく論ずるが、ここで確認しておきたいのは、共同生活では、同じ食べ物を、同じ時間に、同じメンバーで食べることが重要になる点である。ボクサーの食事は一日二度である。早朝のジョギングの後の朝食（午前九時頃）、それに午後の練習が終わってからの夕飯（午後七時頃）である。ボクサーたちは料理がとても上手である。貧困層出身のかれらは、市場で安い食材を買ってきて絶品の料理を作ることを、幼い頃より、生きる術として身につけている。共同生活では、料理担当が輪番で二名ずつ割り当てられている。まとめて食事を作るため、同じメニューを全員が食べることになる。

★2　フィリピンを代表するボクシングのスーパースターであるマニー・パッキャオもまた、当初に予定されていた選手が怪我によって出場できなくなったため、その代役としてラスベガスのリングに上った（二〇〇一年六月二三日、対レーロホノロ・レドワバ）。そこでの番狂わせの勝利によって、その後の彼のアメリカにおけるボクサーとしてのキャリアが始まった。パッキャオについては、拙稿（2022）を参照。

この点は、仲間意識を生み出す上で大きな意味を持っているが、しかし減量中のボクサーにとっては困難を伴う。減量中だからといって、特別メニューが準備されることはない。これは日本のボクサーとの大きな違いである。日本のボクサーは、ジムに住み込みはしない。食事も自宅に帰って個別に摂る。より個人化された食事の形式となるが、その分、減量中には減量用の個別メニューが準備可能になる(もちろん、そのための手間とお金は要する)。減量するためには、炭水化物や油分を控えることが基本で、具体的には肉は鶏肉だけ、しかもなるべくささみだけを食べるようにし、それに野菜とスープをつけるというメニューを繰り返せば、ある程度、体重は落ちていく。パサパサの食感に耐えることが試練となるが、しかしこの個別メニューを準備できるのであれば、一定量の食事を取りながらも減量は可能である。

けれどもフィリピンの場合、共同生活のため、食事はつねに共食の形を取り、さらにメニューも全員が同じである。Eジムには二〇名ほどがボクサーとして在籍しているが、そのうち試合を控えて減量中の者は、多くても四―五人程度である。残りの大多数は、減量中ではない。そうした大多数の胃袋を勘案した共通メニューが、毎日出されることになる。フィリピンのジムは、経営面で余裕があるわけではないケースがほとんどで、マネージャーからすれば、減量用に個別メニューの献立を逐一準備することが金銭的に難しいという事情も影響している。

減量中のボクサーがおこなうことは、共通メニューとして出される食事を、量を減らして食べることである。ジムの夕飯は、白米と焼き魚、それに油をしっかりと含んだスープというのが定番である。このメニューで減量を実行するには、量を減らすしかない。

この共食の時間は、参与観察をおこなう社会学者や人類学者にとって、とても興味深い時間である。

ボクサーたちは、白米をガツガツ胃袋に放り込んでいく。かれらはとにかく白米が大好きだ。インディカ米のため、スープを軽くかけて、それを口のなかに流し込んでいく。そのガツガツ食べている横で、減量中のボクサーは、わずかの白米とスープを口にする。減量中のボクサーのことが気にかけられることはない。日本のボクサーたちのあいだでは、減量中の者がいると、その人の前で食事をすることを控えるような暗黙のルールがある。だが、フィリピンでは、そうした遠慮は皆無である。その傍らで、減量中のボクサーは、わずかの夕飯をゆっくりと食べる。

また、ボクサーの食事は「サイクル」で考えなければならない。調査を始めたばかりの頃、私は減量について考える際に、減量中で腹を空かせたボクサーだけに注目してしまっていた。だが、住み込み調査を重ねていくと、たとえば減量とは無関係のボクサーの食事から、減量について考えるようになる。減量を要しない期間に、いかにボクサーが大量のご飯を食べたり、あるいは食べなかったりするのか。減量期間の行為は、非減量期間の行為と合わせて考えないと、その模様が十分には把握できないことがわかるのである。たとえばEジムのなかでもベテランにあたるエディは、非減量期間にたくさんのご飯を食べるボクサーだった。「どうせ食べられないときが来るんだから、食べられるうちにたくさん食べておきたいのさ」と彼が話していたことを覚えている。おかわりをしながら、エディは生理的栄養を満たすと同時に、象徴的欲求――たらふく食べて、気持ちを満たしたい――を解き放っているように思えた。この「胃袋の解放」は、減量と表裏一体で成立している。私は、「胃袋の解放」のためにご飯をむさぼるエディの姿を見て、それを単なる食事の風景としてではなく、ボクサーという生業の壮絶さを象徴する風景として捉えるようになった。非減量期間を知るからこそ、減量期間の過酷さがわかってくるのである。いずれにせよ、ボクサーにとって食事とは、練習と同じくらい重要な時間である。

1—3　性交と社交の自制

試合が決まると行動が変化するのは、食事だけではない。性や社交に関しても、通常とは異なったふるまいが要求される。

Eジムでは、恋愛は表面上は禁止されている。「やりたい盛りの男が、ガールフレンドを作ると、やることやって、子どもができてしまう。そうしたらボクサーとしては、おしまいよ。ガールフレンドは、引退してから作ればいい」（Eジムのトレーナー、エディ）。しかしながら、実際には、こうした語りを述べるエディにしても、ボクサーがガールフレンドをいっさい作らないことが不可能であるとよくわかっている。マネージャーやトレーナーは、ボクサーがガールフレンドを作ることを、表面的には否定し続けているが、実際には、度を越さない程度であれば、それは致し方のないことと了解しているようにも見える。ここで度を越すとは、たとえば、ボクサーがガールフレンドをジムに連れてきたり、練習をサボってガールフレンドに会いにいくといった行為を指す。携帯電話でメッセージをやりとりしたり、練習のない日曜日の昼に会ったりするといった程度であれば、マネージャーやトレーナーは黙認することが多い。

しかしながら、試合が決まると、ボクサーたちは自ら、ガールフレンドとはいっさい会わなくなる。試合だけが人生のすべてになる。とりわけ、性行為は、絶対におこなわない。試合まで二週間を切るとマスターベーションもおこなわない。なぜなら「リングで膝にくる」からである。性欲の自制は、一〇代後半から二〇代のボクサーたちにとって、とてもつらいものだ。だが、その自制をしなければ、リング上での動きから、「トレーナーにすぐにバレてしまう」（ビト）。素人の目にはわからないことも、玄人にはごまかせない。

性交だけでなく社交もまた、自制の対象である。試合が決まったボクサーは、練習以外の自由時間であっても、ジムの外を出歩くことがなくなる。ジム内の自分の部屋と練習場の往復だけがすべてになり、ジムの外でボクサー以外の人と雑談をしたり、買い物に出歩いたりすることがなくなる。試合がないときは、ジムに隣接するスクオッター地区で、友人たちと酒を飲むこともあるボクサーたちだが、試合が決まればもちろん禁酒となる。

このようにボクサーたちは、試合が決まると、食欲、性欲、さらには社交を自制する。このことをボクサーたちは「サクリフィシヨ（*sakripisyo*）」と呼ぶ。英語でいう「サクリファイス（sacrifice）」である。ボクサーは、試合そのものよりももっと大変な自己犠牲に、試合前に従事する。このサクリフィショがあることによって、「当日のリング上での敵は、そこに上がるまでに向き合わなきゃいけない敵に比べれば、全然大したことがなくなる」（ビト）のである。

ビトの失望と脱走は、試合の度重なる延期と中止によって、こうした自己犠牲の努力がなかったことにされた点に起因している。しかしその感覚に迫るためには、考察をさらに深める必要がある。

2　生理学的身体

2―1　身体という流動体

ボクサーの生活からわかることは、身体がまずもって生理学的産物（the physiological product）である点だ。身体をめぐっては、身体イメージ（Crossley 2004 ; Featherstone 2010）をめぐる考察や、身体図式という身体運動の発生母胎の探究（メルロ＝ポンティ 1982）が、広くおこなわれてきた。あるいは、ロシアの身体運動研究者であるベルンシュタインが議論したような、中枢支配的ではなく分散制御的な身体の知覚―運動システムの提唱や（ベルンシュタイン 2003）、さらには動感（Kinästhese）をめぐるスポーツ運動学の素晴らしい研究成果もある（マイネル 1981 ; 金子 2009）。こうした研究群に学びながら、私は、同時にそこで不在のものについても考えをめぐらせてきた。

何が不在なのか。それは、汗や唾や排泄物に代表されるような人間の生理とその具現物である。つまり身体の「仕組み」は考察したが、内臓を含めた身体の「動き」は等閑視してきたのである。序章に論じたマリノフスキを再び引き合いに出せば、「骨」ではなく「血肉」が欠けているのだ。「よく仕上がった大地の上に立ち、あらゆる自然力を呼吸している、現実の、生身の人間」（マルクス 1964 : 205）について考えるには、身体の生理学的側面を捉える必要がある。無臭化された身体論に抗して、食べて、出して、汗をかく、そんなあたりまえのことから、身体について考えなおしたい。

ボクシング・キャンプには、汗のにおいが染み付いている。ボクシング・キャンプだけではない。建設現場でも、工場でも、ビル・メンテナンスの作業場でも、Amazon 商品の宅配現場でも、廃品回収場でも、そこには溢れ出る大量の汗が存在する。だが、学問もルポも新聞記者も、その多くは汗を無視して、かわりに労使関係や組合運動について大量の書き物を生み出してきた。しかし、そうした主題の前に、まずもって、労働者が汗を流していること、そのことで水分と塩分とカリウムを不足させ炎天下であるいは地下坑道で倒れてきたこと、その対処として塩飴を袖口に忍ばせてきたような事実にもっと目を向ける必要がある。労働日について考える際にも、労働の時間量だけでなく、汗の量を考えることが必要だ。そもそも、その労働現場は、暑いのか、臭いのか、うるさいのか。身体をめぐる議論で欠けているのは、こうした身体の生理に直結する具体性である。

発汗は身体の生理学的作用である。ボクシングジムの練習場には、一・五リットルのペットボトルの水が、リング脇に置かれている。三分一ラウンドでゴングが鳴り、三〇秒間のタイムアウトの間に、ボクサーたちはこの共用水を口に含み、うがいをして吐き出したり、そのまま飲んだりする。そして次の三分間に入っていく。こうして口に含んだ水は、身体を通って、やがて汗となり、フロアに滴り落ちる。

空気もまた、ボクサーたちの練習では強く意識される。普段の生活では、私たちは空気の存在を意識することが少ない。だが、ボクシングジムでスパーリングをすれば、途端に空気が不足する。リズミカルに空気を吸う呼吸法を身につけ、それを意識的に実践することが必要になる。ミット打ちの練習では、三分が終わると、三〇秒のタイムアウトの時間に、空気を思い切り吸い込み「ハー」っと何度か声を出してそれを吐き出す呼吸法が教えられる。酸欠状態にある身体に、酸素を流し込むための呼吸法である。ジムでは空気が、意識と思考の対象として現れる。

ボクシングの練習では、まずもって、水と空気が必要だ。身体が水と空気との関係において成立していることを、ボクサーは強く自覚する人びとである。

試合が決まったボクサーが特に注意をするのも、身体の生理学的な側面である。試合体重の身体を作り上げるためには、取得するカロリーをそれに見合ったものにする必要がある。この観点から、ボクサーやマネージャーたちは「消化の良い食べ物」という言葉をよく使う。典型的なのはスープである。減量のために食べる量が減っていくなかで、それでも身体の強さを維持するためには、内臓に負担をかけてはならず、消化の良い食べ物を取る必要がある。水分は取りすぎるとバテるため、極力我慢する。

肉体的破壊を目的とする	生理学的破壊を目的とする
1. つぶす（殴る、弓で攻撃する） 2. 裂く（吊るす、無理に伸ばす、切りつける） 3. 刺す（ナイフ、槍、弾丸） 4. 焼く（放火、火炎放射） 5. 毒をまぜる（飲食物やガスにまぜる） 6. 消滅させる（核爆発など）	1. 空気の拒否（窒息、絞首） 2. 水の拒否（脱水） 3. 食糧の拒否（包囲や封鎖による飢え） 4. 移動の拒否 a. 身体の拘束によるもの（鎖、ガス） b. 空間の制限によるもの（監禁、拘留、追放） c. 脳のコントロール（神経ガス、「洗脳」）

表2　個人的肉体的暴力の類型。ガルトゥング（1991）、39頁を参考に作成。

マネージャーは、時折、果物を減量中のボクサー用に入手して、それをボクサーに与える。果物を通じて水分を取るようにするためだ。性交の自制もまた、身体の生理学的側面の管理に関わる。射精をするとエネルギーが奪われ、そのエネルギーの喪失がリング上での膝の弱さとして表れる。

ボクサーと共に生活をすると、いかに身体が生理学的流動体であるのかという点が見えてくる。身体は水や空気や食料を必要とし、それらを取り込み、さらに排出することによって、自らを再生産する。呼吸し、食べ、吸水し、発汗し、射精する。身体の物理学と同時に、身体の生理学こそが、ボクサーの日常的主題である。

マニラの天候もまた、身体の生理学と関係している。熱帯特有の湿った空気と灼熱の太陽は、旅行者の屋外移動の気分を削ぎ、建設現場の労働者には意識が遠のくほどの過酷な状況を強いるが、ボクサーにとってはその天候は理想的である。高温多湿であることは、汗をかきやすく、体重を落としやすい。世界各国のボクサーが試合前の集中的なトレーニングをフィリピンでおこなうことが多いのは、このためである。湿った空気は、決して快適ではないものの、ボクサーが望むものでもある。

2—2　生理学的暴力

生理学的身体についてもう少し考えるために、やや唐突ではあるが、ここでヨハン・ガルトゥングの議論を引いておこう。序章でも取り上げたように、「構造的暴力」概念の提唱者でもあるガルトゥングは、「平和」とはいかなる状態であるのかを定義するために、それと対局の「暴力」について詳細に定義しようとした。ここでは彼が「構造的暴力」と「個人的暴力」の関係を説明する際に用いた「個人的肉体的暴力」の類型についてのみ取り上げよう（表2）。

注目したいのは、彼が個人的肉体的暴力を、肉体的破壊を目的とするものと生理学的破壊を目的とするものに分けた点である。肉体的破壊が、つぶす、裂くといったように「機械（人体）そのものを破壊しようとする」のに対して、生理学的破壊は「機械の機能を阻止しようとする」ものである（ガルトゥング 1991：21）。後者が、生存の必要物の「拒否（denial）」に規定される点に注目したい。そこでは、空気、水、食料、身動きという、いずれも生存に不可欠な物事が拒否される。わかりやすく英語表現を使うならば、殺し方においても、肉体的暴力が make die（殺す）であるのに対して、生理学的暴力は let die（死へと遺棄する）であることがわかる（Tyner & Rice 2015）。

生理学的暴力の位相においては、苦しみが長期化し、人間を緩慢な死へと遺棄する。たとえば空気について考えてみよう。人は呼吸することで生命を維持し、社会的生や政治的生を生きることが可能になる。身体は、空気や水や食料との関係において存在する。呼吸や飲食や吸水は、こうした関係のつなぎ目において現れる運動であり、それは発汗や射精や排尿という次の関係のつなぎ目と連続している。身体が生理学的なものであるということは、こうした諸関係との連関において身体を考察することである。ガルトゥングは、つぶしたり裂いたりといった、身体に直接行使するようなわかりやすい暴力だけでなく、身体の必要物を提供しないという位相の暴力を生理学的暴力と呼んだ。それは身体をターゲットにするのではなく、身体を取り巻く環境をターゲットにすることで身体を破壊するという暴力の形態である。

ドイツの社会哲学者であるペーター・スローターダイクが、『空震』で議論したことも、生理学的暴力に関係するものだった。スローターダイクは、二〇世紀の戦争をガス戦争と捉えた上で、それを「大気=呼吸テロリズム」と名づけた。

ガス戦争では、人間の生物学的条件の最も深い層が人間に対する攻撃のために動員される。止めることのできない呼吸という習慣が、呼吸する者に対して逆用され、そのためかれらは基本的なハビトゥスの継続ゆえに非自発的に自らの破壊の共犯にされるのである。（スローターダイク 2003：19）

止めることのできない呼吸という習慣をターゲットにするのが「大気=呼吸テロリズム」である。それは「それがなければ人が人であり続けることができない、人間を取り巻いている「事物」にたいする暴力」（スローターダイク 2003：22）である。スローターダイクは、もちろん塹壕やガス室のことを考えているが、現在に生きる私たちは、都市の社会運動に対するポリッシングで使われる催涙ガス（第8章）や、さらにはCOVID-19の感染拡大の渦中で書かれた「普遍的呼吸権」（ムベンベ 2020）の議論とつなげて考察できるだろう。

人間の生存にとって不可欠な空気——スローターダイクはこれを「主要な生命媒体（primäre Lebensmedien）」と呼ぶ（スローターダイク 2003：23）★3——は、哲学的思考の対象にされてこなかったと、彼は指摘している。それは暗黙の（implicit）前提に置かれたままで、解明の（explicit）対象とはみなされてこなかったのである。しかし二〇世紀の兵器テクノロジーは、この主要な生命媒体をターゲットにしており、だとすれば哲学や社会学においてもまた、この主要な生命媒体の領域が思考の対象として解明されなければならない（瀬戸口 2014）。

ガルトゥングの生理学的暴力、スローターダイクの大気＝呼吸テロリズムという概念は、身体そのものではなく、身体を主要な生命媒体との関係において考察する道筋を拓いてくれる。ふたつの概念はともに、暴力の新たな形態を捉えるために練り上げられたものだが、それらの概念が捉えようとしている領域は、ボクサーの減量について考察する本章においても示唆的である。身体は、空気や水などの主要な生命媒体との関係において存在するのであり、呼吸や飲食や発汗もこの関係をもとにして生じる運動であるという点である。そしてこの運動は、先のスローターダイクの引用部にあるように、「止めることのできない」ものである。

2—3　科学の実践

ところで、ここまで私は、physiological という語の訳語に「生理的」ではなく「生理学的」という用語を使ってきた。その理由を補足しておこう。私は、文字通り、physio-logical（生理－学）という単語構成を念頭に「生理学的」と訳しているが、同時にそこには科学と身体の関係を考えたいというねらいも含まれている。

★3　訳書では同じ用語に「一次的なメディア」という訳が当てられているが、この訳語では原語において重要となる Leben（生命）という語が訳し落とされていて意味が伝わりにくいので、ここでは「主要な生命媒体」という語を当てている。

ボクサーの練習を取り上げるならば、発汗と吸水は、ボクサーの生理現象とそれへの対応と捉えることができる。しかしながら、リング脇の共用水を置いておくこと自体が、フィリピンでは一九八〇年代以降に見られるようになった現象である。それ以前には、共用水のボトルが置かれていることはなく、練習後に水を飲み、口をゆすぐことはあっても、練習中にそれをすることはなかった。やはりここには、運動中の給水をめぐる科学的知識の変化が影響している。

別の例をあげておくなら、スポーツと関係の深い学問分野に運動生理学（exercise physiology）というものがある。学部生時代、体育をめぐる学問について学んだ私は、運動生理学がスポーツ科学の中心分野のひとつであることを知った。呼吸や体温調整について学ぶなかで、最大酸素摂取量（V̇O2max）や恒常性維持（ホメオスタシス）などについて議論した。この運動生理学には前史があり、実は労働生理学が運動生理学の前身に当たる。この点について、著名な運動生理学者の文章を引いておきたい。元来、臨床医学は安静時を前提にしており、生理学においても安静状態を基本に研究がされてきた。そうではなく、運動時の生理学こそが必要になる背景について、次のように書いている。

身体活動が直接の研究対象となったのは労働生理学においてである。すなわち、資本主義の発展に伴って企業が分化し、かつ組織化された結果、いろいろな企業に働く労働者の労働力の増大と健康の保持とに関心が持たれるようになった。とくに高温、多湿、粉塵下の炭坑労働、高温下の製鉄労働、24時間勤務下における昼夜交替作業等いわば労働条件の悪い作業で、労働者の疲労を防止し作業能率をあげることが問題とされた。（石河 1985：1）

運動時の生理は、こうして労働生理学において初めて研究された。そして労働生理学においては、運搬作業のエネルギー代謝の実験（沼尻 1964）や、長距離トラックの運転手の睡眠の実態（川村 2004）などが解明されてきたのである。そうした実験と考察を経て、労働現場での各種の対策なども実践されるようになった。工事現場での塩飴ひとつをとってみても、そこにはこうした科学の実践の影響が入り込んでいる。

だとすると、現在の労働者やアスリートの身体は、こうした生理学的知識が織り込まれた形で構成されていると言える。「生理的」ではなく「生理学的」と記すことのねらいは、こうした科学の実践をも含み込んだものとして身体を論じるためである。

3 予定が白紙になる

ビトの失望に話を戻そう。彼が直面したのは、成長期の身体を抱えながらも、試合体重へと減量する努力が、延期と中止によって、二度もなかったことにされた事態である。この延期と中止については、たとえば筆記試験の延期とは、意味が異なる点に注意しなければならない。筆記試験が延期になると、受験者の精神的な変化を引き起こすかもしれないが、かれらの身体への影響はそれほどないだろう。だがアスリートの場合、身体を試合に向けて作ってきたのであり、とりわけボクサーの場合、体重を試合体重以下に仕上げなければならない。スローターダイクの表現を援用すれば、それは「止めることのできない」ものである。ボクサーの試合が延期するとは、この生理学的身体の調整が無効化されることである。

フィリピンのボクサーは、日本やアメリカのボクサー以上に、こうした減量をめぐるトラブルに巻き込まれやすい。フィリピンのボクシング界では、日本やアメリカ以上に試合の延期や中止が頻繁に起こるからである。

その理由は、フィリピンのボクシング界が、日本やアメリカのそれと比べて、国際的なボクシングマーケットにおいて力が弱い点に起因する。ボクシングの場合、ホームで試合を開催できる国のボクサーと、それが難しくアウェーでの試合ばかりになる国のボクサーがいる。フィリピンと日本の例をあげれば、フィリピンのボクサーは日本で多くの試合をおこなっているが、日本のボクサーはフィリピンではほとんど試合することがない（石岡 2012：177）。なぜそうなるのかと言えば、ボクシングの国際試合の主催は、ファイトマネーや興業費用など、潤沢な予算を拠出できる国で開催されるからである。フィリピンのボクサーと日本のボクサーの試合となった場合、日本の興行主の方が多くの費用をかけることができる。さらに、世界的なボクシング団体（WBA、WBC、WBOなど）の要職に、日本のボクシング関係者が就いていることも多く、その内部での発言力も高い。よって日本のボクシング関係者は、国際試合のマッチメイクや興行開催を有利に進めやすい。こうした経済的および政治的な理由によって、国際試合のホームとアウェーが決定する。

つまり、日本やアメリカのボクサーは、余程のことがない限り、外国で試合をすることがない。つねにかれらは、自国開催での試合に出場するのである。ホームでの試合では、ボクシング用語で「ホームタウン・ディシジョン」という言葉があるように、KO決着ではなく判定まで勝敗がもつれ込んだ際に、ホームのボクサーの方に有利な結果が出やすい。ボクシングにおいて、アウェーでの試合は、サッカーなどのほかの競技以上に、露骨に結果に直結する。また、マッチメイクにおいても、不利な条件でおこなわれることがある。たとえば、ミニマム級のボクサーが、異国での試合でライトフライ級のボクサーの対戦相手として招聘されることなども見られる。すなわち、「噛ませ犬」として、外国人ボクサーが使われるのである。

このようにフィリピンのボクサーは、国際的なボクシングマーケットにおいて、相対的に劣位の地位を宛てがわれている。この劣位性は、アウェーでの試合が増えることや「噛ませ犬」の役割を宛てがわれることだけに表れるのではない。予定されていた試合の延期や中止の頻度が増えることにも、それは表れる。

ビトの事例もこれに該当するものであった。彼は二〇〇八年の八月にスペインでの試合が決定していた。海外のアウェーでの試合は厳しい戦いになることが多いが、ファイトマネーの額は、フィリピンの国内試合の最低でも五倍以上にはなる。ビトにとっては「ビッグファイト」だった。さらに、スペインで良い試合をおこなうことができれば、ヨーロッパのマッチメイカーやプロモーターにも名前を覚えてもらえるかもしれない。そうすれば、彼はヨーロッパで試合をする可能性が、今後増えるかもしれない。海外での試合は、アウェーというハンディと同時に、フィリピンのボクサーにとっては活躍の場を広げる可能性も備えている。しかしながら、試合は延期となった。対戦相手が練習中に拳を痛めたため、予定日に試合ができなくなったという連絡が入ったのである。

ビトはすでに減量に入り、試合に向けた本格的調整に入っていた。朝は、ほかのボクサーよりも早く起きて、全員でのロードワークの前に自主的にアップをし、さらに試合に向けてスパーリングもいつも以上にラウンド数をこなしていた。出歩くこともしなかった。そうした減量と調整が進んでいるなかで、試合延期の連絡が入った。

延期は、フィリピン側のボクサーの都合で生じることは、ほとんどない。なぜなら、フィリピンのボクサーが練習中に身体の異変が生じても、かれらはそのまま試合のリングに上がるからである。もしかれらが、身体の異変を訴えて、試合の延期を打診すれば、おそらく二度と同じ試合が開催されることはない。かれらが試合出場を断念すれば、スペインや日本やアメリカのマッチメイカーは、別のボクサーを探し出してきて、そのまま予定していた日程で興行を開催するだろう。ボクシングマーケットにおいて有位にある日本やアメリカやスペインのボクサーは、身体の異変があれば延期をして、再スケジュール化をすることができる。だが、フィリピンのボクサーは、それができない。ここには構造的格差がある。

二〇〇八年八月の試合が延期になった後、同じ対戦相手とのスペインでの試合が二〇〇九年一月に再設定された。ビトは延期後に、果たして試合が再設定されるのかどうか、不安に感じていた。だが、新しい日程が決まったこともあり、彼は再び試合に向けて、減量と調整に入った。そうして、試合まで一ヶ月を切った段階で、またもやスペインから連絡が入り、今度は試合が（延期ではなく）中止となったことを告げられた。ビトは怒りを通り越して、失望した。翌日には、彼は、誰にも何も言わず、ジムを出た。ボクシングを辞めることにした。

ボクサーの試合用の身体は、一朝一夕で簡単に作れるものではない。細心の注意を払って、それは作り上げられる。その努力が、試合の延期や中止によって、なかったことにされてしまう。生理学的流動体は「保存」しておくことができない。延期や中止になれば、またイチからやりなおさなければならない。ここにビトの失望の根本がある。

さらに、ビトにとって、最初の日程が延期になった後の二度目の日程に関しては、果たして本当に試合が開催されるのかどうか、疑念を持ちながらの減量期間であったことも記しておく必要がある。対戦相手は、拳のケガで最初の日程を延期していた。ボクサーにとって拳のケガは、最も頻発し、さらには完治しにくいものである。相手の拳は万全の状態になるのだろうか。そんなことも頭によぎりながら、彼は減量に入っていた。

フィリピンのボクサーは本当に不利。それに比べて日本のボクサー、アメリカのボクサー、ヨーロッパのボクサーは、なんて恵まれていることか。僕は、今まで何回も、試合がキャンセルになってきた。キャンセルが繰り返されると、次の試合が決まっても、疑い始めるようになる。「この試合は本当に開催されるのか」とか「この試合も流れるんじゃないか」って疑ってしまう。こういう疑いを持ったままで減量するのは、とにかく、とても、大変なことなんだ。金持ちの国の恵まれたボクサーたちには、わかんないだろうよ。こんな疑いのなかで、試合用の身体を作るのが、どれだけ大変かということが。(ビト)

減量が苛酷な営みであること、成長期の身体を五キロから場合によっては一〇キロ落とすことがいかに困難であるかは、すでに記述したとおりである。だが、このビトの語りからわかるのは、何キロ落とすかという減量の量的側面だけでなく、どのようなタイミングで落とすかという時間的側面の重要性である。

減量は、試合が予定通り開催されるという確実性があることによって可能になる。しかしビトは、この確実性に疑いがある状況下で、延期された試合の準備と減量に入っていた。拳のケガという延期の要因を知っていたビトは、試合が再び流れることを、頭の片隅に置いていたのであり、それは不確実性を抱え込んだなかで減量に取り組むことを示していた（Ishioka 2018）。

減量や集中的な試合の準備は、予定が確実だからこそ可能になる。試合までの明確な「時間的区切り」こそがハードワークを可能にする条件である。だが、ビトをはじめ、フィリピンのボクサーたちが直面するのが、この「時間的区切り」が曖昧なまま、不確実性のなかで減量や準備をしなければならないという状況である。

この不確実性について考える上では、アルゼンチン出身で現在はアメリカで活躍する社会学者のハビー・アウエロの論考が示唆的である。アウエロは、ブエノスアイレスのスラム街における環境社会学研究で有名である。彼は、デボラ・スウィッツェンとの共著のエスノグラフィーである *Flammable*（Auyero & Swistun 2009）において、製油会社のフェンス越しにできあがったスラム――これを「フェンスライン・コミュニティ」とかれらは呼ぶ――に居住する人びとの日常生活を記録している。その際のキーワードが、不確実性であった。

このフェンスライン・コミュニティには、製油会社の出す廃品の回収を家業にする人びとが住んでいる。そこでの問題は、貧困と健康被害である。地区は汚染されている。だが、どの程度、汚染されているのかは、住人にはわからない。専門家による調査もおこなわれるが、その結果は、つねに地域政治の影響を受ける。数値は改竄され、そもそも、調査をどの機関が、どのようにおこなうかということ自体が、混迷を極める。地区に住む人びとは、身体の不調や子どもの病気に悩まされている。原因は、鉛である。だが、体内の鉛の数値を知る方法が、そこでの生活からは取り除かれている。

まず、鉛の検査を受けるには、費用がかかる。多くの所帯は、それを捻出することができない。さらに病院で鉛の検査を受けると、その事実を知った製油会社は、会社への挑戦としてそれを受け止め、その一家を即刻、雇い止めにするだろう。フェンスライン・コミュニティに生きる人びとは、鉛中毒で、身体が痩せ細り、黄ばんだ肌になり、歯がたくさん抜けていても、そこで生き続けるしかない。かれらが唯一希望するのは、市役所が働きかけることで、かれらを別の居住地に移転させてくれることだった。だが、結局のところ、移転は起きない。移転の話が出ては、頓挫する。住人は、つねに待たされている(exposed waiting)。そうしたなかで、健康被害は深刻化し、身体が破滅していく。

アウエロのエスノグラフィーが切り拓いたのは、都市下層研究の環境論的転回と呼べる方向性である。この環境論的転回においては、知識が重要な分析項目になる。地区はどのくらい汚染されているのか、健康被害の原因は何なのか。こうした知識こそが、住人の関心事である。だがこうした知識は、目に見えないものであり、専門家による科学調査を必要とする。★4 貧困は目に見える。家屋の佇まいや着ている服は可視的である。だが環境の汚染は目に見えないものも多い。この非可視的な環境要因をめぐって、住人は不確実な情報、いわば憶測だけを頼りに、フェンスライン・コミュニティでの生活を継続することになる。

アウエロのエスノグラフィーは、汚染した地区から移転する／しない、あるいは汚染元である製油会社で働き続ける／続けないという判断をおこなうために必要な知識が、不確実なまま生きる人びとの世界を描出する。人が何かを決心するためには、判断の前提となる確固たる知識がなければならない。それが不確実なままで、刻々と進む汚染状況を生きざるを得ないのが、このフェンスライン・コミュニティの住人である。

アウエロが描いたフェンスライン・コミュニティの事例は、ビトの減量と試合延期をめぐる事例とは随分と異なる。しかし減量にせよ、移転にせよ、人が何かを決心して行為するためには知識の確実性を必要とする。それが不確実性に晒されるならば、決心を可能にする条件が揺らぐという点において、ボクサーの減量とフェンスライン・コミュニティの移転の間に共通性を見出すこともできるだろう。

また、アウエロは、こうした不確実性のなかで人びとが生活することによって、「疑い（doubting）」（Auyero & Swistun 2009 : 8）が立ち現れるとも指摘している。たとえば、環境アセスメントの調査が地区でおこなわれたとしても、その結果は本当なのか操作されているのかがわからない。住人たちは、あらゆる事態に「疑い」をもって生きるようになり、その結果、混乱とうわさに振り回されることになる。そしてそのうちに、鉛中毒は深刻になっていく。

この「疑い」は、まさに、ビトの語りとも重なる。「キャンセルが繰り返されると、次の試合が決まっても、疑い始めるようになる。「この試合は本当に開催されるのか」とか「この試合も流れるんじゃないか」って疑ってしまう」という点は、試合までの減量と準備を、どこか疑いながら進めるしかないボクサーの感覚を示している。ビトが直面したのは、疑念のなかで減量や準備に尽力しなければならない困難である。フィリピンのボクサーが経験しているのは、単にホームタウン・ディシジョンの憂き目にあったり、噛ませ犬として外国に招聘されたりすることだけでなく、こうした不確実性のなかで、食欲や性欲など最も生理的な次元をコントロールしなければならない困難である。

5　待機することを止める

ビトはジムを飛び出した。そして付き合っていた彼女のもとへ身を寄せて、一ヶ月間、そこにいた。酒を飲み、踊って、夜遊びをし、昼過ぎまで眠る日々だった。友人のおごりでバーに行って、ナンパをして、カラオケで歌った。「もうボクシングはやらない」と、彼は何度もテキストメッセージを私に送ってきた。

★4　この点は、ドイツの社会学者であるウルリヒ・ベックのリスク社会論の要点とも関わる（ベック 1998）。チェルノブイリ事故の直後に刊行された著作において、ベックはこう記している。すなわち、「富の社会的生産」と「リスクの社会的生産」に関して、貧困からの解放を目指した近代化の過程においては「富の分配問題とそれをめぐる争いが存在した」のに対し、二〇世紀後半からのリスク社会においては、「リスクの生産の問題、そのようなリスクに該当するのは何かというリスクの定義の問題、そしてこのリスクがどのように分配されているのかというリスクの分配の問題」（ベック 1998：23）が登場した点である。ここで指摘しておきたいのは、富は生産と分配の問題として捉えられているのに対し、リスクは生産と定義と分配の問題として捉えられている点である。リスクにあって富にないのは、「定義」の位相である。貧困は多くを可視性に基づくが、リスクは不可視性に基づく。だからこそ、リスクを誰がどう定義するかが争点となるのである。アウエロが論じたようなフェンスライン・コミュニティの事例研究においては、貧困と同時にリスクがどう住人を襲っているのかを捉える必要があり、そしてリスクに関してはその定義をめぐる闘争が住人の生活において決定的に重要になるのである。

しかしこうした日々も長くは続かない。彼は一ヶ月半くらいしてから、ジムに戻ってきた。戻ってきた彼に対して、マネージャーもトレーナーも何も特別なことは言わなかった。何もなかったかのように、かれらはビトに対してふるまい、ビトもまた、何かを説明することはなかった。

これはジムではいつもどおりのふるまいである。マニラのジムでは、時折、ボクサーがジムから姿を消すことがある。そのほとんどは、試合に負けたボクサーのケースである。自らの才能に絶望したり、敗戦という事実を受け止めることができず、ジムを飛び出す。だが、ジムを離れてから一定期間が経つと、そうしたボクサーたちもジムに戻ってくる。まず、かれらはボクシング以外の技能を持たず、有効な学歴や職歴も持たないため、ほかに稼ぐ手段を持たない点がその理由としてある。ガールフレンドや友人のもとへ身を寄せていても、いつまでも頼るわけにはいかない。結局、敗戦後のボクサーが、ジムから消えたとしても、かれらはジムに戻ってくることになる。そしてそのことを、マネージャーやトレーナーもわかっている。

ビトに対しても同様であった。ジムを脱走しても、どうせしばらくすれば戻ってくるだろうと、マネージャーやトレーナーも想定していた。だからこそ、ビトが戻ってきたときには、ただ招き入れるだけで、特別なことは聞かず、怒りもしなかった。

ただ注意をしたいのは、ビトは試合に負けたから、ジムからいなくなったのではない点である。彼はそもそもリングに立っていない。試合の結果にではなく、試合に至るまでの過程における不条理に失望したから、ジムからいなくなったのである。

たくさん練習して、次こそ試合ができると期待して、ハードな準備をして、身体を仕上げて、準備をしてきた。それで試合に向けて待機してきた（*Naghihintay ako sa laban*）。でも試合はなくなった。もう待機するのは嫌だ。（ビトからのテキストメッセージ）

「待機する」（*maghintay*）という表現に注目しよう。ビトは試合が無事に開催されるのを待ちわびていた。しかしそれは一度ならず、二度も流された。待機することは期待することだ。期待しない人間は、待機することがない。しかし待機する人間は、事態の成り行きを確定する決定権が、自分にはないことを思い知ることになる。待機することは、ゲームに自らが囚われることである。そして期待が失望へと一変することは、私たちが様々な場面で経験してきたことだろう。ピエール・ブルデューは、こう書いている。

待機することは時間を、そして時間と権力のあいだの関係を実感する特権的な仕方のひとつである。他者の時間に対する権力行使に関するすべての行為を調べ上げ分析すべきである。権力者側の行為（後に回す、引き延ばす、気を持たせる、遅らせる、時機を待つ、延期する、先送りにする、遅刻する。あるいは逆に急がせる、不意を打つ）はもちろん、「受動者」（「受動者《パシアン》」は「患者《パシアン》」である。病院こそ不安と無力感のなかで待機する場所である）側の行為も。待機することは服従を意味する。（ブルデュー 2009：389）

待機することは服従することである。[★5] このブルデューの言明は、ビトの感覚に迫る上で、重みを持つ。ビトは試合に期待して、準備をして、待機していた。そして期待すればするほど、結果が期待したものとは異なった場合、深刻な失望が生まれる。ビトと同様の経験は、ほかのボクサーたちも辿ってきたものである。試合直前になって、試合カードに「穴ができた（＝欠場者が出た）」ために、試合出場を呼び掛けられることは、フィリピンでは頻繁に見られる。だから、ボクサーは試合の声がかかったらすぐに減量が可能になるように、普段から、日常体重が増えすぎないように管理している。体重を何キロ落とすかだけでなく、それをどのくらいの期間（一週間なのか、一ヶ月なのか、三ヶ月なのか）で落とすかという点もまた、Ｅジムのボクサーの大きな関心事である。かれらは突然決まった試合に、そこにチャンスを見込んで出場する。その試合を蹴れば、もうチャンスが回ってくることはないかもしれない。こうした構造的な脅迫がある。かれらは、待機することを強いられている。生理学的流動体としての身体を絶えず考慮して過ごす。

ブルデューに倣うならば、権力者とは、確かに予定された時間を生きる者のことである。それはスケジュールが確かに存在する者のことだ。それとは逆に、受動者とは、不確実な宙吊りの時間を待機する者のことである。予定された時間を生きること／不確実な時間を待機することの対比こそが、私が日本のボクサーとフィリピンのボクサーの生活に触れながら、思い知った対比である。そしてビトは、ジムを脱走することで、不確実な時間を待機することを止めたのである。待機することと期待することから「降りる」ために、彼はジムを脱走し、ボクシングから離れようとしたのである。待機することを止めることは、ビトにとって、他律的ではなく生きるために必要な行為であった。

ビトは、不確実な時間を待機することを余儀なくされた。それは日本やアメリカのボクサーが決して経験しないことである。だが、この経験が、彼自身を鍛えなおすことにつながった点を最後に指摘しておかねばならない。

トモ（筆者のこと）、ボクサーは、ふたつのものと対戦することを知っているよね。ひとつがリング上での対戦相手で、もうひとつがその前にある減量。でも、実は、フィリピンのボクサーには、三つ目の対戦相手がいるんだ。アンフェアなルールという相手さ。〔…〕ボクシングはスポーツで、そしてスポーツはフェアな条件じゃなきゃいけない。でも、ボクシングは、フェアじゃない、アンフェアなんだ。それで重要なのは、このアンフェアなことに怒るんじゃなくて、アンフェアなこと

★5 「待機すること」をめぐっては、藤原辰史によるナチス収穫感謝祭の分析も参照（藤原 2008）。藤原は、帝国収穫感謝祭を考えるためには、そのクライマックスに登場するヒトラーの演説だけでなく、そこにいたるまでのプロセス――ヒトラーの登場までを徹底的に「じらす」動員の技術――を考察する必要があると論じる。「プロセスにいつづけることこそが、集団のテンションを保つ。これがゴールである、と宣言した瞬間に緊張は弛められる」（藤原 2008：26）。この企画者・為政者による「じらし」の技術と、それを待つ人間たち、すなわち「待機する共同体」の相互関係において、ナチスの動員が現実化されていたのである。ここにおいて重要なことは、「待機する共同体」は、「なぜ」長時間も待っているのかという問いを集合的に不問にし続けていることだろう。「いかにして」待つのか、すなわち屋台でソーセージを食べたり、コンサートを聞いたりといった、待機の方法については意識される。だが、「なぜ」こんなにも待つのかという原理的問いは、そこでは集合的に封印されている。そして、この「なぜ」を封印したまま待機すること、さらには為政者により「じらされる」ことによって、「クライマックスを高めるばかりか、クライマックスの内実を隠しさえする」（藤原 2008：23）動員が完成するのである。クライマックスに登場したヒトラーは「黄色っぽい人形」にしか見えなかった。だが、そんな現実体験とは裏腹に、このイベントに関する熱狂だけが人びとに記憶化されていくのは、こうした「じらし」の技術と「待機する共同体」に因るのである。待機することと服従することの連関は、非常に重要な研究主題である。

もボクシングの一部だと理解することなんだ。アンフェアなことも込みでボクシングの試合があると考えれば、ボクシングはもっと面白くなる。やりがいが、もっと出てくる。このアンフェアな条件で、でも自分が勝つことができれば、それは日本のボクサーが絶対に味わえないことを、僕たちは味わえることになる。（ビト）

日本やアメリカのボクサーが「経験しない」ことを、かれらには「経験しえないこと」として積極的に捉えなおす視座を、ビトは、恋人のもとに身を寄せていた時期に手にしていた。彼は困難と向き合うなかで、そのアンフェアな事態もまた、ボクシングの一部であることを知ったのである。そのアンフェアな事態は、彼に不確実な減量を強いるものであるが、それを単に不公平なものとして糾弾するだけでなく、むしろ面白い挑戦として捉える視座を手に入れたのである。格差や不公平を糾弾するだけでは足りない。日本やアメリカの守られたボクサーが経験しえないことに自分は挑戦しているのだという、この新たなボクシングとの向き合い方が、ビトに芽生える。そしてこの挑戦は、守られたボクサーが、いくら世界チャンピオンになっても、さらにそれを何度防衛しても、決して到達できない地平にあるものである。この向き合い方は、国際的なボクシングマーケットにおいて守られていない者こそが取り組めるものであり、大多数には見えない戦いである。ビトは、試合の延期や中止に当初は失望したが、最終的には、そこから新たな、大多数には感知することのできない――だが彼にとっては取り組みがいのある――戦いに挑むようになったのである。

「止めることのできない」生理学的身体を調整し、試合に向けて体重を作ることは、ボクサーに固有の営為である。試合の延期や中止は、この努力を水の泡に帰す。リングで敗戦することが怖いのではない。リングに立てないことが怖いのである。さらには、試合が開催されるかどうか不確実ななかで、減量に取り組まなければならない点が難しいのである。ここにフィリピンのボクサーたちの『三つ目の対戦相手」が存在する。だが、ビトは、これを「三つ目の対戦相手」として名指すことができるようになったことで、つまりそれを克服すべき目標として対象化した点において、彼はそれをも含めたボクシングの世界を知る。このとき彼は、新たなボクシングとの向き合い方を獲得したのである。

ジムに戻ったビトは、練習を再開して、二〇〇九年八月に、一年三ヶ月ぶりにマニラでの国内試合に出場した。その後、彼はキャリアをさらに積み重ねて、冒頭に記したように、メキシコシティで元世界チャンピオンのエドガー・ソーサとタイトル戦をおこない、さらには日本に移籍した。引退した今は、東京の新小岩にあるジムでトレーナーとして働きながら、マニラにいた妻子を呼び寄せ、家族で日本に在住している。

第2章

共同生活

ボクシング・キャンプについて

前章では、ボクサーの減量の事例から、社会生活が、いかに諸個人の行為のタイミングと連動しながら構成されているのかを考察してきた。社会生活が人びとの秩序だった行為のタイミングによって構成されているからこそ、そのタイミングが撹乱されることは、人びとにとって危機的経験となる。危機の構成とそれへの対応とは、タイミングをめぐる争いである。

危機においては、円滑に流れていたはずの時間が中断する。日常的思考（thinking as usual）が崩れる。この局面において私たちは、日常生活が一定の流れのなかで「動いている」ことを思い知る。ボクサーの減量は、この「動いている」日常生活が宙吊りになることを示しているが、逆にこの宙吊りの事態から練り上げた観点を携えて平凡な日常を見つめ返すならば、単調に見える事柄に潜む動態を捉えられるだろう。固定化しているように見える日常が、動きを伴って展開している点が視野に入ってくる。

私が本書で目指しているのは、社会生活を無時間化してしまう分析と手を切ることである[1]。エスノグラフィーという方法は、ある日常のなかに、調査者が身体をもって分け入り（それは face to face ではなく in person の関係である）[2]、リアルタイムで展開する物事に巻き込まれながら、すなわち時間感覚を必然的に意識しながら、その日常を記録するものである。もちろん、何かを書くことは、日常の営みを無時間化することであり、時間の環から抜け出ることを前提にするが、そうした作業においても、いかにして自らがその時間の環から引き揚げたのかを省察することは、エスノグラファーにとって不可欠な態度であるだろう。ボクサーの減量は、分析による無時間化に抗して、そこでのさまざまなタイミングに留意することで、人びとの受苦が構成されるありようを捉えてきたといえる。

★1　たとえば紙面に書き出された系統図や一覧表を考えてみよう。こうしたダイアグラムを書くことによって、初めて可能になる考察はもちろんある。だが、レヴィ＝ストロースに対してブルデューが批判したように（ブルデュ 1988：176）、この「同一平面」にまとめあげる方法は「行為のテンポ」を覆い隠す。そしてこの「行為のテンポ」を覆い隠すことは、交換がいかなるタイミングでおこなわれたのかという「間隔」を無視することであるが、「間隔をなくすことは、戦略をもなくす」ことである。なお、ブルデューはダイアグラムを書くこと自体をすべて否定しているのではない。彼が批判するのは、ダイアグラムを実際の行為に遅れて構成された見取図として利用するのではなく、あたかもダイアグラムが人びとの行為の産出原理であるかのように捉える立場に向けられている。「こうした構築物はそれ自体では当事者たちの実践の原理ではない」（ブルデュ 1988：20）のである。

★2　「対面的相互行為（face to face interaction）」は、社会学において深く探究されてきた主題である。膨大な研究蓄積があるが、たとえば、ピーター・バーガーとトマス・ルックマンによる制度化をめぐる古典的研究においても対面的相互行為を基点に議論が開始されている（バーガー＋ルックマン 2003）。ところで今日において問題は、バーガーとルックマンがこの本を書いた一九六六年とは異なり、「対面的」の意味するものが変化した点にある。すなわち、Zoom などを用いたモニター越しのやりとりもまた、この対面的相互行為には入ってくるだろう。実際、オーストリア出身で現在はシカゴ大学で活躍する社会学者のクノール・セティナは、金融トレーダーがオンラインで相互行為する模様を社会学的な分析対象として、いちはやく取り上げた（Knorr-Cetina & Bruegger 2002）。彼女は、ゴフマンの研究をグローバル化する社会状況に即してアップデートすることを意図しており、身体的共在を前提にしていた対面的相互行為論を、遠く離れた人間同士のオンライン上でのやりとりにまで拡張したグローバル時代の相互行為論を展開している。このことは、私なりに言い換えれば、「対面的」と言われてきたものの内実を、今日においては face to face と in person で分ける必要性があることを示していると言えるだろう。前者にはクノール・セティナが分析したようなオンライン上でのやりとりも含まれるが、後者は身体的共在の状況を前提にしておりオンラインはそこに含まれない。そして後者においては、顔だけでなく、身体のすべてがやりとりの信号になる。

また、人びとの日常に分け入るエスノグラフィーは、その日常における「ありふれた」ものこそを拾い上げなければならない。[★3] 人は「劇的」なものに眼を奪われがちだ。ボクサーであれば試合でのKOシーンが、その代表的なものだろう。しかしその「劇的」な事態に眼を奪われるがゆえに、「ありふれた」もの——減量中の食事など——を覆い隠すのであれば、それはその世界に住まう人びとの感覚に迫るのではなく、その感覚を無痛化することに加担してしまう。

この点は、やや唐突ではあるが、エスノグラフィー研究だけでなく、依存症の当事者が回復し続ける過程で直面する「相談」の仕方の難しさとも関係するだろう。上岡陽江によれば、ハウスにつながった当事者は、相談をすることが難しい現実がある。彼女たちは、多くの場合、「劇的なものしか相談しちゃいけないと思っている」(上岡+大嶋 2010 : 75)。しかしながら、そうした劇的な「大相談」ではなく、もっともっと手前にあるグチを開かれたかたちで聞いてもらうこと、ちょっと話すことができるようになること、すなわち、敷居の低い言葉で相談をする練習をすることが、ハウスでは重視されている。[★4] 劇的な相談よりも、日常的な小さな不満——上岡のあげる例では、洗濯物が乾かない、今朝もゴミを出し忘れた、など——をちょっと話せるようになることが大切なのであり、そうできるようになるための練習をみんなで生活しながら積み重ねるのである。

これはエスノグラフィー研究に対しても、重要な忠告を含んでいるだろう。調査者は「劇的」な話を、つい求める癖がある。私が初めてマニラにフィールドワークで赴いたとき、ある若者男性が次のような内容を私に語った。彼は一三人きょうだいだったが、そのうち成人になったのはわずか五人しかいなかった。彼はレイテ島の出身で、家は小作農で貧しく、長男だったため、わずかな量の食べ物を弟や妹に分け与え、自分はいつも腹を空かせて育った。そして八人もの妹と弟たちが、飢えと病気で死んでいった。これは、私を捕らえて離さなかった「劇的」な話である。だが、彼にも当たり前な日常が存在したはずである。一三人中八人が幼くして死んだという点に眼を奪われるだけでなく、彼はどんな日常を過ごしてきたのかに思いをめぐらせる必要がある。エピソードとして語られがちな「劇的」な主題の手前にある、もっと「ありふれた」ものから、彼の絶対的貧困を考えなければならない。そしてその「ありふれた」ものを拾い集めて、彼の日常を時間性に留意しながら再構成することが、エスノグラファーの仕事である。

本章では、マニラのボクシング・キャンプを題材にして、日常生活がいかに「動いている」のかを考えたい。私自身のフィールドワークをもとに、そこでの日常の機微について記述していこう。とりわけ次の二点が焦点になる。ひとつは、ボクシング・キャンプでは共同生活が営まれており、ボクサーたちは終日を一緒に過ごす点である。なぜ、別々の家ではなく、ボクシング・キャンプでの共同生活が実践されているのだろうか。共同生活は、生活を変えること（時間的秩序を備えた日々を送る）を通して、身体を変えること（ボクサーになる）を可能にする取り組みである。また、共同生活をすることで、不安定な住処や食糧に悩まされるマニラの若者男性が生き延びられるという現実もある。共同生活を「訓練

★3　日常をトピックにすることから生まれる深い洞察を、私は社会学の先達の仕事を通じて学んだ。とりわけ、以下の二冊を参照（山田＋好井 1991；好井 1999）。

★4　それはまた聞く者の重要性を示してもいるだろう。「末期患者のケアをする医者や看護師は、私たちに最後まで残される感覚は聴覚だと考えている。聞くことは、私たちが世界に関わる最後の結びつきなのだ。本書のなかで私は、耳を傾けることがこのために重要であると論じる。〔…〕これが社会学が必要な理由であるし、だからこそ、社会学とは聞き手の技術なのである」（バック 2014：25）。

の論理」と「シェルターの論理」という二重性のもとに捉えたい。★5

もうひとつは、ボクサーたちが、どのように身体とつき合う方法を手にするのかという点である。前章で詳述したように、ボクサーは生理学的流動体としての身体をたえず調整して生きなければならない。身体は言うことを聞いてくれない。コンディションが良好であっても試合当日のリング上で足が動かないということは、よく生じることだ。そして、いらいらした感情に囚われて、結果的に対戦相手の思う壺になることも、よくあることだ。身体が言うことを聞かない状況下で、ボクサーたちは場当たり的に対応するのではなく、かれらなりの対処法をもって対応しようとする。そして、その対処法は、自らから外化されていなければならない。内的感覚に頼ってしまうと、いざ調整がうまくいかなかった際に、慌てふためくことになる。対処を「方法」として外化しておくことで、言うことを聞かない身体と折り合いをつけることが可能になる。動いている日常生活と身体を前提にした上で、それらをいかに野放しにしないで折り合っていくのか。この点をボクシング・キャンプでの練習時間と自由時間の考察から深めたい。

1 ボクシング・キャンプ

1―1 近代スポーツに参入する条件

マニラのボクサーたちの練習と生活の拠点は、「ボクシングジム」ではなく、「ボクシング・キャンプ」と呼んだ方が適切である。その理由は、ボクサーたちがそこに住み込み生活をしていることにある。

練習場は、練習の場であると同時に生活の場である。これは、練習のためだけに練習場を訪れる日本やアメリカのボクサーとは異なっている。それらの国では、ボクサーたちは、ボクサー以外の仕事を日中におこない、夕方にジムで練習をし、終了後は自宅に帰る。職場／ジム／自宅という三つの場所を行き来して、かれらは一日を過ごす。だが、マニラのボクサーたちは、練習場で二四時間を過ごす。私が調査をおこなってきたEジムでは多いときで二五名ほど、少ないときでも一〇名ほどが共同で生活をしていた。年齢も幅があり、二〇代後半のベテランボクサーもいれば、一五歳の少年もいる。食事も遊びもすべてが共同生活のなかでおこなわれる。このように練習場で二四時間を過ごすという特徴を強調するために、私は「ボクシング・キャンプ」という概念を使いたい。

ボクシング・キャンプでの練習と生活は、フィリピンの貧困層出身の若者男性を熟達したボクサーに育て上げることを可能にする。貧しい若者男性は、ボクシングのやる気があり、入門テスト（「トライアウト」と呼ばれる）に合格すれば、所属ボクサーになることができる。練習に必要なグローブや縄跳び用の縄はマネージャーによって共用のものが提供され、バンデージ（拳に巻く布で医療用包帯を代用）、短パン、Tシャツなどもほかのボクサーの中古が新参者に与えられる。住み込みのため、交通費も不要である。競技に打ち込むための費用はほとんどかからない。さらに、重要な点として、食事と寝床を得

★5　貧者とシェルターの権利をめぐっては、山北（2019）を参照。山北は、ホームレス研究を長年展開してきたが、そこで提起されてきた「路上の権利」（路上で生活する権利）を前提にした上で、それとシェルター提供をはじめとした「居住の権利」とが二律背反的なものではないことを丁寧に提示している。路上とシェルターが対立的な二極ではなく、両者は連続線上にあることを山北は論じている。

ることができる。ボクサーになった理由を訊ねると「食べていくため」と答える者が圧倒的に多いが、それは文字通り、生活の糧をそこでは得られることにある。ボクシングのために生活しているのではなく、生活のためにボクシングをしているのが、かれらの実感である。

スポーツ社会学の研究がこれまで繰り返し明らかにしてきたように、近代スポーツは世界を「つなぐ」と同時に「分断する」ものである（松村 1993；山本 2020）。つなぐというのは、近代スポーツをする限りにおいて、社会的属性——所属階級、肌や目の色、学歴など——は不問になることを示している。リングやピッチにおいては、社会的な序列は無効になり「水平的競技場（the level playing field）」が形成される（グートマン 1981；ホバマン 2007）。競技の時空間では水平性が実現し、そのなかでは言葉や習慣に関係なく人びとが交流することができる。よって、スポーツは世界をつなぐと言われてきた。

だが、スポーツは同時に、世界を分断するものでもある。まずスポーツをするにはお金がかかる。道具を揃えなければならず、協会の認定を受けたユニフォームを身につけなければ試合に出場できない。練習や試合に参加するための交通費もたくさんかかる。費用だけではない。たとえば日本の小学生のスポーツ参加に典型的なように、家族の支援も必要になる。少年団で野球やサッカーをするためには、親による送迎や練習サポートが所属チームによっては要請されるため、それができない親をもつ子ども——たとえばひとり親家族の子ども——は参加が制限される。

スポーツは決して誰にでもできるものではない。個々人の運動能力や体格だけでなく、社会的な条件においてこそ参入の障壁がある。このことは、たとえば、道具を使わず身体ひとつでおこなう代表的なふたつの競技を取り上げてみるとよくわかる。陸上競技男子一〇〇メートル走の五輪や世界選手権での決勝進出者がほぼ黒人選手で占められるのに対し、水泳競技の男子一〇〇メートル自由形の決勝進出者が白人選手のみで占められる点である。支配的なカテゴリーに属する人びとと同じ水に浸かってはならないという抑圧を受けてきた人びとは、水泳選手になることができない（Wiltse 2014）。傑出した黒人スイマーがいないということほど、人種主義を明瞭に物語るものはない。運動能力が高ければアスリートになれるのではない。そこには社会的な条件が深く介在しており、だからこそ、どのスポーツを選好するかということ自体が、社会的産物であるのだ（ブルデュー 1991；田原 1993b）。

フィリピンでは、二〇世紀初頭にアメリカの植民地であったことが関係して、現在においてもバスケットボールとボクシングが盛んである。そのうち、バスケットボールは、本格的におこなうには、非常に高い参入の障壁がある。フィリピンにはＰＢＡ（Philippine Basketball Association）というプロバスケットボール・リーグがあるが、その選手たちはほぼ全員が中産階級以上の出身である。中産階級の子弟が、私立学校の課外活動としてバスケットボールをおこない、能力に秀でた生徒がマニラの有数の私立大学にスポーツ推薦制度を用いて進学したのちに、ＰＢＡに進むという決まった経路がある。マニラの人口の三分の一を占めるスクオッター住人は、そこからは除外されている。スクオッター住人は、ストリート・バスケに興じることはあっても、本格的なバスケットボール選手になることはできない。

一方、ボクシングには、中産階級出身の選手はいない。ほぼすべての選手が、困窮した農村、もしくは都市のスクオッター地区から輩出されている。そして、貧しい若者男性が競技を可能にしている背景に、ボクシング・キャンプという制度がある。経済的・家族資源的条件に関係なく、ボクシングは、男性であれば誰でも参入できるのである。むしろ、貧しさを体感して育ってきた若者の方が、ボクシングでは重宝される。ボクシングは「ハート」の強さを比べる競技でもある。いくら運動能力が高くて、体格に恵まれていても、パンチをもらうとすぐに心の折れる者は、使い物にならない。体は鍛えることが

5:30	起床
6:00	ジョギング（7—10 キロ）＋フィジカル・トレーニング
9:00	朝食（ボクサーたち自身で担当者を決めて料理）
10:00	自由時間
13:00	ジムで練習（約 2 時間）
15:30	自由時間
19:00	夕食（ボクサーたち自身で担当者を決めて料理）
20:30	自由時間
22:00	就寝

表3　ボクサーの一日

できるが、心を鍛えるのには限界がある。その点において、過酷な育ちが、競技において活用される（第3章を参照）。だからこそ、マニラではボクシング・キャンプという制度を用いて、貧困層に門戸を開いていると言える。ボクサーという商品を作り出すための良質な原材は、私立大学の教室ではなくストリートにあるのであり、その層を搾り取るためにボクシング・キャンプという制度がある。

1—2　ハビトゥス

しかし貧困層出身で、その多くが学校教育から早期にドロップアウトせざるを得なかった若者男性たちは、ボクサーになる上で、原材としては良質であっても、「ひとつのことに打ち込む」という資質の面では困難を抱えていることが多い。よって、かれらには膨大な時間と労力がかけられて、習慣の改変が試みられる。最も難しいのは、かれらが自己規律を獲得することであり、とりわけ時間的秩序を身につけることである。

ボクサーになるためには、単調な練習メニューをひたすら繰り返さなければならない。足の前後のフットワークからはじまり、ガードの仕方、左のジャブの出し方、身体全体のリズム感。これらをひとつずつ、鏡の前で、動きを確認しながら学んでいく。続いて、右ストレートに入り、それができるようになると、トレーナーと二人でミット打ちを始める。新参者は、ひたすら、基本練習を繰り返さなければならない。決してスパーリングのような実践練習はおこなわない。なかには、血気盛んな新参者がスパーリングをやりたいと言い出すこともあるが、トレーナーたちはそれを認めない。それでも懇願し続ければ、トレーナーたちはそのボクサーに一度だけ、プロボクサーとスパーリングをやらせる。そこでプロボクサーとの圧倒的な力量差を感じさせた上で、そのボクサーを基本練習に送り返す。ボクシングの練習は「リングワーク」（スパーリングなど）と「フロアワーク」（シャドーボクシングやサンドバッグやスピードボールなど）に分けられるが、ほとんどは後者の地味なメニューである。来る日も来る日も単調なメニューを反復しておこなう。

単調なのは練習内容だけではない。毎日の過ごし方も、同じことの繰り返しである。朝五時半に起床してジョギング、その後午前九時に朝食を取り、自由時間を過ごしてから、午後一時に練習を開始する。午後三時過ぎに練習は終わり、水浴びをして、再び自由時間を過ごしてから、午後七時に夕食となる。午後一〇時には就寝する。これが月曜日から土曜日まで毎日続く。練習については、月水金の週三日はスパーリングが入り、火木はフロアワークのみ、土曜日は筋トレのみである。日曜日は練習が休みだが、午後にマネージャーに連れられてボクサー全員で教会に行く。これがかれらの日々の過ごし方である。かれらは入門してから引退まで、この生活を繰り返す（表3）。

練習も生活も、決まった内容を反復するが、新参者にとってはその単調さに耐えることが試練となる。もちろん、ボクサーとして生活をしていることについては、ほぼすべての者が、それを有意味に捉えている。無職で、ストリートをたむろするだけで、これといってすることもなかった者が、今ではボクサーとして毎日の練習に打ち込んでいる。「することがない」日常から、スケジュールの定められた「することがある」日常に移行することは、かれらにとって、自らの存在証明を手にすることでもある。

だが一方で、ひたすら単調な内容を繰り返さなければならないのが、かれらにとって苦痛なのだ。

ロイック・ヴァカンは、ボクサーが芸術家と類比されがちな点に反論して、ボクサーは工場労働者と類似する点を強調している（ヴァカン 2013：96）。工場労働者が製品のパーツをひたすら組み立てる作業に似て、ボクサーもまた、延々と続く単調な練習に打ち込まなければならない。ボクシングは英語でThe Manly Artと呼ばれるが、表面的な芸術的創造性とは別に、実際には繰り返しの肉体労働こそがこの競技の核心である。「ジムでボクサーたちがトレーニングを積むのを見ていて、真っ先に思い浮かぶのは「プロレタリアート」という語である。ここでは男たちは誠実に、もっともぞっとするようなやり方で「骨折り仕事に従事している」」（Early 1988：20）。単調な練習を放り出すことなく、きちんとこなす生真面目さが、ボクサーになるには不可欠なのだ。また、そもそも、ボクサーを「育成する」ことを、英語ではmanufactureと呼ぶ慣わしもある。

近代スポーツは、産業社会における都市を基盤にして発展したものである（Hargreaves 1993）。当初の近代スポーツの担い手はパブリックスクールに通うエリート子弟たちであったが、近代スポーツがより大衆化するに連れて、その担い手は都市のプロレタリアに移り変わっていった。この点は、ここまで議論してきたボクサーの単調な練習および生活とも関係している。近代スポーツとは、日常生活から切り離された固有の時空間において、固有のルールのもとに勝敗をつけるゲームのことである。三分一ラウンドを一二ラウンドまでおこない（時間）、リングが定められており（空間）、協会によって定められた用具を使う（ルール）ように、スポーツは固有の時空間とルールを前提にしている。ボクシングのリングで対戦相手が死亡したとしても殺人事件とは取り扱われないように、社会生活とは切り離された時空間において繰り広げられるのが、スポーツである。

だがこの時空間は、産業社会における都市生活のリズムと極めて親和的である。時計で正確に時間を測定し、巻尺で正確にリングの大きさを確定する。協会など官僚制的組織が試合を管轄する。アレン・グートマンが説得的に論じたように、近代スポーツは、産業社会における合理性を徹頭徹尾備えた制度であり（グートマン 1981）、その合理性は農村ではなく産業都市をモデルにしている。この点はボクシングも例外的ではない。

ヴァカンは、ボクサーが産業都市の労働者階級から生み出されてきた点について、「プロレタリア的愛着（proletarian attachment）」という表現で呼んでいる（ヴァカン 2013：65）。このプロレタリア的愛着は、規則的な労働生活をその準拠にしている。毎日始業時間に遅れないように出社すること、単調な仕事であってもコツコツとこなすこと、月給を計画的に配分して所帯生活を成り立たせること。こうした規則的な労働生活が準拠点になって、それがボクサーの練習や生活にも活かされる。ヴァカンが調査をおこなったシカゴの黒人ゲットーのボクシングジムでは、ボクサーはゲットーの最下層からではなく、その一段上に位置する定期的な仕事のある労働者階級から輩出されていた。多くの人びとの思い込みとは裏腹に、ボクシングは最底辺の者が這い上がる世界ではないのである。

ここには、近代スポーツを実践するにあたり必要となるさらなる条件が現れている。すなわち、文化的条件である。経済的・家族資源的条件に加えて文化的条件もまた、スポーツへの参入を規定している。単調な練習と生活をコツコツとこなすという性向——労働者階級においてハビトゥスとなっているもの——を備えた子弟はボクサーになりやすいが、その性向を持たない者は、そこからドロップアウトしてしまう。ボクシングをおこなうには、この文化資本が要求されるのだ。この文化資本を持たない子弟は、単調な練習と生活に刺激を感じることができず、たとえ抜群の運動能力を備えていたとしても、ボクシングを辞めてしまう。「最も不利な状況にある家族の子供は、ボクシングの練習に要求される習慣や性向を欠いているために、除外されるのである」（ヴァカン 2013 : 61）。

1―3　生活を変える

しかしながら、マニラのボクシング・キャンプのように、グローバルサウスの事例に目を向けるならば、このようなスポーツ社会学の既存の見識を再考することができる。マニラでは、プロレタリア的愛着を前提にして、ボクシングについて議論することができない。マニラのプロボクサーは、繰り返すように、困窮した貧農もしくは都市のスクオッター家族から輩出されており、そこには規則的な労働生活は存在しないからである。たしかにスクオッターの人びとは、日々の労働に従事している。だが、その労働は極めて不規則で、単発のバイトもあれば、六ヶ月契約の大工の仕事もある。こうした社会層からボクサーが輩出されることを、どのように議論できるのだろうか。

ひとつの仮説は、ボクシング・キャンプという制度に関わるものである。すなわち、練習だけでなく生活を二四時間そこで送ることで、規律を身体に植え付けるという点である。ボクシングジムでは、生活を変えることはできない。ジムは練習のために数時間過ごす場所であり、それが終わると自宅での生活が控えている。そして自宅での生活が荒れていれば、ボクシングに打ち込むことは難しくなる。個人化された生活様式が許容されるため、減量なども実行できないだろう。だが、ボクシング・キャンプでは、生活を変えることになる。全員が起居を共にし、共通のテンプレートに沿って時間を過ごすことによって、生活総体が変わる。過去の生活とは切断した、新たな生活がそこでは立ち上がる。これは過去の生活との延長線上でボクシングに取り組まなければならない日本やアメリカのボクシングジムとは異なったものである。図式的に言えば、日本やアメリカでは、生活の場はそのままで身体だけを変える必要があるのに対し、フィリピンでは、生活の場を変えることで身体を変える方式が息づいているのである。そしてこの方式によって、単調な練習の繰り返しが、いかに重要であるかを、スラム出身の若者たちも身体で覚えていくのである。別の言い方をするなら、ボクシングジムでは、練習場という場よりも個々人の歴史の方が色濃く反映されるのに対し、ボクシング・キャンプでは、練習場という場が個々人を作りなおすと言えるだろう。

この「生活を変えること」と「身体を変えること」の連動性をめぐって、西澤晃彦の考察を引いておこう。西澤は労働と身体をめぐる関係を考察するなかで、次のように論じている。

> 労働する身体には規律訓練など必要ない、人々が生きてきたその世界から引き離しさえすればいいのだ。（西澤 2011：16）

西澤による主張の前提には、マックス・ヴェーバーの議論がある。「ポーランドの少女は、生地ではどんなに有利な金もうけの機会をあたえても伝統主義の惰性から引き離すことはできないのに、その同じ少女が出稼ぎ女としてザクセン地方の見知らぬ土地で労働を始めると、まったく別人のように過度の搾取にたえるのだ」（ヴェーバー 1989：35）。ポーランドからザクセンに移動すれば、すなわち、家郷から切り離せば、少女は過度の搾取に耐える労働力になる。「伝統主義の惰性」から引き離すためには、生まれ育った世界から引き離す必要がある。これが、西澤がヴェーバーから敷衍した論点である。

ボクシングジムでは「伝統主義の惰性」を引きずってしまう。だが、ボクシング・キャンプは、「伝統主義の惰性」からの脱却を可能にする。★6 シカゴのボクシングジムではプロレタリア的愛着を本来的に備えていることが求められるのに対し、マニラのボクシング・キャンプでは規律が二四時間の共同生活を通じて外注されるのである。キャンプは全生活を枠づける制度であり、そして生活を変えることで身体が変わる。そこでは、文字通りの意味で「根性を叩きなおす」ことが可能になる。このキャンプ制度の介在こそが、労働者階級ではなく、スラム出身の若者男性をプロボクサーに仕立て上げることを可能にしていると言えるだろう。

2 訓練の論理／シェルターの論理

2―1 全制的施設

ここまでボクシング・キャンプについて、ボクシングジムとの対比で議論してきた。単調な練習に耐える性向を持たない若者男性が、それでもボクサーになることを可能にする論理――それはプロレタリア的愛着を前提にした事例研究からでは捉えられないものである――を探るものであった。すなわち、「訓練の論理」から、ボクシング・キャンプを解読するものであった。

しかしながら、それとは別の視角から考察を深めるべき論点が、もうひとつある。それは、ボクシング・キャンプを「シェルターの論理」から解読することである。マニラにおいてボクシング・キャンプという制度が定着している要因について、ボクサーの訓練という観点からだけでなく、貧困下におけるシェルターの提供という観点からも考察される必要がある。この二重性をもつ論理について、本節では考察していこう。

この点に入る前に、ボクシング・キャンプという制度を、今一度、概念的に精緻化しておきたい。ボクシングジムが練習の拠点であるのに対し、ボクシング・キャンプは練習と生活の拠点であることを、これまで説明してきた。この練習と生活の拠点ということの含意を把握するために、ここでアーヴィング・ゴフマンによる「全制的施設（total institutions）」論を参照しておきたい。ゴフマンは、精神病院、刑務所、合宿所などを一括りに全制的施設と位置づけた上で、次のようにその特徴を定義している。

近代社会における基本的な社会的前提は、人が異なる場所で、異なる参加者たちと、異なる権威の下に、全面的で首尾一貫したプランもないままに、寝て、遊んで、仕事をすることである。全制的施設の中心的特徴は、これら三つの生活領域を分ける障壁がないことにある。（ゴッフマン 1984：

★6　これはヴァカンが、一次ハビトゥス（primary habitus）と二次ハビトゥス（secondary habitus）という概念を使って、ボクシングを議論したこと（Wacquant 2014）をさらに発展可能にするだろう。一次ハビトゥスとは「全体的で、そうとは感じられぬうちに早期からはじまり、ごく幼い時期から家庭でおこなわれる体験」（ブルデュー 1990a：102）によって身体化されるものである。他方で二次ハビトゥスとは「制度化された習得形態」（ブルデュー 1990a：103）、典型的には学校教育によって身体化されるものである。ハビトゥスの獲得形態をめぐる家庭と学校の対比は、母語と外国語の習得をめぐる対比とも重なる。母語は話すことを通じて身につけられるのに対し、外国語は文法を学ぶことを通じて習得される。ここでの論点は、ヴァカンのボクシングジム研究では、一次ハビトゥスの次元を強調した議論が展開されていることにある。そのためヴァカンは、労働者階級出身者がボクサーになることを繰り返し指摘していたのである。しかし、マニラのボクシング・キャンプにおいては、二次ハビトゥスによって一次ハビトゥスを書き換える営みが展開されている。

寝る場所／遊ぶ場所／働く場所、これら三つが分かれていることが、近代社会の基本形態である。ポイントは、三つの場所が異なることによって、権威も複数化する点である。家では父親であっても、職場ではボクシングのトレーナーであり、友人と遊びに行った際に入った飲み屋では常連さんになる。同じ一日であっても、ひとりの男性が異なった役割を生きているのであり、異なった権威に従っている。家では威張っていても、ボクシングの練習場ではマネージャーの下僕であり、飲み屋ではマスターの友人として交流する。近代社会の基本形態は、このように三つの場所を行き来しながら、複数の権威の下で、一日が成立することにある。

しかしながら、近代社会には、これら三つの場所の区分けが喪失し、すべてが一箇所でおこなわれる施設も存在する。それが全制的施設である。全制的（total）であるとは、上記の三つの区分が消失して、唯一の権威と場所によって統制されることである。そのねらいは人びとの矯正にある。全制的施設とは「矯正の家（the forcing house）」（ゴッフマン 1984：12）である。

議論はやや逸れるが、二〇二〇年初春からのパンデミックを生きてきた私たちにとって、全制的施設という概念は、辿ってきた困難な現実を照射するものであるだろう。ステイ・ホームという標語が為政者により繰り返し語られたが（小ヶ谷 2020）、ホームで二四時間を過ごすようになれば、もはやそれはホームではない。ホームがホームたりうるのは、ホームとは異なった職場と遊び場が別空間に存在する限りにおいてである。三つの場所が分かれていることによって、ホームは維持される。家で仕事をし、家で余暇を楽しみ、家で寝るのであれば、そこはもはやホームではない。子どもにとって学校に行くことは、面倒な親と離れる時間を確保できることを意味するかもしれない。放課後に友達と自転車で小川に遊びに行くことは、大人たちが立ち入ってこない子どもだけの世界を確保することを意味するかもしれない。ステイ・ホームの大合唱において、子どもたちは親と離れる時間、大人たちから離れる時間を失い、かわって親と大人たちの一元的な（つまり全面的な）権威の下で毎日を生きることになる。ステイ・ホームという状況は、逆に、ホームとは何かという問いを私たちに与える。ゴフマンの議論は古びておらず、むしろ、現在においてアクチュアリティを獲得しているとも言えるだろう。

ボクシングに話を戻そう。全制的施設が寝る場所／遊ぶ場所／働く場所の区分を喪失した空間であるならば、そこは必然的に外部から切り離された空間になる。場所の移動をしないことは、外部との接触が断たれることを意味する。そして私的領域と公的領域の区分もなくなる。このふたつを区分するためには、場所を移動しなければならないからである。[★7] それができない以上、そこには私的なものが公的になる空間が立ち現れる。こうして私的なものを失うことによって、前節に引用したヴェーバーの言葉を使えば、「伝統主義の惰性」が剥ぎ取られていく。ボクシングジムではなくボクシング・キャンプにおいてボクサーが育成されることは、全制的施設において私的領域が剥奪されるという事態と通じている。「訓練の論理」が生活の細部まで浸透するのである。

しかしながら、全制的施設は、必ずしも訓練のためだけに用いられているのではない。それはまた、傷ついた人びとが、生きなおすための根拠を獲得する場にもなりうるのだ。全制的施設を「訓練の論

★7　全体主義（totalitarianism）という用語をめぐって、ティモシー・スナイダーが「公的生活と私生活との境目をなくす」ものと議論したことも、「トータル」ということの意味を考える上で重要だろう（スナイダー 2017：85）。

理」だけでなく、「シェルターの論理」から捉えなおす試みも必要だろう。実際、ボクシング・キャンプの日常生活をつぶさに観察すると、後者の側面を節々に見て取ることができる。

2—2 ケア・ハウス

私は大学院生時代よりEジムで調査をおこなってきたが、その調査を通じて、ボクサーたちはボクシング・キャンプでの練習と生活によって、ふたつのものから身を守ることを可能にしていることを知った。ひとつは貧困であり、もうひとつは肉体的暴力である。

貧困については、かれらが貧困層の出身であり、安定した寝床や食事を手にすることが入門以前には困難であったことが関係している。Eジムのボクサーのほとんどは、マニラ以外の地方出身者である。かれらはボクサーになるためにマニラに出郷するか、もしくは、マニラに出郷後に職探しをするものの定職を見つけることができず就職の代案としてボクサーになる、というふたつの経路を持つ。どちらの経路にしても、かれらは居場所をもつことに関して脆弱な状況にある。農村では、限られた農地での農作業以外の仕事がなく、いい歳をした青年が居座ることが喜ばれない状況がある。かれらは機会を求めてマニラへと出郷するが、もちろん一人暮らしをするような経済的余裕はないため、きょうだいや友人を頼って、スクオッター地区で居候生活をすることになる。居候生活は、マニラのスクオッター地区では至る所で見られるが、職探しに難航すると、居候生活に暗雲が漂うようになる。居候者が少しでもお金を所帯に入れるのであれば、居候生活に軋轢は生まれないが、いつまでもタダ飯を得続けていると、やはりそれを継続することが難しくなってくる。そうすると、かれらは居候先を変えて、別の友人やきょうだいのもとで世話になることを繰り返すことになる。

経済事情と密接に関連した居住の貧困を抱えるかれらにとって、ボクサーになることは、知人に依存することなく寝床と食事を手にすることである。

ボクサーになった理由？　一日三回、ご飯を食べたいから。ベッドもちゃんとある。シンプルな生活だけど、ここは落ち着くよ。（ジャンレイ、中堅ボクサー）

また、貧困から身を守るということは、寝床と食事という物的基盤を確保するだけでなく、自らの存在がまわりに認められるよう求めることでもある。人間の存在とは、彼が現実と取り結ぶ社会関係のアンサンブルにほかならない。たとえばあるボクサーには、かつて路上生活を送っていた時期があった。もちろん寝床や食事を確保することに苦労したが、それ以上に、トイレを使用するために立ち入ろうとしたファストフード店で、その身なりを見た門番に店の前で追い返されたこと、そしてその際に「クレイジー」と言われたことの方が、彼には突き刺さった。貧困を生きることは、社会関係の解体を伴うのであり、よって存在の解体をもたらすことである。

こうした生身の体験を有するかれらにとって、ボクシング・キャンプで生活を始めることは、自らの名前と存在が周りのボクサーたちによって認められることにつながるものである。その際にとりわけ重要なのが、ロッカーが与えられることである。ロッカーが与えられることは、ジムの正当なメンバーとして認知されるということだ。それは単なる備品を超えた存在証明のツールとしての意味を備えている。

Eジムのロッカーは、塗料が剥がれつつあり、表面もデコボコになっている。入門したボクサーには、一人一個のロッカーが与えられ、そのなかにかれらは自分の僅かばかりの持ち物を入れる。あるボクサーのロッカーには、歯ブラシ、綿棒、剃刀、バンデージ、マウスピース、ハンガーといった持ち物が入っている。さらに古新聞を使って、好きな女優の写真を貼り合わせて「内装」を施している。彼によれば、毎日、ロッカーを開けるたびに、その女優が彼に微笑みかけてくれるのだと言う。ジムで共同生活を送るボクサーにとって、ロッカーだけが自分専用に使えるものである。だから、かれらはロッカーを精一杯自由にアレンジして、自分だけの「プライベート空間」を創出する。それはまた、仲間からの存在認知をもたらすという点で、自己存在を獲得しなおすことにつながる。

貧困問題が存在をめぐる問題でもあることは、ボクサーたちが名前を手にすることを嘱望することにも現れている。入門前のかれらは砂粒のように生きていて、ある夜に路上で死んでしまっても、一人の固有の生が尽きたとは理解されないことが多い。かれら自身は、文字通り、固有件を奪われた「マス（大衆）」[★8]として一般社会からはまなざされているのであって、自らを固有の名前と顔を持つ存在として実感する機会を持てない。ボクサーになることは、たとえリングに上がった試合時間だけであっても、名前を手にすることを可能にする。[★9]観客が、仲間が、友人が、自分の名前を呼ぶ。テレビ放映がされれば、自分の名前が広く視聴者に届けられる。そのとき、彼は「マス」ではない。個人になる。この点を若者たちは嘱望し、ボクシング・キャンプでの生活を始める。このように、ボクシング・キャンプは、物的基盤や存在を解体する貧困に対してそこから身を守るためのケア・ハウスであるのだ。

また、ボクサーになることは、肉体的暴力から身を守る戦略でもある。ボクシング・キャンプで絶対におこなってはならないことは、練習以外の場面で、肉体的暴力を行使することである。まず、Eジムでは、先輩ボクサーが後輩ボクサーをいじめるようなことは起こらない。これは私も、住み込み調査中に驚いた点である。そもそも上下関係がほとんど存在しない。後輩ボクサーが先輩ボクサーの世話をしたり、付き人的な役割を担うようなことは、一切ないのである。

さらにボクサーたちは、自らの拳が凶器になりうることをよく理解している。共同生活でトラブルがあっても、話し合いで解決する。この点は、スクオッター地区におけるギャングやドラッグ・ディーラーの世界に溢れる肉体的暴力とは対照的である。むしろ、ボクサーたちは、ストリートの肉体的暴力からの逃避場所として、Eジムを捉えているのである。

ボクサーになる前に、友達に紹介してもらって運び屋の仕事をしたけど、正直、怖かった。集団でリンチされるようなターゲットにはなりたくなかった。ボクシングは暴力じゃないよ。ボクシングは暴力とは反対の「スポーツ」だから。(マンマン、ベテランボクサー)

★8　フィリピンを代表する作家であるショニール・ホセは『民衆』(英語で書かれた原題は*Mass*)という名高い小説を一九七三年——マルコスによる戒厳令布告の一年後——に書いた(ホセ 1991a, 1991b)。これはホセがロサレス物語と呼んでいる、ある一族の一〇〇年にわたる家族史を自伝的小説として描いた五部作のひとつを成す作品であり、時代的にはその最後の局面にあたるマルコス体制時を舞台にしたものである。さまざまな解釈が可能な『民衆』であるが、ひとつの論点は、匿名的にしか存在しえない「マス」と固有の名前と顔を持つ「サムソン」という、相容れないふたつの存在形態のあいだの埋まらなさをめぐる物語という点だろう。

★9　この点については、ジョイス・キャロル・オーツによる著名なボクシング論における次の記述とも重なるものである。「ボクシング・リングの魔法の空間では、他のいかなる公共の場とも違って、固有の肉体的存在としての個人が自己主張をする。そこでは、一瞬ではあるが劇的な時間が流れ、道徳的・政治的な複雑性や恐るべき非個人性を持つ大きな世界が存在しなくなる」(オーツ 1988：148)。リングとは、固有の名前と顔を手にする空間である。

肉体的暴力が日常生活から取り除かれていることは、かれらに安心感を与える。それは、かれらが以前に体験した、肉体的暴力が吹き荒れる世界との対比で語られる。

俺は、昔は、砂粒のような人生だった。ギャング集団の抗争で刺されて死んでも、誰も自分のことなんか気にも留めないような世界だった。俺はそんな世界が嫌だった。そこから脱出したかった。ここ（Eジムのこと：筆者）は、みんな落ち着いていて、穏やかで、何か悩みがあっても、誰かが話を聞いてくれる。シンプルな生活だよ、でも、このシンプルな生活こそが、自分は好きだ。誰も寝込みを襲ったりしてこない。（ロセリト、ベテランボクサー）

俺は幸せさ、わかるかい。金もなくってただここにいるだけでもさ、俺は幸せだぜ。俺たちはここ（Eジムのこと：筆者）で家のようにリラックスできる。ここじゃ緊張に身をすくめることもないし、俺たちはここを実家みたいに感じているんだ。昔ここに住んでいたんじゃないかっていう感じだね。起きて、寝て、ジョギングをして、パンを食べて、ジムで練習して。それで良いのさ。（ロイ、ベテランボクサー）

ボクシング・キャンプは、かれらにとってシェルターでもあると言えるだろう。貧困と肉体的暴力からの逃避地なのである。重要なのは、ボクシングジムに通っていては、このようにはならないということである。練習だけをジムでおこなっても、練習後にストリートに足を踏み入れれば、肉体的暴力に溢れた世界が控えている。ボクシング・キャンプは二四時間をそこで過ごす場だからこそ、ストリートとの隔絶を可能にし、そこでは独自の秩序を備えた小宇宙が形成されるのだ。ボクシングという一見、血生臭い競技に身を捧げるかれらは、逆に、その内部において、傷ついた自己や他者のケアを可能にする場を作り出してもいる。

このように、「訓練の論理」と「シェルターの論理」が入れ子状態になって、マニラのボクシング・キャンプは存立している。★10

2—3　キックアウト

このようにふたつの論理を併せ持つボクシング・キャンプであるが、だからこそ可能になるボクサー育成の方法がある。それが「キックアウト」である。キックアウトとは、怠惰なボクサーをキャンプから追放する行為である。マネージャーやトレーナーは、キックアウトという切り札を持つことによって、ボクサーの訓練を厳しくしようと管理する。ボクシング・キャンプが、シェルターの論理を持つからこそ、そのケアの側面が剥奪されることを危惧して、ボクサーは練習に身が入るようになるのである。ひとりのボクサーの例を記そう。ニコという一八歳の若いプロボクサーが、一時期、Eジムで活動し

★10　宮地尚子は、山内明美とおこなった震災とトラウマを主題にした対談において、「アジールなのかアサイラムなのか」という問いを提示している（宮地＋山内 2021：17）。これは南三陸の女性を念頭に語られたものであり、その地が女性にとって居場所なのか、それとも逃れたいけど止まらざるを得ない場所なのかを捉えるために提示されたものである。Asylum という英単語を、アサイラムと捉えるのか、アジールと捉えるのかによって、見えてくるものはたしかに異なる。そして、おそらく両者は、各地において、相互に排他的であるというよりは、むしろ折り重なって現象しているのだろう。

ていた。サウスポーで、運動神経が良く、度胸もあったため、ボクサーとしての活躍が期待されていた。しかし彼は、生活面に問題があった。夜中に勝手にEジムを抜け出して、友達の家に遊びに行ったり、酒場に繰り出したりしていた。ボクサーとしては才能があったので、マネージャーやトレーナーは、粘り強く、彼のそうした行為を正そうと努めた。夜中に抜け出しても、早朝に起きて、ジョギングをきちんとおこなうのであれば、ほかのボクサーたちもそこまで咎めたりはしない。たとえば、ベテランボクサーのロイは、次のように語ったことがある。「若い時は、俺もそうだったけど、みんな遊びたいもんさ。ちゃんとトレーニングをするんだったら、遊んでてもいいし、むしろそれくらいの方が、ボクサーとして大成するさ」。しかしニコは、酒癖が悪く、酔って深夜に帰ってきては、朝のジョギング時間も寝ているような始末だった。

トレーナーのひとりは、そうした状況を知りながらも、あるときは丁寧に言葉で説明をして、またあるときは激しく怒鳴りつけて、ニコの行動を正そうとした。注意されるとニコは、しばらくは夜に出歩くことをやめたが、時間が経つと、彼はまた夜にEジムを抜け出して、午前二時くらいに赤い顔をして帰ってくることが続いた。ある日、普段はEジムに寝泊りするわけではないトレーナーのひとりが、たまたまその日は深夜までEジムにいた際、酒を飲んだニコが戻ってきた。酔っ払ったニコを見て、そのトレーナーは「このアホやろう（*Putang ina mo!*）」と叫びながら、ニコの右の脇腹を素手の左手でぶん殴り、うずくまった彼に対して、その左の頬を平手打ちし、続けておでこを右手の掌で押し上げた。うずくまっていたニコは、おでこを押し上げられて、後方に倒れ込んだ。もう一度、そのトレーナーは「このアホやろう」と言葉を吐いて、そのまま自宅に戻って行った。翌日、トレーナーとマネージャーは協議の上で、ニコをキックアウトすることを決定した。彼はその日に、荷物をまとめて、Eジムを去っていった。

重要なことは、キックアウトは、ニコだけでなく、ほかのボクサーにとっても十分な指導効果を持つ点である。キックアウトされると、かれらは住処を失うことになる。そのシェルターからの強制退去が言い渡されてしまえば、かれらはまたストリートに戻ることになる。急な退去の言い渡しでは、居候先もすぐには見つからないかもしれない。かれらにとって、キックアウトは恐怖である。

つまり、ボクシング・キャンプは、シェルターの論理を持つからこそ、そのケアを剥奪するという脅しが有効になり、そしてそれが訓練の論理へと接続されていくのである。[★11] ボクサーたちの生活を丸抱えするボクシング・キャンプはケア・ハウスであるが、だからこそ強烈な調教を可能にする訓練所としても機能する。「訓練の論理」と「シェルターの論理」は、このように相互規定性を持っている。

★11　この点は、ゴフマンの指摘とも重なるものである。「全制的施設からの釈放の問題が、特権体系には組み込まれている。ある行為は、拘留期間の延長（あるいは、少なくともそれが短縮されることはない）を意味するものとして知られるようになり、別の行為は、刑期を短縮する手段として知られるようになる」（ゴッフマン 1984 : 54）。ここからは、施設内での行為が、施設からの釈放やそこへの残留という問題と密接に結びついていることがわかる。ボクシング・キャンプの場合、そこは「シェルターの論理」を備えるがゆえに、ボクサーの多くはそこに留まることを希望するが、この希望を巧みに利用することで、彼らの行為が条件づけられる仕組みが形成されている。

3　自由時間という練習時間

3―1　自由時間

ボクシング・キャンプの生活において、最も重視されるのが時間的秩序である。ジョギング、練習、夕飯などの集合時間に遅れたり、あるいは、決まった時間に決まった場にいなければ、強く叱責されることになる。

同時に重要なのが、練習や食事の合間の自由時間である。この時間を使って、ボクサーたちは、洗濯をし、テレビを観て、携帯電話で故郷の友達とチャットをする。自由時間は決して自由な時間ではない。それは広義の「練習」時間である。たとえば洗濯は、ボクサーたちが、たらいに水を貯めて手洗いでおこなうが、多くの場合、複数人で雑談をしながら作業する。ボクサーたちは自分の着ているものは自分で洗うことになっている（先輩が自分の洗濯物を後輩に洗わせるようなことは起こらない）。練習着など洗うものは多いため、洗濯を始めると、一時間から、長いときには二時間くらいを要する。私自身は、ボクシング・キャンプで住み込み生活を始めた頃、手洗いが下手だったため、洗濯に三時間くらいかかっていた。洗濯は、ボクサーたちの部屋にある低い椅子を屋外に持ち出しておこなう。その椅子に座って、たらいの前で手洗いを続けていると背中が強烈に痛くなる。だが、手洗いに慣れているボクサーは、そうした痛みが現れることなく、洗濯を長時間おこなうことができる。私自身は、ボクシングの練習以上に、洗濯が肉体的に辛い時間だった。

この洗濯の時間は、格好の雑談タイムでもある。とりわけ、新参者にとって、ベテランボクサーと話をしたり、さらにはアドバイスをもらうことが自然と可能になる貴重な時間である。洗濯は、それぞれが、目の前のたらいと向き合っておこなう。そして、たらいを前に手洗いをしている状態で、複数のボクサーが並び合っている。洗濯の作業をしているため、「面と向かい合う関係」ではなく「相互に並び合う関係」が、自然とできあがる。この並び合う関係においては、不忠議と話が進む。向かい合う関係だと、かしこまった形になるため、互いに緊張するだろう。だが、作業をしながらの並び合う関係においては、相手の目を見る必要もなく、手を動かしながら、それとなく雑談を交わすことが可能になる。★12 そして、この洗濯の場での何気ない会話を通じて、新参者はベテランボクサーから心構えやボクシングの技術、さらには減量の仕方についてインフォーマルに教わるのである。★13

ボクシング・キャンプにおける自由時間は、こうした「インフォーマルな相互教育」を考慮した構成になっている。Eジムには、テレビが一台設置されているが、そのテレビを観ながら雑談することもボクサー同士のゆるやかな関わり合いを可能にする。さらに、ビリヤード台――中古品でマットが傷んでいるため球が思わぬ軌道を描くこともある――やチェスのボードなどもあるが、これらで遊ぶこともそうである。こうした自由時間を通じて、新参者はベテランボクサーから多くのことを学び、ベテランボ

★12　直接向かい合って話すのではなく、あいだに作業を挟むことによって、話し合いの新たな関係性が生成する。この点をめぐって、私は「コモンサード」という概念を使って考察したことがある（石岡 2019）。

★13　一九九〇年代から二〇〇〇年代にかけて、日本でも教育学、社会学、人類学などの領域などで注目され、しかしながら、その後、十分に議論されることもないまま忘却されていった「実践コミュニティ（communities of practice）」論（レイヴ＋ウェンガー 1993）についても、このインフォーマル教育の観点から再検討することが可能である。

クサーもまた新参者との交流を通じて新たな考えを吸収する。★14

こうした自由時間については、施設生活の社会学研究において、重要な研究主題であるだろう。施設生活を分析しようとする際に、正課プログラムを中心に検討しがちだが、それと同じくらい課外時間に注目することも必要になる。施設生活は、正課と課外が相互に関連しあいながら作り出される。そして、課外時間がどのように過ごされるのかという点において、そこに設置されたモノ――洗濯場、テレビ、ビリヤード台――の配置が重要になるのである。

3―2　身体と付き合う

では、マニラのボクシング・キャンプにおいて、何がボクサーたちに習得されていくのだろうか。この点において最も重要なのは、そこでは自らの身体と付き合う方法が習得されていく点である。

ボクサーにとって、身体は自らの操作対象物ではない。身体は自らの操作を超えたものである。このことは、ボクサーたちの日常会話からも明らかだ。たとえば、練習でリングに上がったボクサーが発する何気ない一言を考えてみよう。「今日は身体が動く」「昨日は身体の動きが良かった」とかれらは話す。ポイントは、「身体が」動くのであって、「私が」身体を動かすのではない点にある。ボクサーの練習感覚において、主役は身体であって私ではない。身体が気持ちよく動いてくれるように私は働きかけるのであって、決して私が身体を統轄するのではない。たとえば「足が重い」とかれらが口にするとき、「足」は私による司令の対象ではない。「足」自体が主語であり、また動きの主体なのである。「私が足を動かす」のではなく、「足が動く」のである。ベテランボクサーのロセリトは、次のように語ったことがある。

［Eジムの隣に立地する競馬の場外馬券場にいた際の会話］ボクサーは、競走馬と似ているよ。競馬では、ジョッキーは馬の機嫌をとりながら、馬と一体になってゴールを目指す。ジョッキーは、馬を操ろうとしてはダメで、馬と折り合いをつけながら走る。ボクサーも同じ。身体と折り合いをつけながら試合をする。身体を押さえつけようとしてはダメ。身体が動かないなら、動かないなりに試合を組み立てる方法を見つけなきゃいけない。身体が動くなら、逆に、調子に乗りすぎないように、抑えなきゃいけない。ボクサーも競走馬も同じだよ。（ロセリト）

★14　洗濯は社会学の興味深い研究テーマであると、私はつねづね感じてきた。本章とは異なる観点であるが、フランスの社会学者ジャン・クロード・コフマンは、洗濯について冴えた議論を展開している（Kaufmann 1998）。コフマンは、家族あるいはカップルとは何かをめぐって、洗濯の分析を通じて考察している。カップルとは何か？　コフマンは、ふたりの人間がひとつの洗濯機を購入して一緒に使うようになったとき、そのふたりはカップルだと定義した。この定義は、社会生活のリアリティをよく捉えているように思う。私は一年間、ウィーンで家族と生活したことがあるが、その際、現地の友人たちからよく耳にしたのが、同居するパートナーとのあいだでの洗濯の仕方をめぐるトラブルについてだった。西ヨーロッパで使われている洗濯機の多くには、水温の調整機能がつき、また脱水の回転数やすすぎ時間なども非常に細かく選択可能となっており、事細かに洗い方を指定できる。そして同居人と、この洗濯機の使い方をめぐって口論になるのである。水温は何度でどれくらいの回転数の強度で、服の生地の汚れを落とすのか。この点をめぐっては、ひとりひとりが独自の生活哲学を持っており、その分、洗濯はこの生活哲学をめぐる闘争の場となる。単に同居するだけでなく、「汚れた服を一緒に洗う」という実践を共同でおこなうこと、そして自らの洗濯法の正しさを互いが相対化しつつ再調整していくことこそが、カップルをカップルに作り上げる点について、コフマンは考察した。

ボクサーたちと長期にわたって生活をするとよくわかるのが、身体は言うことを聞いてくれないという点である。リングに上がってみないと、その日に身体がスムーズに動くかどうかはわからない。前日までに完璧に仕上げたつもりが、当日に身体が動かないことはよくあることだ。また、身体が調子良く動きすぎることによって、相手を深追いしてしまい、カウンターをもらってKOされることもある。ボクサーにできることは、ロセリトが競走馬に跨ったジョッキーに喩えて述べるように、そんな身体と上手に付き合うことである。

身体が言うことを聞いてくれない点は、身体が感情を伴うものである点とも関連している。たとえば、何かぶつぶつ唱えながら、パンチを繰り出してくる対戦相手がいる。こうした行為は、ボクサーにとって、ものすごくイライラするものだ。その対戦相手に苛立ってしまっては、ボクサーとしては大成できない。イライラしながらも、その感情を表に出さずに、上手にそれと折り合いをつけながら、虎視淡々と勝機を探っていかなければならない。キレてはならない。クリンチ状態で、耳元に変な言葉を囁いてくる対戦相手であっても、それを気にしてはならない。感情をそのまま表出させるのではなく、それと折り合いをつけてクールに対処しなければならない。ボクサーになるということは、いかに身体が自らの手に負えない固有の運動体であるのかを理解することである。

ボクシング・キャンプでの生活においてやってはならないことは、感情を爆発させることである。怒ってはならない。手を出してはならない。感情と上手に付き合わなければならない。この暗黙の規則を破ってしまったボクサーの語りを引用しておこう。彼（ロイ）は自分へのバッシングを耳にして、それを許せず、夜にビール瓶を叩き割った。ボクサーにとって重要な拳をケガすることになり、マネージャーにもそれが知られることになる。

今のジムに来ることになったとき、クヤ・アボット（かつてのマネージャー：引用者）からクヤ・マーティー（現在のマネージャー：引用者）に電話があった。[★15]「どうしてロイなんかを、お前のジムで受け入れているんだ？」という電話だった。「あいつはバッドボーイだ」とまで言ってた。クヤ・アボットは、こないだ、このジムの近くに来たときに、わざわざみんなに「ロイは酒を飲んで悪態をつく」と言いふらしたんだ。俺にはわかる、彼は俺のイメージを悪くしようとしているんだよね。それを聞いて、俺も頭にきてしまって、その夜、怒りながら、酒を飲んで酔っぱらったよ。ボクサー仲間のジェイキとフランキーと三人で。ジムの横のプール脇でビールを飲んだ。飲み終わって部屋に帰るときに、ほかの二人に「俺は後から帰るわ」と告げた。それで、ビール瓶を一本、叩き割った。怒りに震えてたんだよね。もちろん、そんなことをするのが良くないことは認めるよ。まわりにいた人たちは、みんな逃げ出した。その夜に、クヤ・マーティーに呼び出されて、俺はもっと良い人間にならないといけないと諭された。俺は良い人間になることを約束した。俺も、あんなことを繰り返したくなかった。クヤ・マーティーは、ジムの敷地内でお酒を飲むことは認めてくれた。だけどトラブルを起こしてはならない、と。俺は良い人間にならなきゃいけないし、今はそれができていると思う。だから、お金がなくても、たくさんの友達がまわりにいてくれる[★16]（ロイ）。

★15　「クヤ（*kuya*）」とは、タガログ語において、目上の男性に対して付ける敬称である。第8章★4も参照。

ロイは、かつて所属していたボクシング・キャンプの関係者から、現在所属するキャンプの関係者に告げ口があったことに対して、怒りに震えた。告げ口によって彼の評判を落とそうとするかつての関係者に対して、ロイは怒りを抑えることができず、夜に酒を飲んで、その瓶を人びとの面前で叩き割ったのである。そして、その行為については、すぐに現在のマネージャーであるマーティーによって注意されたのだった。

2―2で論じたように、ボクシング・キャンプは肉体的暴力からの逃避地である。そこでは、感情の赴くままに肉体的暴力を行使してしまうことが、厳重に制御されている。感情に囚われるのではなく、感情と付き合わなければならない。私を襲ってくる衝動と上手に付き合わなければならない。ロイはそれができずに、ビール瓶を叩き割ってしまったが、今一度、その状況自体を捉え返して、そのように感情に囚われることのない生き方を模索している。そして感情に囚われることのない生き方は、ボクサーにとって――さらに私たちにとって――必要なことだろう。

だが、感情と付き合うこと、身体と付き合うことは、容易ではない。その際に重要なのが、ボクシング・キャンプの自由時間であり、共に過ごす同僚たちである。ビール瓶を叩き割った翌日、ロイが朝食後にテレビを観ていると、さりげなくほかのボクサーたちが集まってきて一緒に番組を観ながら、他愛もない冗談を言い始める。そうして冗談を交わしつつ、しばらく経ってから、周りにいるひとりが「手は大丈夫か」と聞く。ビール瓶の破片で拳を痛めていないかを聞いているのである。「大丈夫、破片でちょっと切れそうだったけど、何ともない」とロイが答える。すると訊ねたボクサーが言い返す。「なんで、もっとざっくりと拳を切らないんだよ！　なんで大ケガしないんだよ。お前がもっと豪快にケガしていたら、俺がお前の代わりにフライ級のフィリピン・ランクに入れたのに！」。笑いながら周りのボクサーも加わる。「惜しかったなあ、もう少しでお前、拳が大ケガになってたのに。うわー残念だわ」。やさしさの溢れる瞬間である。真剣に応答するのではない。茶化すのである。そして、茶化せば茶化すほど、それが深刻な事態であったことがわかる。★17

自由時間が、このように広義の「練習」時間になることで、マニラのボクシング・キャンプでは、スラム出身の若者たちが徐々にボクサーとしての戒律を獲得していくのである。ボクシングジムではそうはいかない。あまりにも個人化されているからである。ボクシング・キャンプだからこそ、以上のような練習時間以外の自由時間が活用可能になる。

★16 この語りは、マニラの貧困世界では、お金がなければ友達も消えていくということについて、ロイが私に語っている場面のなかで登場したものである。最後の一言が「お金がなくても、たくさんの友達がまわりにいてくれる」となっているのは、彼が今「良い人間」であるからこそ、貧しさにもかかわらず友達がたくさんいる点を、彼が強調しているためである。

★17 私は以前、真夜中に深刻な悩みを打ち明け、その後に泣き出したひとりの元ボクサーに対して、その周りにいた別のボクサーたちが、全力でその泣き真似を始める光景を記述したことがある（石岡 2013）。泣き出したボクサーをみんなで茶化すという実践である。茶化しても、彼の経済的困窮がもたらした悲惨が緩和されるわけではない。だが、泣き真似によって、悲惨を分散することはできる。悲惨を彼ひとりで背負うのではなく、共同化することでやり過ごすのである。

3―3　テン・カウント

ボクサーにとって、テン・カウント（ダウンをして、審判に一〇のカウントを宣告されること：引用者）は、特別な意味を持つよね。同じように、俺はハイブラッド（怒りで頭に血が上ること：引用者）になったときに、一〇のカウントを自分の心で数えるようにしている。これが自分を落ち着かせるための方法なんだ。（ロセリト）

カッとなったときには、テン・カウントを自分の内部で数えるようにする。そうすることで、ロセリトは、リング上でも日常生活でも、トラブルを回避するようにしている。重要なのは、テン・カウントを数えるというのが、具体的な「方法」であることだ。怒りを鎮める「態度」を身につけるのではない。態度はそのときの状況次第で、いかようにも変転しうることを、ボクサーたちはよく知っている。ロセリトはテン・カウントを数える方法を実践し、別のボクサーであるマンマンは手をぐっと握っては緩める動作を繰り返す方法を駆使することで、カッとなった自らの身体と付き合っている。

また、ロセリトは、試合のリング上では目をキョロキョロさせない、という修練をおこなってきた。目をキョロキョロさせると、集中力が落ちる。「ゾーンに入り込めない」のである。ここでもポイントは方法にある。集中力を高めるような態度を身につけるのではなく、それを可能にする方法を探して、自分のものにするのである。目の焦点を一箇所に合わせることは、試合に集中力をもって入り込むための方法である。また、相手のパンチを被弾しても表情を変えてはならないが、表情とは具体的には目のことである。日本語でも「目は口ほどに物を言う」という表現があるが、目の動きを意識するという方法で、表情を変えないことを実践する。

テン・カウントを数える、手を握る、といった方法は、いかなる状況でも実践可能なものである。言い換えれば、その方法は、身体に埋め込まれてはいない。身体から外化されたものである。「落ち着く」ように練習するだけでは十分ではない。「落ち着く」ための自分なりの方法を習得することによって、ボクサーは試合前に緊張で吐きそうになっても、《今すぐ、リングが壊れて、試合がなくなって欲しい》と怯えている状況下でも、自らを落ち着かせることが少しだけ可能になる。★18

また、Eジムの別のボクサーであるアレックスは、小さなメモ帳に練習日記を書いている。日記といっても簡単なもので、いわゆる一行日記のようなものだ。その日の出来事をメモしているのだが、ときどき、その一行日記のなかに、一〇行ほどの記述が入る日がある。日記の長い日は、練習がうまくい

★18　こうした身体と付き合う方法をめぐっては、社会学者の松村和則が論じたように、私たちの日常においても見出されるものであるだろう。松村は、自らがいかにして吃音を「克服」したのかをめぐって、こう記している。「吃音の人が歌を歌うときにその障害がまったく出ないのには理由がある。からだ全体のリズムのなかに歌詞が浮かんでおり、ことばとして意識する必要がないからである。彼らが普通に話そうとする時には、その障害が軽度な場合は、手や足で微かにリズムを取ったり、詰まってしまうことばの前で自分独自に開発したリズムや音域へ変調する努力で切り抜けていく」（松村 2002：31–32）。話し始める前に、松村は「手や足で微かにリズム」を取り始める。話し相手に悟られないように、またその動きに気づかれることに慄きながら、「微かに」自分だけのリズムを手と足で取り始めるのだ。そして自分独自に開発したリズムへと会話を「変調する」ことで、吃音であることを他者に悟られないように会話する。リズムのなかにことばを引き込むのである。

かなかった日や、無様な姿をリング上で晒してしまった日である。彼は感情を紙にぶつける。そして紙に書くことで、自らの感情と折り合いをつけようとしているのである。「書いていること？　秘密だよ。恥ずかしいだろうよ。でも、書いたら、気分が楽になる」（アレックス）。彼にとって日記を書くことは、自分の感情を外化する行為であると言えるだろう。そこでは書かれたものよりも、書く行為自体が重要になる。

ボクシング・キャンプにおける自由時間は、それぞれのボクサーが自分なりに身体と付き合う方法を模索し、またその過程をほかのボクサーたちと共有することを可能にする。アレックスが日記を書いているのを見ることで、ほかのボクサーは、ベテランボクサーのアレックスでさえ、ボクサーとして生き残るための術をいまだ模索していることを知る。かれらは、それに影響を受けて、かれら自身で方法の探究を始める。繰り返すが、自由時間は休み時間であると同時に、広義の「練習」時間であるのだ。

4　平凡教育と非凡教育

本章では、ボクシング・キャンプで展開される共同生活について考えてきた。最後に、この共同生活で達成されていることを整理しておきたい。

マニラのボクシング・キャンプは、強いボクサーを育成するために作られたものであるが、そこでは同時に、一〇代の若者たちに貧困と肉体的暴力から身を守る空間が提供されている。人との話し方や、感情を剥き出しにしないことの重要性が教え込まれる。さらに、洗濯の仕方をはじめとした生活技術や、ほかのボクサーたちを相互にいたわるケアの大切さを学んでいく。ボクシングジムではなく、ボクシング・キャンプだからこそ、直接ボクシングには関わらないような全人的な側面にまで、その影響は及ぶ。

ボクシング・キャンプでは、鳥越皓之の練り上げた概念を借用するなら、「平凡教育」が実践されていると言えるだろう（鳥越 2008）。鳥越は、柳田國男の講演録に依拠しながら、「平凡教育」と「非凡教育」というふたつの教育が現代社会において共に重要であることを議論している。平凡教育は、みなと同じ所作や知識を身につけることを目指すものであり、平たく言えば、一人前教育である。漁村で生きるためには、泳げなくてはならない。水泳選手になるためではなく、村で生きていくために、泳ぐ技能が必要になる。また、村の戒律や規範を覚える必要がある。どういったときに川で遊んではならないのか、どのように近隣関係を築くのか、いかなる言葉遣いで話すのか。このような、凡人になるための教育が、平凡教育である。他方で非凡教育とは、トップアスリートを育成することや、筆記試験で高い偏差値を獲得することを目指す教育である。みなと同じではなく、ほかと異なることに、重きを置いた教育である。そこでは平凡であることは否定されて、非凡であることが目指される。近代的な教育とは、非凡教育こそを教育の中心に据えることにほかならない。

だが、鳥越によれば、平凡教育と非凡教育が共に存在することが、現在においても重要である。世界チャンピオンを育てることだけが、マニラのボクシング・キャンプの存在意義なのではない。貧困世界に出自を持つ若者男性が、マニラで生きていくための生活技術や、仲間たちと相互にケアをすることの重要性を身につけていくこともまた、そこでは目指されている。本章で記述してきたように、こうした平凡教育の側面を、ボクシング・キャンプの現実は備えている。にもかかわらず、調査者や外部からの訪問者こそが、それを汲み取るレンズを持ってこなかったがゆえに、ボクシング・キャンプをあくまでエリートボクサーの育成のための場としてしか捉えてこなかったのではないだろうか。

もう一点重要なことは、平凡教育は「短い言葉」（鳥越 2008：68）を使うということである。平凡教育は、コミュニティ内でおこなわれる。みなが忙しくしているなかで、その合間に伝授されるものであるため、できるだけ短く、ちょっとした言葉で伝えられることが、コミュニティの人びとに選ばれるのである。これは、非凡教育において、論理的に長々しい記述をするような実践とは異なっている。非凡教育は、時間割を備えた学校の教室のように、それ自体の固有の時空を持つ条件下において達成されるものだ。だが、慌ただしい庶民生活においては、そのように長々しく論理的に記述すること自体が難しい。そんな余裕はないのである。

洗濯の事例で見てきたように、マニラのボクシング・キャンプにおいては、自由時間に何らかの活動を共にしながら、ボクサーたちは多くのことを吸収していく。活動を通じて学ぶのであって、机や椅子の上で、学ぶこと自体に特化した条件で学ぶのではないのである。そしてこの点は、本章の冒頭の記述に戻るならば、依存症の当事者がハウスでの共同生活を通じて、「ちょっと話す」（上岡＋大嶋 2010：88）相談ができるように練習することの重要性とつながってくるものであるだろう。生活のなかで学ばれることは、生活から切り離された教室で学ばれることとは異なる。それは、いろいろな活動や身振りと共に学ばれるのであり、だから短い言葉になると同時に、頭だけでなく手や足を動かしながら学習されていくものなのである。

このように非凡教育と平凡教育が展開されている場としてボクシング・キャンプを捉えるならば、エスノグラファーにとっては、次の二点が重要なことにあらためて気づく。ひとつは、彼自身もまた、ボクシング・キャンプの日常に分け入り、そこで観察するだけでなく、手や足を動かしながらその世界に参加することである。もうひとつは、ボクシングのトレーニング風景だけでなく、自由時間の過ごし方を注意深く考察することである。そうすることで、ボクシングジムとは異なった、ボクシング・キャンプにおいて展開されていることが視野に入ってくるのだ。

本章では、ボクシング・キャンプという制度について捉えてきた。次章では、あるひとりのボクサーの事例を取り上げて、ボクシング・キャンプがいかに貧困や構造的暴力といった事態と関連しているのかについて、より踏み込んだ考察を進める。

第3章

対象化された貧困

前章では、ボクシング・キャンプという制度が、訓練の論理とシェルターの論理という二重性を備えて成立している点を捉えた。本章では、貧困や構造的暴力という本書全体の主題に引きつけて、ボクシング・キャンプの存立のありようについて考察を深めたい。すなわち、「ボクシングと貧困」について考えることが本章の課題であり、ひとりのボクサーの経験から、その考察を展開していく。

ボクシングが貧困と深く関係した競技であることは、各種の映画やルポルタージュを通じて、これまで繰り返し示されてきた。[★1] 学校教育から離脱した若者男性がボクシングに参入し、そこで成功を収めるといった物語などは、その典型的な語り口である。ボクシングがハングリー・アートと言われるのも、その実践者が立身出世の軌道から排除された社会的経済的弱者たちによって占められると想定されている点に起因している。

しかしながら、こうしたボクシングと貧困の結びつきは、漠然とした通念を超えて解読されてきたわけではない。それればかりか、むしろ、ボクシングと貧困について描く映画やルポルタージュが、当のボクシングと貧困の通俗的結合を作り出しているとも指摘されてきた。[★2]

そうした中で、ボクシングと社会層の対応関係をめぐる社会学的調査研究が登場し始めた（石岡 2012；ヴァカン 2013）。その結果、ボクシングに参入する者が必ずしも「アンダークラス」に位置づく若者ではないことが、統計で示されてきている（ヴァカン 2013）。こうした調査研究は、ボクシングという夥しい身体訓練を要する競技に参入する人びとが、どういった特定の社会層より生み出されるのかを詳細に解読する糸口となるものである。

本章もまた、ボクシングと貧困の結びつきを通念を超えて解読するものであるが、その際に出身階層分析ではなく、ボクシング・キャンプの日常分析を通じて考察することを目指す。すなわち、ボクシングと貧困の結びつきについて、ボクサーの出身階層という「過去」を解明することで答えようとするのではなく、キャンプの日常という「現在」を注視することで答えたいと思う。

1 〈ボクシングと貧困〉から〈ボクシングの中の貧困へ〉

1―1 ボクシングの社会学における問題構制

ボクシングの社会学は、これまで大きく三つの枠組みから考察されてきた。第一にノルベルト・エリアスの文明化の過程論の枠組みよりボクシングの歴史的発展を分析するもの、第二にスポーツ規範論の立場からボクシングの存続や撤廃をめぐる根拠を提示するもの、第三に文化研究の視角よりボクシングを文化政治のアリーナとして位置づけるものである。

第一の文明化の過程論に依拠した代表的なものが、ケネス・シャドの論考である（Sheard 1997）。

★1　その典型例として、映画『ロッキー』（ジョン・G・アヴィルドセン監督、一九七六年）がある。

★2　「ボクシングの社会学をきちんとおこなう上でまず必要なのは、自明化したエキゾティズムへの安易な依拠を拒むことだ」（Wacquant 1992 : 222）。

シャドの主張は「ボクシングに認められる暴力の程度や特性は、一貫して狭められてきた」(Sheard 1997：31）点に集約される。近代スポーツの中でボクシングは、残忍で野蛮な競技として捉えられるケースが多々ある。しかし、歴史的に見るならば、グローブの着用、ラウンド制の導入、書かれたルールの作成などを通じて、文明化されてきたことが述べられる。すなわちそこでは、暴力の克服が追求されてきたことが論じられる。シャドの論考は、一見、暴力が直截に表出されているように見える現在のボクシングが、実際には長期にわたる暴力の克服過程を通じて形成されてきたことを明るみに出すものである。★3

第二のスポーツ規範論に立つ論考については、ピーター・ドネリーやニコラス・ディクソンの研究がある（Donnelly 1988；Dixon 2001)。そこではボクシングの試合で死者が生み出されること、さらにはそもそも人間の頭部にパンチを浴びせることが、スポーツとして認められるかどうかが規範的に議論されている。ドネリーはボクシング協会の統率や監視の不徹底さを指摘し、協会の制度改正を通じて、ボクサーを保護する仕組みを作る必要があると結論する。ディクソンは、一向に減らないリング禍を念頭に、頭部へのパンチを禁止し、ボディブローに限定したボクシングを今後は目指すべきであると提言する。彼らの議論は、ボクシングの現状分析をおこなった上で、ボクサーの安全を保障するための規範的内容を論じたものである。

こうした文明化の過程論やスポーツ規範論の議論に対し、今日、最も研究が展開されてきているのが、第三の文化研究の視角からのボクシング研究である。そこでは人種やジェンダー、階級といった諸変数のせめぎあうアリーナとしてボクシングを位置づけ、その結びつきを解きほぐすことが試みられている。たとえばジョン・サグデンは、アメリカのハートフォードのボクシングジムの調査より、ボクシングのサブカルチャーの内実を明らかにしている（Sugden 1987, 1996）。サグデンはそのサブカルチャーの特質を「恵まれない者（the disadvantaged）をさらに搾取する仕掛け」であると言う。プロボクシングは、都市に生きる周辺的若者男性たちに承認の空間を提供する。しかし、そこでの成功は結局、金銭面ではマネージャーをはじめとする者たちに吸い上げられ、社会的側面では一般社会への不満をガス抜きするものでしかないことが論じられる。このサグデンの研究は、ボクシングの社会学の古典的論考であるキルソン・ワインバーグとヘンリー・アロンドの研究から強く影響を受けたものである（Weinberg & Arond 1952）。ワインバーグとアロンドは、ボクサーが社会経済的に劣位な位置から生み出されることを明らかにした。そして、ボクシングで活躍する人種民族構成が、そのままアメリカの底辺層の人種民族構成と重なることを論じている。★4

以上、三点の枠組みのうち、本章がとりわけ参照するのが、第三の文化研究のボクシング論である。というのも、そこではボクシングを社会的コンテクストと絡めて論ずる視点が貫徹されているからであ

★3　スポーツ社会学の学説史において、ノルベルト・エリアスの文明化の過程論は大きな影響を与えてきた。とりわけ、エリアスの弟子に当たるエリック・ダニングの主導のもとに、イギリスのレスター大学を拠点に数多くの研究が発表されてきた。そうしたエリアス派の研究において、ボクシングはつねに注目されてきた。ボクシングは前近代の身体文化からスポーツへと移行する制度的変化――文明化の過程――を端的に示す競技だからである（エリアス＋ダニング 1995）。

★4　文化研究としてのボクシング論は、以下のような研究が蓄積されている。人種とマスキュリニティに関して Woodward（2004）、トップファイターの文化記号学として Jefferson（1998）、マークシー（2001）などがある。また、タイのムエタイに関する秀逸な研究として、Vail（1998）、Kitiarsa（2005）がある。

る。そして、社会的コンテクストを取り上げる際に、それらの研究では貧困について必ず言及されているからこそ、ボクシングと貧困の結びつきを問う本章においても、重要な示唆を与えてくれると考えられるからである。

1―2 〈ボクシングの中の貧困〉へ

ではこれまでの文化研究の中で、ボクシングはいかなるかたちで貧困と結びつけて論じられてきただろうか。

サグデンはアメリカ、北アイルランド、キューバのボクシングジムについてエスノグラフィを記述している(Sugden 1996)。そこでの事例記述は、ジムを覆う社会的コンテクストの再構成に始まり、その後ジムの日常に続く。そしてその再構成の中で、当該地域がいかに貧困と絡んでいるのかが社会経済的視点で描かれる。すなわち、サグデンは社会的コンテクストとジム空間をいったん分離した上で、前者を論ずる際に貧困の模様を取り上げているのである。

社会的コンテクストとジム空間の分離については、ワインバーグとアロンドの研究でも前提にされていたことである(Weinberg & Arond 1952)。彼らはボクシングが貧困と関わる点について、ボクシング参入者の出身階層とアメリカ社会の階層構造を対応させて、そこに相関を見出すことから議論をおこなっている。そして、こうした出身階層分析とは独立した主題として、ジムの内実が論じられるのである。同様の方法は、ヴァカンがシカゴのボクシングジムについての重厚なエスノグラフィーを記述する際に採用したものでもあった(ヴァカン 2013)。ヴァカンは、ボクサーの出身階層分析をおこない、そのデータと今日の黒人ゲットーの統計資料をクロスさせることで、ボクサーを生み出す社会層を特定化した。

これらの研究は、ジム空間とは分離された社会的コンテクストを調べることで、ボクシングと貧困の結びつきを解明しようとしたものであると言える。こうした分析方法のことを、本章では〈ボクシングと貧困〉をめぐる問題設定と呼ぶことにしよう。

しかしながら、この〈ボクシングと貧困〉をめぐる問題設定は、ジムで日々を送るボクサーの実践の只中に、どのように貧困が滑り込んでくるのかを不問にしてしまう。そこでは、ジムに入門してトレーニングに励む日常が、貧困とは独立した別時空として暗黙裡に設定されるのである。けれども、ボクサーの日常を貧困とは切り離された独立主題として追究することは、ヴァカンが聞き取った以下のボクサーの語りからも難しいことがわかるだろう。

確実なことは、リングから外に降りたら、ボクサーはただの人（somebody）ってことさ。ストリートじゃ、誰も俺のことなんか知っちゃいない、存在が消えるのさ、誰も気に留めてなんかくれやしないさ。三勝一六敗なんかのレコードでも、リングに上れば、そいつはそこじゃ固有の人間（a man）になる、わかるだろ、リングに上がった時はな。（Wacquant 1998：13）

ここでヴァカンが書き付けているのは、リングに上がるボクサーの動機が貧困世界の内情と交錯する中で形成されていることである。このとき、ボクサーにとって、貧困という状況は、単に生活史的背景へと還元できるものとしてではなく、リングに上がる行為の渦中に現出するものとしてあることがわかる。

ヴァカンは、このようにボクサーの日常が貧困と表裏一体に構成された点を記述レベルでは示したと言えよう。しかしそれ以上踏み込んで分析へと展開することはなかった。やはりそこには、社会的コンテクストとは分離された固有の時空としてジムの日常を囲い込む作法があったと考えられる。

本章では、ジムの日常を固有の時空として囲い込む以上のような問題設定に対し、ジムの日常自体が貧困と表裏一体に構成されているという前提で、ボクシングと貧困の結びつきを捉え返してみたい。それは、〈ボクシングと貧困〉という従来の問題設定に対し、〈ボクシングの中の貧困〉という問題設定より議論を組みなおす試みである。

2　フィリピンのボクシング

2—1　マネージャー制度

〈ボクシングの中の貧困〉を考える上で、ボクシング・キャンプの日常を詳しく考察する必要がある。本章では、前章のような制度的な観点からではなく、よりボクサー個々人にとってのボクシング・キャンプの意味に迫ることで〈ボクシングの中の貧困〉を考えたい。

ボクサー個々人にとってのボクシング・キャンプという視角を採用した際に、避けて通れない論点がマネージャー制度である。ボクサーが活動をするためには、マネージャーが必要となる。マネージャーは、ボクサーの練習や生活の面倒を見ながら、出場する試合を決定する者である。マネージャーはボクサーのファイトマネーのうち、四五%分を手にする権利を持つ。フィリピンでは、マネージャーはボクシング・キャンプの経営者であることが多く、所属ボクサーの生活をジムで丸抱えしながら、ボクサーの育成が図られる。

マネージャー制度については、そのパターナリスティックな特徴が頻繁に指摘される（Weinberg & Arond 1952；Sugden 1996）。持たざる者であるボクサーが、持てる者であるマネージャーによって都合よく利用されていると指摘されるのである。しかし、こうした理解は、マネージャーとボクサーの関係の一部を取り出したに過ぎない。たとえばスクオッター地区に暮らすひとりのボクサーが、火事で家を全焼させてしまったことがある。このとき、彼のマネージャーはジム内の長屋を改装して、そこに彼の一家を住まわせるよう配慮した（石岡 2012：249-250）。この事実をひとつ取っても、マネージャー―ボクサー関係をパターナリズムの一言で表象することの限界がわかるだろう。マネージャー―ボクサー関係は、パターナリスティックな関係を内包しつつも、状況次第で生活保障関係にもなりうる。またボクサーに子どもができた際には、マネージャーが洗礼親になることも多々あり、擬制的家族関係になることもある。このように、マネージャー―ボクサー関係は、マルセル・モースが言う意味での「全体的社会的」な関係としてある（モース 2009）。

こうしたマネージャー―ボクサー関係を、ボクサーから見た際に重要なのは、そのマネージャーの下で活動することで、どのくらいの頻度で試合をできるのか、また自らの生活を保障してくれるのかという点である。というのも、ボクサーは試合で得たファイトマネーのみが収入源だからである。ボクシング界で力を持ったマネージャーであれば、試合を頻繁に組むことができ、それはボクサーのキャリアアップと収入の増加を意味する。だからこそ、ボクサーはマネージャーに、試合をたくさん組むことを要望する。マネージャーもまた、できるだけ所属ボクサーの試合を組み、彼らのキャリアアップを図ろうとする。

しかしながら、実際にはマネージャー―ボクサー関係が破綻するケースもある。破綻のほとんどは、金銭問題によって生ずる。マネージャーが総額の四五％分を超えて、ボクサーのファイトマネーを奪い、それに対しボクサーが怒ってジムを飛び出すパターンである。そうした場合、飛び出したボクサーは他ジムで活動を始める。★5

金銭問題をめぐってボクサーがジムを移籍するのは、フィリピンではそれほど珍しいことではない。けれども、移籍すると、ボクサーにもまた厳しい境遇が待ち受けているのが実情である。なぜなら、マネージャー―ボクサー間の信頼構築には時間を要するからである。デビューからひとりのマネージャーの下で活動してきたボクサーと、外から移籍してきたボクサーでは、マネージャーの関わり具合が異なる。移籍すればするほど、責任を持って自らのボクシングキャリアの発展を考慮してもらえる可能性は下がるのである。このような実情は、ボクサーに十分踏まえられている。そのため、ファイトマネーの不払いという非条理な出来事でも起こらない限り、ボクサーはひとつのボクシング・キャンプで活動を継続する。

2―2 ロイの事例

①食事への不満を契機としたジム移籍

しかしながら、金銭問題とはまったく異なった理由で、所属の移籍を繰り返したボクサーがいる。それがEジムに所属するロイ・ドリゲスである。彼は、Eジムに辿り着く前にふたつのジムに所属していた。入門からおよそ四年間在籍した最初のジムを飛び出し、次に在籍した二度目のジムを一年三カ月で飛び出した。そして、三度目の所属先がEジムだったのである。

私が驚いたのが、彼に対しておこなった聞き取りの中で、彼がふたつのジムを飛び出した理由を、食事への不満として語った点であった。金銭問題に比べ、非常に瑣末に思える食事への不満でジムを飛び出したと語るのである。

俺たちはメイドが出す食事に我慢ならなかった。いつもそいつとケンカだ。〔…〕俺たちを馬鹿にしている。メイドは調子に乗ってたんだ、ヤツが俺たちの飯を握ってたからな。〔…〕そのメイドは、腐った飯（*panis*）★6を、食えるはずのない臭い飯をいつも出しやがる。美味くなんかないぜ。でもそれを食べるしかなかった。悲しい話だ。俺がジムを出たのは、それが理由だった。メイドだ。

Bジム〔彼が二度目に所属したジム：引用者〕は食事がひどかった。〔…〕ジムのトレーニングは、あそこじゃ四分一ラウンドでやるんだ。トレーニングはすげえハードだった。でも出る食事は乏しかった。〔…〕自分が惨めだったよ、ヤク中みたいに痩せてたんだからな。〔…〕そのとき田舎の父親が死んだんだ。だから、田舎に戻って、そのままBジムには戻らなかった。

★5　しかしこれはフィリピンに固有のものでもある。たとえば、日本では現マネージャーに無断でボクサーが勝手に他ジムへ移籍することは制度的に難しい仕組みになっている。

★6　タガログ語で *panis* とは、英訳すれば spoiled food のことである。*panis* の語感を維持するために、本章では「腐った飯」と訳した。

二度目に在籍したジムを空腹を理由に飛び出したロイは、行く宛てもなく、マニラ首都圏マカティ市で三ヶ月間、路上で廃品を拾い集めて暮らした。そこにあるのは、さらなる空腹だった。

俺はもう元のジムに戻れなくなっちまった。〔…〕問題は帰るところが無くなっちまったことさ。仕方なく、俺はマカティにある友人の家に転がり込んだ。そこの床で毎晩寝て、食事は外でしてた。〔…〕路上でスクラップ、プラスチックやら空き缶やらを拾い集めて、飲み干したジュースの缶を持っている少年に「その缶をくれ」と言い、そんな「ゴミの物乞い人（*pulubi*）」さ。なんでこんな目に、って自分で思ったよ。

他のボクサーたちへの聞き取りを通じて、ロイとかつてのマネージャーの間には、金銭問題が無かったことがわかっている。ここで疑問となるのが、路上暮らしも辞さないほどのロイの「腐った飯」への怒りとは、いったい何かという点である。

②ロイの経歴

ロイはミンダナオ島のジェネラルサントス市の出身で、高校を二年で中退した。その後、地元で職探しを続けていたが定職にありつけず、職を求めてマニラ首都圏へと出郷した。そこで、ボクシング・キャンプを見つけ、トライアウトを乗り切り、ジムに入門した。

ロイはデビュー後、一〇戦して八勝一敗一分という優秀なレコードを持ち、一七戦目でアジア地域チャンピオンになった。ボクサーの半分以上が、入門から二年以内に引退を余儀なくされるのがフィリピンでは通常であるが、彼はチャンピオンクラスのボクサーとして名を馳せていたのである。

こうしたロイの順風満帆なボクシングキャリアを変えることになるのが、その後の度重なる所属の変更である。ロイは、二〇〇三年一月一八日、メキシコで世界タイトルマッチに出場している。この試合では二ラウンドでKO負けを喫したが、ロイは世界戦を経験できるまでのボクサーだった。世界戦での敗戦から約三ヵ月後に、彼は復帰戦をおこない、そこでKO勝ちを収めた。その勝利の後に、彼は所属するキャンプを飛び出した。

このタイミングは重要である。なぜなら、世界戦に出場したボクサーが復帰戦を勝利で飾った後に展望されるのは、アジア地域タイトルの試合や海外世界ランカーとの対決といったビッグファイトだからである。これからさらなる飛躍が期待される彼が、このタイミングでジムを飛び出したことは、ボクシング関係者からすれば不可解な行為である。

最初の所属ジムを飛び出したロイは、ボクシングを辞めて、友人宅に滞在していた。そこで知り合いから、別のマネージャーに受け入れを相談するようアドバイスを受ける。そうしてロイは、リサール州のボクシング・キャンプを二度目の所属先とした。

ロイは、その二度目に契約したマネージャーの下でボクサーとして八試合に出場した。その中には、フィリピンの国内タイトルマッチも含まれる。彼は、その試合でタイトルを獲得し、チャンピオンに返り咲いた。しかし、彼はこの後、現役チャンピオンのまま、そのジムをも飛び出してしまうのである。彼はそのタイトルを不戦のうちに失った。

飛び出し後は、すでに見たように、ストリートで廃品回収をして食いつないだ。三ヶ月間、廃品回収に勤しみながら、彼は知り合いのボクシングトレーナーたちに連絡を取り、他ジムでのボクシング復帰の可能性を探った。そしてEジムでカムバックした。しかし度重なる所属ジム変遷によって、彼はボクサーとしての好機を逃してしまった。Eジムに移籍後の二〇〇五年七月一七日の試合から、彼は五連敗を喫する。その時点で彼はすでに、以前のようなチャンピオンクラスのボクサーではなく、ファイトマネーのためだけにリングに上がる商品ボクサーへと成り下がっていた。

③語りと理論

以上の経緯を見るならば、彼は繰り返し所属先を移籍したことで、それまでに築き上げたボクシングキャリアを棒に振ったかのように見える。ボクシング関係者が、「ロイは理解できない」と言うのも、移籍によって自らのキャリア形成の芽を摘んだ点に向けられる。

しかしながら本章では、ロイのジム移籍を、一定の論理に沿った道理的な行為と捉え返したい。なぜなら、ロイは、移籍の理由を食事に拠るものと明確に語っているからである。聞き取りから浮上するのは、ジム移籍が場当たり的な行為ではなく、彼にとって理由のある行為だったことである。その理由の根幹に分け入ることが以下の目標である。

なおここで、語りを社会学的に分析する際の理論的観点を示しておこう。本章はロイがジムを飛び出した「本当の理由」を実証主義的に解明することを目指すものではない。そうではなく、ロイが自らの行為を語りとして提示する際に内包している、ロイ自身の「理論」に分け入ることを目指している。語りとは、話者の理論的視座に沿って現実を再構成したものである。そこには話者自身の現実把握の様式が内包されており、その現実把握の様式にこそ注目したいのである。すなわち、ロイの語りは、「本当の理由」を探るための実証主義的リソースとしてではなく、そこに内包された現実把握の様式に近づくための素材としてである。

「腐った飯」をめぐる語りには、食事への不満があればジムを飛び出しても構わないという彼にとっての行動基準が含み込まれている。この行動基準を解読するために、以下ではボクシング・キャンプの日常を注視してみよう。そこから〈ボクシングの中の貧困〉を考えたい。

3　対象化された貧困とその動員

3―1　二四時間労働

前章で論じたように、ボクシング・キャンプの日常の特性は「二四時間労働」という点である。練習時間は、早朝のロードワークと午後一時からのジムワークである。早朝のロードワークが一時間前後、昼のジムワークが二時間前後であり、一日の練習時間はのべ三時間程度である。しかしボクサーのほとんどはボクシング・キャンプに住み込み生活をしており、前章で確認したようにそこでは練習時間外にもまた、広義の練習が溢れている。たとえば、調理の仕方を学んだり、マネージャーの雑用の手伝いをしたり、先輩ボクサーと部屋で雑談する中でボクサーとしての姿勢を学んだり、夕飯をマネージャーと共に食べる中でジムへの帰属意識を強めたりするのである。そうして住み込み生活をまるごと経験する中で、見習い者はボクサーへと成長する。

また、試合出場を控えたボクサーには、数々の自己犠牲が求められる。具体的には、減量、性行為の禁欲、社交の断絶などである。第1章で説明したように、ボクサーは減量をおこない、少しでも軽い契約体重で試合に出場することで、勝利を手繰り寄せようとする。同時に減量には、自らの身体を作り変える意味もある。減量という自己犠牲を通じて、ボクサーは試合に向けて研ぎ澄ました身体を手にする。第2章で記したように、性行為の禁止と社交の断絶もまた、試合に向けて身体を研ぎ澄ますための営為としてあった。

減量中のボクサーは、毎朝、体重を計り、試合契約の体重まで落ちるかどうかをつねに気にしなければならない。また、試合が決定していないボクサーについても、拳の状態や肩の状態、モチベーションの維持など、あらゆる日常生活の営みが自らの身体との対話を通じて成立する。こうした意味において、ボクサーになることは二四時間労働だと言えるのである。

3—2 入門前の暮らしとの切断

身体訓練を中心とするボクシング・キャンプの日常であるが、その一方でそこに居る限りは一定の生活条件が満たされる。具体的には、食事と寝床と僅かの余暇が獲得される。ボクサーとして生活していれば、一日三度の食事とベッドを確保できるのみならず、週末にはマネージャーと共に海水浴などのレジャー活動を楽しめることもある。こうした生活はボクサーがボクシング・キャンプに入門する以前の暮らしとは異なった水準にある。とりわけ、安定供給される食事は重要である。

かつての暮らしとの決別は、象徴的位相でも果たされる。ボクシング・キャンプの成員はボクサーになることを通じて、共通の夢を我が事として保持するようになる。それは、ボクシングに参入することで、それ以前とは異なる自己を手に入れるという夢である。ボクシング・キャンプでの何気ない会話には、自家用車を持つこと、素敵な女性と結婚すること、周りの人びとが自分に注目してくれること、こうした明るい将来が語られる。注意が必要なのは、こうした夢は必ずしも個々人の心理的次元から生まれるものではないことである。そうではなく、ボクシング・キャンプの構成員によって集団で語られ享受されていくものである。すなわち、集団的な夢としてある。

こうした集団的な夢の具現例がサインの練習跡である。ボクシング・キャンプを歩き回るだけでは決して眼に触れることのないサインを、筆者はボクサーの部屋で見たことがある。床からわずか一五センチほどの箇所に書かれた新人ボクサーの自分の名前のサインである。「WBC Bantam Weight Champion,〔本人の名前〕」とベルトの絵入りで書かれたものである。それは、彼が夜眠るときに、ベッドに横たわった状態で壁に描いたものである。彼は、将来、自分の名前をサインにする機会を夢見て、眠りに就く前の時間にそれを鉛筆で書き込んだと考えられる。このサインは、彼らが夢を確保するありようを示していると言えよう。

このようにボクサーになるということは、生活条件面においても、象徴的側面においても、かつての暮らしとの決別を意味する営みである。貧困を生きた若者が、新たな生活条件と新たな自己の獲得を目論み参入するのが、ボクシングであると言えよう。

3—3 対象化された貧困

それでは、ボクサーになるということは、かつての暮らしとは完全に切断された地平に築かれる営みなのかと言えば、そうではない。ボクシング・キャンプの日常は、ボクサーのかつての暮らしを一旦切り離した上に成立するが、そうして切り離した過去を再び回収する点に、ボクシング・キャンプの存立機制の核心がある。すなわち、ボクシング・キャンプは、ボクサーのかつての暮らしを切り離しながら、同時にそれを変形して利用することで、構成されている。

〔練習中、ラウンド終了のベルが鳴り終わって〕トレーナーのサニーが、ビトのミット打ちを辞めさせない。他のボクサーが三〇秒の小休止に入っている中、サニーは「イサ・パ（もういっちょ）！」と叫んで、ミットを持ち続ける。ビトは必死にコンビネーションを続ける。サニーがさらに叫ぶ。「イサ・パ！　おまえ、オルモックでまたうろつきてえのか」。ビトはパンチをまだ打ち込む。★7

これは第1章で取り上げたビトの練習風景である。トレーナーのサニーが「オルモックでまたうろつきてえのか」と叫ぶのは、ビトがかつてレイテ島オルモック市のストリートで鳴かず飛ばずの暮らしをしていた点と関係している。サニーのここでの鼓舞は、ボクサーの身体に刻まれた記憶を呼び覚ますことによる現状の超克の典型例である。ボクサーの練習を極限まで厳しいものにするために、当該ボクサーのかつての姿を想起させるのである。そして、それとの対比で、現在の練習を乗り越えさせようとする。

「オルモックでまたうろつきてえのか」という呼びかけは、トレーナーの声である。この声はボクサーが内発的に獲得したものではなく、トレーナーに呼びかけられた声である。にもかかわらず、この他者に端を発する声をボクサーが我が事として生きなおすのは、その呼びかけが自らの貧困体験を呼び覚ますからである。トレーナーに呼びかけられることで、自らの貧困体験がジムの練習に現前する。そして、呼び覚まされた貧困体験との対比の中で、そうした体験とは異なった未来を希求する実践として、ボクシングが措定されるのである。この呼び起された貧困体験のことを、ここで〈かつての自己〉と呼ぼう。

その上で踏まえられるべきは、ボクサーにとって、この〈かつての自己〉がボクシング・キャンプで暮らす中で、初めて対象化されたものである点だ。たしかに、〈かつての自己〉として想起されるものは、ボクサーたちの生活史に根差した事実ではある。しかしボクシング・キャンプに入門する前には、その生活内実を忌避すべきものとして価値づける参照基準は存在しない。ボクシング・キャンプに入門し、そこで集団的な夢が享受されることによって、初めて〈かつての自己〉が否定的価値づけを帯びたものとして取り出される。貧困体験そのものではなく、呼び覚まされた貧困体験なのである。ここに見られるのは、客観的事実としての過去ではなく、ボクシング・キャンプの日常を基点に対象化された過去である。そして、この対象化された過去の貧困を動員することで、ボクシング・キャンプの日常が成立するのである。

この対象化された貧困は、ボクシング・キャンプが生産する集団的な夢と表裏一体の関係にある。自家用車を所有する暮らしが羨望されれば、その反転として、灼熱の道路を壊れた草履で歩いた過去が想起される。三度の飯を食いたいという未来が羨望されれば、その反転として、空腹に苛まれた幼少時代、あるいは水で薄められた「透明なミルク」を飲まされる赤子の妹の姿が想起される。

そして、こうして想起された〈かつての自己〉を動員することで、ボクシング・キャンプにおいて、強度に満ちた身体訓練の日常が構成される。「オルモックでまたうろつきてえのか」という呼びかけこ

★7　二〇〇七年九月二〇日のフィールドノートより。

そが、ボクサーの競技への没頭をよりいっそう深めるからである。ボクシング・キャンプは、ボクサーのかつての暮らしとは切断された別時空を設定しながらも、その別時空自体がボクサーのかつての暮らしを変形利用することで成立しているのである。対象化された貧困こそが、ボクシング・キャンプの日常の中核を占めている。

ここまで議論を進めた上で、再びロイの度重なる移籍に話を戻そう。ロイの移籍は、対象化された貧困を動員するボクシング・キャンプの日常に関わるものと考えられるのである。

対象化された貧困を動員することでボクシング・キャンプの日常が構成されているということは、裏を返せば、対象化された貧困はそこでの生活で決して直面されてはならないということでもある。すなわち、現在のボクシング・キャンプの生活条件は、〈かつての自己〉のそれと比較して、優位なものであるからこそ、〈かつての自己〉の動員がジムでは効力を持つということである。

ボクシング・キャンプの身体訓練が〈かつての自己〉との対比の中で営まれていくということは、そこでの生活が〈かつての自己〉と同じレベルの条件で遂行されていては成立不能である。そうではなく、ボクシング・キャンプでの現在の生活が、〈かつての自己〉のそれと比べて、たとえ僅かであろうと、生活条件面で恵まれているとボクサー自身に感覚されることで、はじめてそれは成立する。否定的価値づけを帯びた〈かつての自己〉は、ボクシング・キャンプの現在の生活よりも劣ったものとして見出されるからこそ、その動員が効力を持つからである。すなわち、〈かつての自己〉を対比項としてジムの日常が成立する以上、〈かつての自己〉とボクシング・キャンプの日常には落差が確保されている必要がある。そして、そうである以上、〈かつての自己〉が身体訓練に有効に働くためには、ボクシング・キャンプの生活条件が安定している必要がある。

ロイが「腐った飯」をジム移籍の理由として語るとき、そこで関わっているのは、この確保されるべき落差が失われた事態である。決してボクシング・キャンプの日常で直面されてはならない〈かつての自己〉と同様の生活条件が、食事という最も根源的な次元で直面されたことに対する怒りが、ロイの移籍を導いたと言えるのではないだろうか。

ボクシング・キャンプの日常において、ボクサーが不満を口に出すことはほとんどない。ボクサーはそこでの境遇を受け入れ、身体訓練を中心とした毎日の生活を淡々と送っている。そうした中で、唯一、彼らが不満を口外することがあるのは、「扱われ方」をめぐる内容である。序章で述べたように、貧困の問題は「扱いの問題」へと接続されるのである。食事とは、自分がどのように扱われているのかを最もわかりやすく浮かび上がらせるものである。食事が決められた時間に出てこなかったり、量が少なかったりした場合には、彼らは不満を口にする。そして、「腹が減ったままだ」、「これでは良い練習ができない」と相互に語り出すのである。そうした「扱い」に不満を持つからである。

このことは、次のような事例からもわかる。あるとき、ボクサーたちは後援者のボディガードとして街歩きに同行したことがあった。このとき、ボクサーたちが後援者に唯一求めたことは、小遣いは要らないから食事だけは一定時間にきちんと提供してもらうことだった。空腹に苛まれる前に、安定した食事を取ることを希求する姿勢がここにはある。しかし、「少々の空腹は我慢して欲しい」として、後援者は夕方六時になっても買物を続けた。そのことに対し、ボクサーたちは怒り、二度とその後援者の街歩きに同行することはなかった。

ここで踏まえる必要があるのが、こうした食事をめぐる不満を空腹の問題としてのみ捉えるとボクサーの感覚を取り逃がす点である。そうではなく、ボクサーは決められた時間に安定して食事をすることで、〈かつての自己〉とは異なる自己のありようを確認しているのであり、この確認の営為が乏しい食事では達成されない点こそが彼らにとって問題なのだと捉える必要がある。すなわち、食事をめぐる問題とは、空腹の問題であると同時に、自己のありようをめぐる存在問題であり、さらに「扱いの問題」としても定位していることが重要である。そして、こうした自己存在の再了解過程が、乏しい食事では達成されないからこそ、ボクサーたちはそこに不満を見出すのである。ロイの別の語りを引用しておこう。

ある時、練習が終わって、腹が減ったからキッチンに入ったんだ。そこでマネージャーの兄に会っちまった。「ここはお前の入る所じゃないだろ」。俺は言った。「練習をして腹が減っちまったんだ」。そのジムではいつも腹が減ってた。Bジムを出たのは、腹の減り具合に耐えられなかったから。

ロイは食事以外にも、以前に在籍したボクシング・キャンプに対して、不満を持っていたとも考えられよう。しかし、食事が問題だったと語る点に拘る必要もあるだろう。食事は、〈かつての自己〉と現在の自己との間の落差を、胃袋を通じて確認する日常行為である。ジムの日常は、対象化された貧困を動員することで成立するが、その成立のために不可欠なはずの落差が失われている様相が、ここには見て取れる。それは、ロイにとってのボクシング・キャンプの日常が崩壊していくことでもある。

4　ボクシング・キャンプの作動原理

本章では、ボクシング・キャンプを移籍したロイの語りを手がかりに、「ボクシングと貧困」をめぐる語り口の転回について論じてきた。

ボクシング・キャンプの日常は、対象化された貧困を動員することによって構成されている。そして、対象化された貧困を動員するためには、ボクシング・キャンプの生活がボクサーの〈かつての自己〉のそれよりも優位なものとして位置づいていなければならない。現在の生活と〈かつての自己〉の間に設定された落差こそが、対象化された貧困の動員を可能にするからである。

しかし、「腐った飯」はこの落差を失くしてしまう。ロイが食事を理由に所属先を飛び出したのは、この落差の崩壊によってボクサーとしての自己が保たれなくなったためであると推察できよう。ここから明るみになるのは、対象化された貧困を動員するボクシング・キャンプの存立機制とその脆さである。

以上を踏まえ、ボクシングと貧困の関係について論点を提示するならば、フィリピンにおいてボクシングは貧困を利用することで維持される競技であると言えよう。出身階層分析と日常分析といったように、貧困とボクシング・キャンプの日常を分離させた形で論ずるのではなく、ボクシング・キャンプの日常が貧困を内に抱え持つ仕掛けを捉える必要がある。

本章は、このようにボクシングとそこに備給される社会性のありようを論じたものである。フィリピンにおいてボクシングとは、貧困層出身の若者男性が貧困からの脱却を目指して参入する競技である。彼らは貧困を受肉した身体を元手としながら、その身体を形作った貧困からの脱却を志向する。この脱却志向の中で、ボクシングへの自己投入が果たされる。しかしながら、こうしたボクサーたちの志向そのものを、対象化された貧困の動員を通じて、装置のエネルギーへと回収してしまう点に、ボクシング・キャンプの作動原理がある。貧困からの脱却というボクサーたちの悲願をもビルトインしたボクシング・キャンプの冷徹な作動原理が、ここにはあるのだ。

最後に、微細な記述に立ち入った感のある本章の社会学的含意を述べておきたい。本章は、フィリピンのボクシングを事例に、貧困を生きるということの内側を覗き見る試みであった。その際の前提としては、事例記述を基に一般化された説明モデルを構築することよりも、貧困世界に暮らすボクサーが携えている「ものの見方」それ自体に分析的に入り込むことにあった。社会学が理論を必要とするのは、一般性の高い説明モデルを構築するためではなく、人びとの「ものの見方」に分け入るためであると私は考えている。[★8] 理論は、説明のための図式としてではなく、人びとの実践に分析的に入り込むための道具としてある。一般性の高い説明モデルを構築するためではなく、人びとの実践の豊饒さを言語化する武器としての社会学の可能性が、そこには賭けられている。

★8　三浦耕吉郎の次の指摘を念頭に置いている。「本書における記述方法論の特徴は、経験的データから出発して一般化的認識へ至ることをめざす、いわゆる帰納法とは大きく異なっており、むしろ、調査過程において関係者たちが暗黙のうちに行っている理論的実践を記述によって把握しようとするところにこそある。語りや観察をめぐる記述資料には、すでに語り手や聞き手・観察者の保持しているそれぞれの理論的パースペクティヴが多様なかたちで反映されている」（三浦 2009：14）。

第４章

レジリエンス

1　概念へ

ここまでボクシング・キャンプの事例調査をもとに書き進めてきた。これからの章では、スクオッター家屋の強制撤去をめぐる事例に入っていく。

序章で述べたように、私はボクシング・キャンプで調査をおこなう過程で、ひとりのボクサーの親戚の自宅が強制撤去されるという事態に遭遇した。昨今のマニラの都市再開発のブームにおいて、スクオッター家屋は「阻害物」であり、特に二〇一〇年からのアキノ政権時に、スクオッター地区の強制撤去は一挙に加速した。強制撤去の対象世帯は、人里離れた郊外の再居住地に輸送されることになる。スクオッター住人は、強制撤去をどのように経験するのか。かれらは再居住地でいかなる困難に苛まれるのか。そうした論点について、エスノグラフィーを通じて迫っていく。それらの論点は、貧困と構造的暴力を考える本書において重要な知見を与えてくれるだろう。

しかしながら、強制撤去の具体的事例に入る前に、本章と次章ではまず、これまで考察してきた「ボクシング」とこれから取り上げる「強制撤去」というふたつのテーマを架橋するための概念的考察を進めたい。取り上げるのは「レジリエンス」（本章）と「解釈労働」（次章）という概念である。本章ではなぜ「レジリエンス」概念に注目するのかという点から説明していきたい。

2　貧困の時間

2―1　「いつ」をめぐる争い

ここまでの章では、ボクサーたちの日常生活から貧困と構造的暴力について考えてきた。その道程で辿り着いたのが、時間をめぐる問題である。

貧困を生きることは、時間的予見を喪失することである（石岡 2012：251–255）。「いつ」まで我慢すれば、現況を打破できるのかという目処が立たないまま、日々を生きることである。月収《サラリー》を手にすることは、ピエール・ブルデューが強調したように、規則的な収入を得るだけでなく、中長期的な時間的予見を獲得することである（ブルデュー 1993a）。毎月の給料日を基点にして、借金の返済をおこない、子どもの学費を捻出し、少しだけ貯金もする。すなわち一定の律動を備えた社会生活を送ることが可能になる。だが、インフォーマルな自営業に従事することは、安定した雇用に基づいて生きる者とは異なった時間を生きることになる。たとえば、ベンダーとして屋台で物売りをして生きること、車を借りてタクシードライバーとして働くことなどは、日銭次第で家計が大きく変動することを受け入れることである。そうすると時間的予見を得ることが難しくなる。

こうした社会生活がさらに混乱するのが、試合日程の変更や立ち退きの通達のように、日常生活が宙吊りになる事態に直面したときである。第1章で論じたように、「いつ」になったら試合ができるかわからなければ、ボクサーは減量に取り組むことが困難になる。また、その日暮らしを余儀なくされていた貧困所帯は、強制撤去がいつ実行されてもおかしくないという不確実な時間を待機するなかで、あらゆる事柄において、「いつ」という目処がますます立たなくなる。いつになったら強制撤去に怯えずに暮らせるようになるのか。いつになったら移住後の新たな仕事が見つかるのか。不確実な時間を待機することは、何重にも折り重なった「いつ」をめぐる諸課題に絶えず直面しながら生きることなのである。

こうした「いつ」をめぐる諸課題は、フランス出身の人類学者であるディディエ・ファサンの概念図式に倣うなら、私たちの社会生活が、生物学的生（the biological life）と生活史的生（the biographical life）を共に織り込んで存立しているからこそ重要になる（Fassin 2011）。社会学において、時間はこれまでも探究の関心とされてきた（Sorokin & Merton 1937；Merton 1984；ゼルバベル 1984）。ただしそこでは、ファサンの言う生活史的生が前提にされてきた。すなわち、一日の日程表、毎月の給料日と帳簿の記録、年間の儀礼、人生段階といった、意味のまとまりを備えた時間的秩序が分析されてきた。「世の中に起こる多くの事柄は、無秩序に起こるのではなく、たいてい一定の時に、ある順序で起こり、決まった長さ続き、そして規則正しく繰り返されるといったパターンをもっている」（ゼルバベル 1981：4）点を注視してきたのである。この観点から考えるならば、たとえば食事にしても、「空腹になったから物を食べるというよりは、〔…〕決められた食事時間になったから食べる」（ゼルバベル 1984：15）という発想が可能になる。このような時間的秩序は、スケジュールやタイムテーブルのように明示できるものであり、言語と意味による分節を経ている。すなわち、物語ることができるという点で、これらはファサンの言う生活史的生に入るものだ。

しかしマニラでフィールドワークをおこなうならば、コレラや肺炎といった病気、食糧不足による飢餓、あるいは住居の喪失のように、生物学的生が、社会生活における時間を大きく規定している。「いつ」をめぐる諸課題が、生物学的生と密接に関連しているからこそ、フィリピンでは乳幼児の死亡率は依然として高く、病院への搬送が遅れた患者は死へと遺棄される。[★1] 腹も減れば、トイレも我慢し、安全に寝る場所もない。さらには「人びとを見殺しにすることで、もっと多くの金と寄付が手に入る」（ビール＋エスケロゥ 2019：413）ような事態もある。

マニラの貧困世界において「いつ」をめぐる諸課題に直面し続けた人びとは、状況そのものに疲れ果ててしまう。期限があれば辛抱できることも、それがなければ耐えられなくなる。さらには死んでいってしまう。本章で考えたいことは、生活史的かつ生物学的生を見据えつつ、この「貧困の時間」をいかにして記述するかという点についてである。

この試みは、マニラの貧困世界を覆う生活史的かつ生物学的生の抑圧を捉えることをねらいとするが、本章では同時に、この抑圧に負けない住人たちの協働的な対応力と転換力を考えるために「レジリエンス」概念を取り上げる。序章でも取り上げたボリビアのフェミニスト社会学者であるシルビア・リベラ・クシカンキが、先住民の歴史社会学を通じて論じたように、構造的弱者とされた人びとが「抑圧さ

★1　この点に関して、一点、フィールドでの出来事を記しておきたい。私がボクシング・キャンプで住み込み調査をしていた際、すでに引退していた知人ボクサーが、ボクシング・キャンプのマネージャーに電話をかけてきたことがある。彼はその日に子どもが産まれたが、その子は呼吸機能に疾患があり、病院に搬送する必要があった。だが、病院に行くためには、お金が必要だった。その支援をマネージャーに求めたのである。重要なのは、彼が子どもを入院させるにあたって、経済的な後ろ盾を持つことを病院の窓口で示さなければならなかったことにある。病院に行くことはできるがその受け入れ先が見つからないのではなく、病院に行くこと自体が経済的にできない。あるいは、病院に行くこと自体が、さまざまな経済的考慮を要するのである。これが貧困所帯の現実である。そしてこの考慮の時間が長引くことで、多くの患者は死へと遺棄されることになる。

れたが負けたわけではない（oppressed but not defeated）」事態を注視する必要がある（リベラ・クシカンキ 1998）。ポストコロニアル社会のエスノグラフィーにおいて不可欠なのは「敗北」や「克服」のように時間を輪切りにして結果を清算するような視座ではなく、「負けない」というこの過程的な——時間的な——視座である。

2―2　夜の省察

また、ここまで本書では、貧困を生きる人びとの日常生活が宙吊りになる事態を注視してきた。試合が何度も延期になり減量の努力がなかったことにされたボクサー、「腐った飯」に絶望してボクシング・キャンプを脱出したボクサーの事例である。

私がこのような宙吊りの事態を考察するようになったのは、社会的な「裂け目」を注視することでハビトゥスと暴力の関係を捉えたブルデューの方法に影響を受けたからであるが（ブルデュー 2007）[★2]、それと同時に、フィールドでの経験がこうした考察の原点にあった。私の調査スタイルは、日中にさまざまな活動に参加し、夜に長いインタビューをおこなうというものだ。ボクシング・キャンプの調査であれば、日中は練習や洗濯など、ボクサーたちに混じって同じ活動をしていた。強制撤去の調査であれば、日中は地域コミュニティのいろいろな活動に顔を出し、人びとと一緒に地域を歩いた。いずれの調査においても、夜になってから、腰を据えての長時間のインタビューをおこなった。

昼は活動の時間であり、夜は省察の時間である。昼にムードメーカーのボクサーが、夜にはひとりで泣いていたりする。私は、練習時間も自由時間もトータルに捉えることを目指して住み込み調査をおこなったが、それは必然的に、昼も夜も知ることであった。多くの調査者は、昼しか知らない。だがフィールドワークをするのであれば、夜を知らなければならない。

昼の群れている活動の時間には、私自身も活動に同行する。夜の個別の省察の時間に、私は人びとの語る長い話に耳を傾ける。昼に長い話を聞こうとしても、人びとは活動中であり、それを中断してインタビューをおこなうことになる。そうすると、人びともまた、長いストーリーを紡ぐ気分ではないことの方が多い。だが夜にインタビューをすると、人びと自身もいろいろなことを振り返りながら、長い話が紡がれていくことが多かった。夜は、人びとの精神状態もまた、長い話を述べるのに適した時間帯なのだろう。

よって、私は、夜に紡がれた語りを、頭のなかに置いて眠りにつき、翌朝にはその語りを念頭に、昼の活動を見つめるという手法を取るようになっていった。さらに夜は静かだった。昼の喧騒とは異なった夜の静寂がインタビューには必要だ。

本書でトピックにしているものは、こうした夜の省察の時間において語られたことを基点に考え始め

★2 ブルデューは頻繁に「裂け目」を描く。結婚が、家の戦略ではなく個人の戦略に変わった時代において、男女の出会いのダンスパーティーで踊ることができず、壁に突っ立ったままの男性たち。アルジェリア戦争で強制移住を余儀なくされて、新たな賃労働の世界に突如として参入したことで「失業」意識を初めて体感した旧農民。身につけたアクセントが、出郷した都市では馬鹿にされてしまうが、そのアクセントを簡単には修正することのできない地方出身の若者。身体は社会によって形作られるが、その社会が別のものへと移行したときに、身体は取り残されたままである。そしてその取り残された身体を抱える局面において、人は自らがいかなる身体を背負っているのかを眼の当たりにすることになる。社会の変化に対して、身体の変化はつねに遅れる。ブルデューはこの「遅れ」を捉えることで、ハビトゥス——普段において透明化されているもの——を記述の対象とした。

た事柄である。減量を試合の延期という観点から考えること、さらには本書の後の章で扱う強制撤去や再居住地の諸問題なども、それに当たる。

夜の時間に聞き取られたトピックは、多くが日常生活が宙吊りになるという問題とリンクしていた。言い換えれば、見知った世界から見知らぬ世界へと放り込まれるという危機の経験が、夜の時間に多く語られたのである。

私は路上で眠りました。高速道路にきれいなジプニー（乗合バス：引用者）が停まっていて、そこでぐっすりと眠ったことがあります。一度、そうして寝ていると、ジプニーの運転手に叩き起こされたことがあります。「ここは寝るところなんかじゃねえ」と言われました。たぶん、彼は私のことを泥棒だと思ったんでしょう。そのジプニーは高速道路に停まっていたんです。

あれは夕方の七時か八時くらいでした。外で、寝床になるようなジプニーを探してました。本当にたくさんの路上経験をしましたよ、私は。そのときに、ジプニーの前を通りかかったギャングに襲われて、あやうく死ぬところでした。木で殴られました。連中はふざけて遊んでいるようでした。でも本当に危なかった。私は走って逃げました。ドラッグをやっていてラリったような連中でした。

元ボクサーのロリトは、ボクシングを引退後、臨時の土木作業員として働いていた。住み込みで働いていたが、契約が終了したことで、彼は身を寄せる場を失い、そのまま路上生活を始めた。ケソン市のアモラント・スタジアムで寝るようになったが、その場では深い眠りにつくことができなかった。彼はそれ以降、夕方になるとジプニーを探すようになった。ジプニーの乗車席に忍び込んで、そこで眠るようになった。ある夜、ジプニーで寝ていると、若者男性集団にリンチされた。おそろしかったのは、連中が真剣に殴りかかってくるのではなく、まるで「ふざけて遊んでいるよう」な様子で、木で殴りつけてきたことだった。ロリトは今でも、「ふざけて遊んでいるよう」でありながら、自分を殺すように殴りつけてくる連中の様子を、恐怖とともに思い出すことがある。

ロリトにとって毎晩ジプニーを探し歩くのは、見知らぬ世界を生きることだった。ボクシング・キャンプや飯場での雑魚寝には慣れていた。だがジプニーを、交通手段としてではなく、眠る場としてまなざすようになったのは、初めての経験だった。また、ボクサーだった彼は、幼少期のケンカも含めて、他人が自分に殴りかかってくる際には、つねに相手は真剣な顔をしていたと言う。だが、路上生活では、「ふざけて遊んでいるよう」な顔で殺すように殴りつけてくる人間がいることを知った。

さらに重要なのは、この見知らぬ世界から、いつになったら脱出できるのか、あるいはいつになったらこの路上生活自体に慣れてそれが見知った世界に変貌するのか、その目処が立たなかったことだ。最終的にロリトは、顔見知りの元ボクサーとの再会が契機となって、フィットネスジムでトレーナーとして働くようになり、そのジムで寝泊まりができるようになり、路上生活から脱出した。彼にとって路上生活とは、夜の恐怖に凝縮されていた。

——振り返ると路上生活はどうだった?

まず、夜がとても寂しいです。いつも夜遅くに眠っていました。安全で快適に眠れる場所を探さなければならなかったから。路上には、多くのヤク中がいて、それに怖れていました。このまま眠ったまま、自分は二度と目を覚ますことがないのでは、と思うことばかりでした。

路上生活は、疲れ果てる経験だった。「自分は二度と目を覚ますことがないのでは」と思いながら、探し当てたジプニーの乗客席で眠りにつくことを繰り返した。このロリトのインタビューも、夜におこなったものだった。彼が夜の恐怖を語るたびに、私は彼に恐怖を思い起こさせる夜の時間について考えた。

3 タイミングの崩壊と回復

3—1 日常生活を回すこと

それでは、「いつ」をめぐる争いが激化し、さらに宙吊りの事態に陥ったとき、いかなる危機が訪れるのだろうか。この点を日常生活の動態性から捉えておこう。

日常生活は「ある」ものではなく「回す」ものである。だからこそ、それを「回す」ことができなくなったり、あるいは「回す」ことを強制的に制限されたりする（ロックダウンを想起せよ）と、貧困を生きる人びとは困窮し、疲れ果ててしまう。レジリエンスとは、こうして「回す」ことができなくなった事態を、今一度、動かすための内発力に関わる概念である。日常生活が「回す」ものであることを示す研究は枚挙にいとまがないが、ここではバングラデシュ、インド、南アフリカの貧困所帯を実証的に分析したジョナサン・モーダックらの研究を引いておきたい（モーダックほか 2011）。

モーダックらの研究のポイントは、その方法にある。バランスシートではなく、ファイナンシャル・ダイアリーを使うという方法である。貧困所帯の家計を知る上での支配的な分析方法は、一定期間における支出と収入を比較するというバランスシートの利用である。しかしモーダックらは、この方法だと不十分だと主張する。なぜなら、「バランスシートは多くのことを明らかにしてくれるが、ハミドとカデジャ（調査対象者のこと：引用者）が日々どのようにお金をやりくりしているかについては、なにも語ってくれない」（モーダックほか 2011：16–17）からである。つまり、バランスシートの方法では、分析が無時間化されるのである。「動き」が捉えられないのだ。

かわりにモーダックらは、貧困所帯のお金にまつわるやりとりを日誌形式でまとめたファイナンシャル・ダイアリーの方法を採用する。そうすることで、いかに毎日の多様なやりくりを通じて、人びとが日常生活を回しているのかが明らかになった。リキシャの運転手をしているハミドは、毎日いくらの収入があるのかはまったく予見できなかった。だがその不安定性を乗り越えるために、ハミド所帯はさまざまな「キャッシュフロー」を作り上げていたのである。たとえば、かれらは、マイクロファイナンスの利用、友人からの借金、賃金前借り、雑貨店でのつけ買い、他人からの預かり金（グローバルサウスの貧困所帯においてはお金をきちんと保管すること自体が困難な現実があるため、きちんと保管できる人物のもとにお金が預けられることが多々ある）の運用などを通じて、家計を回していた。これらは負債に当たるものであるが、同時にかれらは各種の小さな資産も作り上げていた。マイクロファイナンスの貯蓄口座にはわずかの貯金があり、自宅にも緊急時の現金を置いていて、故郷に定期的に送金もしており、さらに生命保険にも入っていた。こうした小さなやりくりを無数にこなしながら、ハミド所帯は日常生活を回しているのである。つまり、いくつもの取引を同時進行でおこないながら、家計を維持するという高度な「ジャグリング」（Wampfler et al. 2013）が、展開されているのである。

モーダックらが、貧困所帯の家計をファイナンシャル・ダイアリーの方法から分析した理由は、貧困とは、単に「一日二ドル」の収入で生きるといった視点で見るだけではまったく捉えられないものだからである。こうした視点では「それと同じぐらい重要な意味をもつ現実、すなわち収入が不定期で、しかも予測が立てられないという側面は置き去りにされている」（モーダックほか 2011：26）。貧困とは、収入が少ないというだけでなく、収入が不定期で予見ができない状況を生きることである。

> 貧困世帯にとって金銭の管理がきわめて重要なのは、収入の額が少ないためだけでなく、得られるタイミングが不確実なためである。（モーダックほか 2011：42、強調は原文）

収入を得られるタイミングが不確実だからこそ、ハミド所帯はマイクロファイナンスから近所の雑貨店でのつけ買いまで、さまざまな手段を複合的に使いこなしながら、曲芸のような手並みで日常生活を回している。

日常生活は「ある」ものではなく「回す」ものである、と私は論じてきた。では何のために回すのかと考えるならば、自然環境と労働市場に直接的に振り回されないためである。「生活」とは、自然環境と労働市場に剥き出し状態で放り込まれないために、作り上げられる枠組みのことにほかならない。屋根のある家に居住することは、天候に左右されず、安心して眠ることのできる場を確保することであるだろう。また、バングラデシュの農村部におけるマイクロファイナンスの発達は、農民たちが自然のリズムを土台にしつつも、それからは相対的に自律した社会的リズムを確保するという生活実践と一体のものとして理解する必要があるだろう。バングラデシュの農村部では、収穫がピークを迎える三ヶ月間に収入の大部分がもたらされ、それ以外の月は無収入になる。さらに不作の年には、まるまる一年のあいだごくわずかの収入になる。自然環境および労働市場と関係を取り結びながら、一定の相対的自律性を保ち、人びとが生き延びていくために形作られるのが、生活にほかならない。そして、だからこそ、生活は、収穫や収入のタイミングが不規則であっても、人びとが食べていくことが可能になるように「回す」ものなのである。

3—2　コミュニティ備蓄庫運動

このように所帯生活を見通すならば、人びとの絶え間ない生活実践がその前提にはあることがわかる。すなわち、共同で働き、お金を借り、別のところにお金を流す、といった無数のアクションの連続によって、人びとの日常生活が形成されている。

本書が宙吊りの事態に注目するのは、こうした無数のアクションの連続を止めてしまうことについて考えたいからである。かれらの日常生活はつねに動いていて、回っている。だが、宙吊りの事態は、こうしたやりくり自体を止めてしまう。

さらに、二〇二〇年から進行したパンデミックと都市封鎖もまた、貧困を生きる人びとが、貧困ゆえに展開するさまざまなやりくりを止めることにつながった。フィリピンでは、二〇二〇年三月以来、世界的に見ても最も厳しいロックダウンが実行された。とりわけ、スクオッター地区の人びとにとって、ロックダウン中は仕事ができないと同時に、インフォーマル金融なども停滞していった。人びとは、政府が配布する救援物資を待ち侘びつつ、ひたすらロックダウンが解除されるのを待つ日々を送った。その後、ロックダウンは緩和されたが、経済活動が回復するにはほど遠い毎日が続いた。

では、こうして「止められた」日常生活に対して、人びとはどのように対応するのだろうか。その一例をパンデミック下において、フィリピンにおいて展開された「コミュニティ備蓄庫（community pantry）」運動から考えてみよう。

二〇二一年四月、「何もしないことに疲れた（*Pagod na ako sa inaction*）」という言葉とともに二六歳（当時）の女性であるアナ・パトリシア・ノンは、マニラ首都圏ケソン市のマギンハワ通りで「コミュニティ備蓄庫」運動を開始した。この運動は、瞬く間にフィリピン全土に広がった。「コミュニティ備蓄庫」とは、野菜や缶詰などの日用品を載せたカートを路上に置き、その日用品を人びとが必要な分だけ持ち帰ると同時に、人びともまた自分が提供できるものをそこに差し出す、という運動である。それは、人びとがもらうだけでなく、提供することを原則とする点において、チャリティではなく相互扶助の実践である。

四月一四日にノンが初めてこの試みをおこない、その内容をFacebookに投稿すると、そのページを見た人びとがマギンハワ通りに詰めかけた。そして人びとは、米、じゃがいも、卵、にんにく、マスク、缶詰などを受け取ると同時に、自宅にあった別のものをそれぞれ持ち寄ったのである。さらに金銭の寄付も相次いだ。ノンを中心にマギンハワ通り界隈に住む人びとは、モノを受け取るだけでなく差し出し、強奪なども起こらない極めて秩序だったあり方で、相互扶助を展開したのである。ノンのコミュニティ備蓄庫運動は、ソーシャルメディアを通じて広く拡散し、八日後の四月二二日には、フィリピン全土で三五〇ものコミュニティ備蓄庫が路上に出現した。★3 さらに、フィリピン国内の新聞やテレビでも大き

く報道され、CNNなどの海外メディアもノンの活動を大々的に取り上げた。★4

コミュニティ備蓄庫運動の高まりについては、さまざまな観点から考察が可能である。なかでもここで注目したいのは、この運動が「何もしないことに疲れた」というように、「疲れている」(*pagod*)という状態を出発点にした運動である点である。この「疲れ」については、ふたつの観点から考察することが可能である。第一に、「いつ」になったらマニラの庶民経済が回復するのかがわからない状況において、政府によって止められた時間を、自分たちの行動で動かすという観点である。すなわち、第1章でも論じた待機に関する観点から論じることができる。そして第二に、官僚制組織の支援がつねに遅れるなかで、コンパクトな班域であるローカル・コミュニティを中心にして、必要なものを必要なときに受け渡す活動を展開する点である。すなわち、機動性に関する点である。

第一の待機をめぐる点については、「何もしない/何も起こらない(inaction)」ことが疲れの前提にあることを教えてくれる。だからこそ、ノンは、チャリティではなくコミュニティ備蓄庫運動を展開した。チャリティであれば、コミュニティを超えたより大きな国家や組織による施しになってしまう。そうすれば、そのチャリティもまた、人びとが待機する状況を生み出すだろう。ノンがカートに貼り付けた「能力に応じて与え、必要に応じて受け取る(*Magbigay ayon sa kakayahan, kumuha batay sa pangangailangan*)」

★3 Philippine Daily Inquirer 紙の二〇二一年四月二二日の記事 "Despite 'red-tagging,' community pantries rise to 350, says advocate" を参照。

★4 CNN Philippines による二〇二一年四月一九日の記事 "What the community pantry movement means for Filipinos" を参照。

というメッセージボードは、国家の救援物資やチャリティ組織の施しをあてに「待機」するだけでなく、人びと自身で状況を「動かす」ことを念頭に記されたものとも言えるだろう。ノンが語る「疲れ」とは、何かをすることによってではなく、何もしないことによって生み出されるものである（この点は第9章で詳述する）。じっとしている／させられているという「何もしない／何も起こらない」ことこそが、ここでいう「疲れ」を構成している。そして、この「疲れ」の打破こそが、コミュニティ備蓄庫運動の出発点になっている。

第二の機動性をめぐる点については、この運動が物資を持ち寄り、持ち帰ることが可能な範域を基礎にしていることが重要である。つまり日常的に立ち寄る範囲を拠点にした運動であり、その範囲を超えた組織化はそこまで重視されていないことがポイントである。もちろん、ノンの運動に触発されたほかの人びとが、それぞれの居住するローカル・コミュニティで新たにコミュニティ備蓄庫運動を開始することは、たくさん見られた。そのためコミュニティ備蓄庫運動の全国レベルでの組織化は進んだが、しかしあくまで運動のイニシアチブはそれぞれのローカル・コミュニティの側にある。たとえば国家による救援物資の配布のようなやり方であれば、官僚制的な枠組みに則っておこなわれるほかなく、それを必要とする人びとの手に渡るまで時間を要する。すなわち、遅いのである。パンデミックを生き延びる上で、この遅さは致命的である。もっと機動性を備えて運動を展開するには、ローカル・コミュニティを核とするしかない。ノンの運動が、アメリカや日本のフードバンクのように広いエリアを対象にしてトラックで物資を運搬するような運動ではなく、「コミュニティ」備蓄庫運動であることの意味は、この機動性の次元が深く関わっていると言える。

コミュニティ備蓄庫運動は、私が調査をおこなってきたボクシング・キャンプでも展開された。二〇二一年四月二一日以降、毎週水曜日の午前中に、ボクシング・キャンプの駐車場に机が並べられ、そこにさまざまな経路で集められた野菜と缶詰が並んだ（第4章扉写真）。マネージャー、ボクサー、ボクサーの妻たちが、入れ替わり立ち替わり、物資の配布をおこない、寄付金を募った。ボクシング・キャンプのコミュニティ備蓄庫運動において使用されている布ポスター——ボクシング興行のために使用予定だった布を使って作成した——には、ノンとの連帯を示すべく「マギンハワ・コミュニティに触発されて（inspired by Maginhawa Community）」と書かれた。ボクシング・キャンプは、単なるボクシングの練習場なだけではない。こうしたコミュニティ・レベルでの社会運動に、積極的に加わっていく力強さがある。

コミュニティ備蓄庫運動は、国家の支援を待っていられないという時間的な切迫性に基づく運動であり、人びと自身が動きを止められ続けることに疲れるなかで、一挙に拡大したものだった。待機することに疲れた人びとが、自分たちの時間と動きを取り戻す。すなわち、日常生活を「回す」ことが、ここでの争点である。

ところで、コミュニティ備蓄庫運動は、ノンがそれを開始した一週間後には、為政者の介入を受けたことを記しておく必要がある。ケソン市警察署が公式のFacebookのページで、ノンのコミュニティ備蓄庫運動は、非合法のフィリピン共産党とのつながりを持っていると投稿したためであった。ノンは、活動を支えている人びととの身の安全を考えて、四月二〇日には、いったん活動を休んだ。ノンは、ケソン市長に助けを求め、市長はそれに応じて、コミュニティ備蓄庫運動が共産党とは関係のないことを説明した。ノンは、彼女の運動に「赤札」を貼る勢力に対して、「赤札を貼りたい（red-tagging）なら、好きにやってください。でも、それで、人びとの空腹を解決できるんですか？　人びとに十分な物資の提

供をできるんですか?」と切り返している。★5

しかしその後も、ノンへの誹謗中傷は続いた。また、コミュニティ備蓄庫運動が路上を使用することから、路上使用をめぐるガイドラインが各市町村において定められた。その結果、路上の自由な使用はできなくなり、役場に書類を提出すること——実施する場所、実施者の名前と住所を記載——が求められるようになった。こうした措置の理由について、ケソン市は、新型コロナウィルスの感染拡大状況下において、不特定の人びとが群れることを制御する必要があるためと説明している。さらに二〇二一年六月からは、コミュニティ備蓄庫運動の実施の五日前までには所定の書式をケソン市役所に提出することが義務づけられた。ノンの運動は、さまざまな機関から介入を受け、縮小を迫られたのである。

コミュニティ備蓄庫運動を制限する一連の動向は、だが、重要なことを示してもいる。この運動が取り締まりの対象になるということは、それが為政者にとって脅威であることを証明している点である。ひとりの二六歳の女性が、路上にカートを置くことを、為政者たちは恐れている。この点が照らし出すのは、コミュニティ備蓄庫運動が、単にパンデミック下において、国家の物資提供の遅さと不十分さを補うだけでなく、むしろ、国家と行政のあり方を覆す側面を持つということであり、為政者から見れば、それは「危険な運動」なのである。ではなぜ野菜や缶詰を持ち寄って配ることが危険なのだろうか。それはどういった危険か。

言い換えるならば、ノンの運動は、コミュニティの「レジリエンス」を示したものと言えるが、そのレジリエンスは、単に既存の枠組みを補うだけでなく、それを覆すような次元を孕んでいる。そして、だからこそ、為政者によって赤札が貼られ続けるのだといえよう。では、この批判的介入を引き起こす「レジリエンス」とはどのようなものなのだろうか。

4　ポストコロニアル都市

4―1　生の制限

レジリエンスについて論じる前に、もう一点、本書で踏まえるべき論点を確認しておきたい。それはポストコロニアル都市という論点である。本書がマニラのフィールドワークに基づいていることに明らかなように、私の理論化の作業は、ポストコロニアル都市の現実に基づいている。

注意が必要なのは、私はマニラという、ひとつのポストコロニアル都市「について」研究しているわけではないということだ。そうではなく、ポストコロニアル都市「から」研究を進めている。マニラ「から」思考のベクトルを立ち上げることで、私自身が自明にしているものの捉え方を相対化しようとしているのである。序章でエスノグラフィーの「対位的」な特徴を示したように、エスノグラフィーとは、フィールドと私の「あいだ」で考える実践であって、私から離れたフィールド「について」批評することではない。

また、ポストコロニアル都市「から」考えることは、先進国都市の行く末を展望する上でも重要だろう。二〇世紀においては、ニューヨーク、ロンドン、東京といったグローバル都市をモデルとした都市研究が隆盛した（サッセン 2008）。グローバル都市こそが世界各地の大都市の行く末であると設定され

★5　こちらのインタビューを参照。https://www.facebook.com/rapplerdotcom/ videos/311198343724637

た上で、あらゆる世界中の都市がそのモデルとの距離によって定義されてきたのである。この枠組みは、サスキア・サッセンの『グローバル・シティ』の邦訳の副題が「ニューヨーク・ロンドン・東京から世界を読む」となっていることに端的に表れているだろう。だが今世紀においては、もはやこうした枠組みは失効したと言わざるをえない。先進国都市では共通して、社会的不平等が拡大し（Fassin 2011）、空間的格差が著しくなり（Smith 2002 ; Wacquant 2008b）、ホームレスや移民のように剥き出しの生を強いられた人びとが増加している（Bučar Ručman 2018 ; Wacquant 2008b）。つまり、前世紀のようにポストコロニアル都市がグローバル都市を後追いするのではなく、グローバル都市の方がポストコロニアル都市の現実に近づいているのである。現在では、ロンドンやニューヨークや東京ではなく、マニラやコルカタやナイロビといった「大多数の世界」（チャタジー 2015）こそが都市研究の中心地である（Parnell & Robinson 2012）。

ポストコロニアル都市では、住宅地とスラムが分割されており、複数の宗教が入り混じり、政治的安定は束の間で、さまざまなインフォーマル労働や活動が展開されている。こうした都市は、グローバル都市論においては一顧だにされなかった。だが、ポストコロニアル都市を詳しくみることで、こうした過酷な状況下で、人がいかにして生きることが可能かという問いへの答えを探し出すことが可能になる。ポストコロニアル都市は「彼岸」ではない。それを「此岸」として見ることで、私たちの現実も浮かび上がるだろう。

（あるラッパーのマイク・パフォーマンスについて：引用者）
金曜の夜、ルンダの若者のふたりが道で話し合う。

「今日は誰のパーティーに行くんだい？」
金曜の夜、マザレの若者のふたりが道で話し合う。
「今日は誰の葬式に行くんだい？」（Kimari 2021：146）

ケニア出身の文化人類学者であるワングイ・キマリは、ナイロビの貧困地区であるマザレでコミュニティセンターの立ち上げをおこない、スタッフとして働きながら、マザレの人びとの日常生活を記録し続けた。上記の引用は、マザレに生きる若者ラッパーが、あるイベントでマイク越しに語ったジョークである。

キマリの考察は、ポストコロニアル都市において、生活史的生はもちろん、生物学的生が限定されていることを伝えてくれる。キマリはこの点を、生活機会（life chance）だけでなく、生（life）自体の制限と言い換えている（Kimari 2021：155）。社会学は、生活機会の制限をめぐって慎重な検討を加えてきた。ある地区に生まれた人と別の地区に生まれた人で、学歴に顕著な差が出るのはどうしてか。なぜ黒人であることが、就労機会の制限につながるのか。こうした生活機会の制限のありようを実証的に解明した上で、その機会の均等をいかに制度的に確保できるのかを検討してきた（マクラウド 2007）。

しかしながら、キマリが提示するのは、このような生活機会のみならず、生自体が特定の人びとには制限されているという現実である。マザレでは、警察による住人の超法規的な殺人がまかり通っている。コレラが蔓延し、水汲み場は人口の割に圧倒的に少ない。都市計画から「意図的ネグレクト」を受けているのが、マザレである。生自体が制限されていることを住人自身も十分にわかっているからこそ、ラッパーたちは金曜の夜の行先がパーティーではなく葬式であることを自嘲するリリックを歌うのである。

キマリは、マザレの貧困の複合性を強調する。経済的な困窮だけでなく、コレラの蔓延、頻繁に起こる洪水、大量の蚊の発生、警察による住人に対する超法規的殺人、水道の絶対的不足、住居の強制撤去、不衛生なトイレでの排泄、火事、といった一連の出来事が総体として住人に伸し掛かる。よって、住人の経験に迫るためには、経済問題（困窮）、政治問題（超法規的殺人）、衛生問題（コレラ）というように、問題を分けて考えてはならない。それらは「まとまり」として経験されている。

たとえば、地理的、生態学的条件は、社会的、政治的条件と折り重なっている。マザレは峡谷沿いの地域であり、その最も低地に位置している。雨が降ると山から流れ出た水がなだれ込み、すぐに地区は洪水になり、大量の蚊が発生する。コレラの流行も引き起こされる。そもそもナイロビは、一九世紀後半に、イギリスの植民地経営のために「上から」作られた行政都市である。インド洋からビクトリア湖までの鉄道を建設していたイギリスは、その中間点に位置し、水も豊富な——「ナイロビ」とはマサイ語で「清涼な水」を意味する——この地に植民都市を建設した。その際に、峡谷の上部を白人居住区としたが、その理由のひとつが高地には蚊が少ない点である。谷の低湿地部は利用されなかったため、そこにアフリカ人集落が自生的にできあがっていった。とりわけ、マザレのあるナイロビの東側はマラリアの発生しやすい氾濫原であった。

地図で都市を理解することに慣れた私たちは、空間を上空俯瞰図に置き換えて理解してしまう。だが、ジェームズ・スコットが『ゾミア』で論じたように（スコット 2013）、空間は立体として、つまり高低差を強く意識して読み取られなければならない。マザレが低湿地部にあるのは、イギリスによる植民都市経営の結果である。蚊に刺され、コレラに罹り、警察によって殺される。都市計画から意図的にネグレクトされたこの地区に一八万人もの人びとが居住している。

マザレでは若者の死がありふれている。ラッパーの言うとおり、金曜日ごとに葬式があるといって過言ではない。ある若者たちは、マザレで生き延びるために、水道局のパイプから「盗水」をして――意図的なネグレクトのためにマザレには水道がほとんど引かれていない――、その水で豚を飼育し、さらにインフォーマルな洗車場を開設した。「盗水」のための汲み上げポンプは、その後、警察によって没収されたが、それに対して、若者たちは抗議をした。その抗議者に対して、警察は発砲した。そして一七歳の少年が亡くなった。

以上のようなネクロポリティクスを理解するためには、死へと遺棄される空間において、それでも人びとはどのように生きようとしているのかを学ぶ必要があるとキマリは主張する。死へと遺棄されることが常態ならば、生きること自体がその支配への挑戦になる。キマリは、ブラジル出身の人類学者であるジョアオ・ビールの論文を引く。「人びとは生きることを学び、生き続けるのであって、死を受け入れることを学ぶわけではない」（Biehl 2013：591）のである。

4―2　国家とインフォーマリティ

私がここでキマリの論文を引いたのは、人びとが直面する「いつ」をめぐる諸課題に、ポストコロニアル都市の研究を参照することで、よりいっそう迫ることができると考えたためである。

キマリは、マザレが法外（outlaw）空間であると述べる。そこは都市計画から意図的にネグレクトされながら、警察によって意図的に犯罪が作られる空間でもある。つまり、そこは居住が認められながらも、同時に居住が否認されるような「グレー空間」（Yiftachel 2009）として位置づいている。「グレー空間」をめぐっては、ポストコロニアル都市研究の分野で、この一〇年間にわたり飛躍的に研究が蓄積されてきた。その研究群を牽引したのが、インド出身の都市研究者アナーニャ・ロイだった。彼女が切り拓いた都市インフォーマリティ論をここで確認しておきたい（Roy 2005）。

インフォーマル労働、インフォーマル住宅、インフォーマル経済といった用語は、グローバルサウスの都市研究において頻繁に使用されてきたものである。十分なフォーマル化がなされていないという点から、それらの後進性、問題性を指摘する研究は山のようにあるが、その一方で、ペルーの著名な経済学者エルナンド・デ・ソトのように、インフォーマル労働において発揮されている庶民の起業家精神を活用することこそが経済発展を可能にするといった主張をする論者もいる（De Soto 2000）。

だが、こうしたインフォーマリティ理解の問題点は、フォーマリティ／インフォーマリティを二律背反的なものとして捉えている点にある。前者が国家の官僚制的手続きを経たもの、後者がそうでないもの、とみなす二分法である。ロイはこの二分法を批判し、この区分そのものが国家によって生み出されると主張した。

インフォーマリティは、国家による規制の対象ではない。国家自体によって生産されるものである。（Roy 2005：149）

インフォーマリティとは、国家によって規制がされていない状態を意味するものではない。そうではなく、国家によって無規制であることを認められた状態を意味するのである。国家は無規制である状態を生産し、さらにはそれを活用しさえする。このようにインフォーマリティ概念を再定義することによって、インフォーマル労働やインフォーマル住宅と呼ばれてきた物事を別様に捉えることができるようになる。

たとえば、路上での物売りで生計を立てるベンダーについて考えてみよう。道路は交通のための場であって仕事の場ではないというのが、都市化をめぐる支配的な考え方である（Tucker & Devlin 2019）。しかし実際には、路上を仕事の場にしている人びとは数多く存在する。そうしたベンダーたちは、インフォーマルなその労働を、たとえ一時的であれ、国家によって黙認されているからこそ、路上で仕事をすることが可能になっている。インフォーマル住宅の集まりでもあるスクオッター地区についても、同じである。そこは自生的にできあがった無規制の空間なのではない。国家による「〝無規制〞という規制」が課される空間である。

ロイがこのように都市インフォーマリティを議論した理由は、インフォーマリティをめぐる根底的な争点が、土地の所有権や利用権といった法的次元にあるのではなく、国家による正統性の付与という政治的次元にあることを強調するためであった。たとえば、スクオッター地区に法的な居住権を与えようとする取り組みは、マニラでも見られる。だが、法的に居住権が与えられることが、スクオッター住人の居住の不安を解消するわけではない。逆に、居住権が与えられれば、その権利をめぐる不動産市場の取り引きが始まり、貧しい人びとは即座に追放されるだろう（ハーヴェイ 2013：51）。むしろ、法的には白黒をつけないこと、「グレー空間」であること自体が重要なのであり、そのグレーをグレーなまま認める国家が存在することによって、インフォーマリティが現実化している。

インフォーマリティとは国家による統治の「外」の領域なのではなく、「内」の領域である。それは放置されると同時に介入を受ける領域である。そこでは絶え間ない力のせめぎ合いが展開されている。

国家はその領域を消し去ることもできるが、その領域を黙認し、さらには育てることもできる。あるいは人びとは、その領域に侵入し、アメーバ状に生活を拡充していく。

4―3　臨時の永続

この都市インフォーマリティに基づく「グレー空間」は、グローバルサウスの多くの都市で見て取れるものだ。その特徴のひとつは、時間の断続にある。

> 具体的に存在するインフォーマリティは、是正や平等化の政策によってではなく、非正統化や犯罪化の言説によって「処理」される。これは、都市集団をその地位に応じて分割する――「分離された包摂」の過程――という境界線を作り出すものである。この二重性を備えた動きは、グレー空間、グレー活動、グレー人口を「臨時の永続（permanent temporariness）」のなかに保つことになる。（Yiftachel 2009：89）

こう指摘するのは、イスラエルの都市研究者であるオーレン・ウィフタケルである。彼は、パレスチナを事例に、「臨時」が「永続」している世界について記述している。ベドウィンの人びとは、何重もの受苦を生きる。家を建てては破壊される。水道、電気、電話を利用するには、議会による特別な許可が必要になる。健康保険に加入できないため、病院に行っても予約を取ることができず、いつも最後まで待たされる。ウィフタケルは、あるベドウィン女性の語りを引用している。

私たちの正当な「スムード」（自分たちの土地に留まるための不動の闘争）において、私たちは法律を破る以外の選択肢はありません〔…〕なぜなら、法律とその計画がこの場所にやってきて、設立後何年も経ってからこの場所を消そうとしたからです〔…〕私たちのコミュニティはこの場所に属しており、この場所はコミュニティに属しています〔…〕たとえ私たちの家が再び壊されたとしても、私たちは自分たちの土地に留まります。（Yiftachel 2009：97）

この地においては、生活が積み上がっていくことがない。建てては壊される。いつも「臨時」のなかを生きる。そして長いスパンで物事を考える視点が奪われる。ウィフタケルは、この声をパレスチナのみに帰属させることに抵抗する。「臨時の永続」は、パレスチナに生きるベドウィンだけでなく、ナイロビで、マニラで、ブエノスアイレスで、さらには東京で、特定の人びとが直面している世界を映し出す用語であるだろう。

「グレー空間」は、国家と庶民の力のせめぎ合いを通じて、日々、創出されていく空間である。本章ですでに取り上げた、コミュニティ備蓄庫運動も、そうした陣地をめぐる争いのひとつとして位置づけることができるだろう。こうした不断のせめぎ合いのなかにある「グレー空間」においては、人びとが危機や暴力にしなやかに対応してきた経験が蓄積している。そこは、破壊の地であるだけでなく、生きるための知恵と技法が詰まった先進地である。本書では、この知恵と技法をレジリエンス論に接続して考えていきたい。

5　争点としてのレジリエンス

5―1　変革性

ここまでの議論は、次の三点に整理できるだろう。

（1）貧困をめぐる問題は、時間をめぐる問題である。

（2）この貧困と時間をめぐる問題を、生活機会だけでなく生自体が制限されたポストコロニアル都市の「グレー空間」から考える。

（3）「グレー空間」において人びとは、やられっぱなしではなく、コミュニティ備蓄庫運動のように協働的な対応力を作り上げる。

「グレー空間」において、人びとは抑圧の条件そのものを組み替えようとする。ここではそうした対応力をレジリエンスという概念を使って考察しよう。

レジリエンスは、心理学や生態学の分野で当初使われ始め、その後、紛争・災害研究などさまざまな分野で用いられるようになった概念である。この概念についてマイケル・ムーとコンコン・ジンの整理に倣うなら（Mu & Xing 2019）、次のようにまとめることができるだろう。かれらはレジリエンスを「能力（competence）」、「回復（recovery）」、「適応（adaptation）」とは異なるものとして論じている。

・「能力」は発達の過程で獲得されるものであるが、レジリエンスは困難な状況への対応力である。この「対応」性に該当する内容が能力概念には入っていない。

・「回復」は従来の状況に「戻る（bouncing back）」ことを意味するが、レジリエンスは従来の状況自体を変化させる、すなわち「前進させる（bouncing forward）」ことを意味する。

・「適応」は困難な状況を生み出した条件や制度を不問にした概念であり、自己責任の道徳性を振りかざす新自由主義的政策と親和性が高い。レジリエンスは、そもそもの条件や制度の変革を組み込んだ概念である。

以上の整理からわかるように、レジリエンスは状況への対応性、前進性、変革性に関与する力のことである。よってそれは、単に「環境適応力」（ハーバード・ビジネス・レビュー編集部 2019 16）を意味するのではない。また、ある教育学研究者たちはレジリエンスを「困難な状況にさらされ、ネガティブな心理状態に陥っても重篤な精神病理的な状態にはならない、あるいは回復できるという個人の心理面の弾力性」（石毛＋無藤 2005：356）と記しているが、条件や制度との関係が不問にされており、前進性や変革性を考慮しないこの定義とも、本章で言うレジリエンスの意味内容は異なっている。

レジリエンスとは、ラテン語の resilio（「元に戻る」）から派生した言葉である。へこんだテニスボールが時間が経てば形状を戻すような事態のことを意味する。しかしながらテニスボールのような弾性物質とは異なり、人間が生きる社会はこのような「元に戻る」という理解だけでは不十分である点が盛んに議論されるようになった（Manyena 2006）。

そもそも社会学や紛争・災害研究においてレジリエンス概念が使用されるようになったのは、紛争や災害や暴力が、神の仕業でも、純粋な自然災害でもなく、人災であるという理解が基点にある。ここでの人災とは、それらが社会構造に起因するという理解に基づいている。災害の深刻な影響は、より脆弱な社会的位置にある困窮者や移民コミュニティに集中して現れる。レジリエンスは被傷性(vulnerability)とセットで議論されてきた背景があるが(Furedi 2007)、それはこのふたつの言葉が共に、社会構造とセットで使われる点による。

だとすれば、「元に戻る」のでは、再び紛争や災害を起こす条件、さらに特定の人びとに被害が集中する条件へと回帰することにほかならない。だからこそ、人間社会においては、紛争や災害や貧困といった構造的暴力の影響を緩和するものへと「先取りする」ことが、レジリエンスになる。この点が、ジンバブエ出身の災害研究者であり、レジリエンス研究の重要な論者であるバーナード・メニェナが強調したことだった(Manyena 2006 ; Manyena et al. 2011)。対応的(reactive)であると同時に先取り的(proactive)であること、すなわち元来の条件に対する前進性と変革性がレジリエンスのポイントである。

なお、ここで注意しておきたいのが、本章で言う意味でのレジリエンスは、決してヒロイックなものではないということだ。[★6] 想定外の災害や感染症が発生するなかで、それをすべて管理(govern)しようとするよりは、管理不能なものとして認めた上で、それらを人間のレジリエンスによって克服しようと主張する議論も、レジリエンス研究においては散見される。このときレジリエンスは、想定外の災害や感染症に立ち向かう、ヒロイックなものに仕立てあげられる。こうした議論は、災害や感染症が生み出される条件を問うことなく、個的主体のレジリエンスのみに注目する点において、のちに検討するように、新自由主義の文脈で登場する自己責任論を追認するものである。

また、レジリエンスは、あらかじめプログラム化された教育を通じて「育まれる」ものでもない。レジリエンスは、先に論じたコミュニティ備蓄庫運動のように、逆境において状況主体的に「作り上げられる」ものである。ノンたちの運動は、あらかじめ学習されてきたものではなく、パンデミック下において疲れが深刻化するなかで開始されたものだ。

5—2　ローカル・コミュニティ

レジリエンスを考える上で、もう一点、本書で強調したいのは、ローカル・コミュニティをその考察の準拠点にするということである。こう主張すると、外部からの援助の必要性を等閑視している、あるいは国家の責任を不問にしているといった定番の批判がなされるかもしれない。しかしながら私は、レジリエンスについて、ローカル・コミュニティの内発性から離れないで考察したい。その理由は、時間性と現場性の二点を重視するためである。

大地震が起きたとき、あるいは、強制撤去の部隊がいきなり地区を訪れたとき、そうした危機に対峙するのはローカル・コミュニティの人びとである。支援物資はすぐには届かない。一緒に状況に備えてくれる仲間も揃わない。子どもを前線から避難させることを手伝ってくれる人もいない。外部からの支援は、時間的に遅れるのである。この時間性を念頭に置くならば、やはりローカル・コミュニティの内発性を基点に、危機について考える必要がある。

また、危機の渦中に生きる人びとの現場性から物事を考える必要がある。たとえば私自身、自宅が強

★6　この点については、ペドロ・エステーヴァオらの論考が参考になった（Estêvão et al. 2017）。

制撤去の標的となったスクオッター地区の人びとについて話をすると、「どうして安全な別の地区に移住しないのか」というコメントをもらうことがある。こうしたコメントの前提には、「問題があればそこから逃げればよい」という発想がある。だが、フィールドを歩けば、この発想自体が誤りを多く含むということに気づくだろう。人は自由に住処を変えられるわけではない。問題があれば逃げるというのは、第三者的な位置から考えれば合理的な発想に思えるが、実際には問題があっても逃げない、あるいは問題があるからこそ逃げない、という住人の構えに対して、思考放棄してしまっている。[★7]

鳥越皓之は琵琶湖の環境問題をめぐる調査を通じて、「そこにも人は住まねばならない」（鳥越 1989：6）というテーゼを打ち出している。外部の調査者や政策立案者は、生活条件の悪い土地や公害現場に住む人びとに対して、どうしてもっと条件の良い土地に住まないのかと考えてしまうことがある。どうして基地に隣接する村に居住しているのか、どうして原発のある町で生活しているのか。こうした引越しありきの発想を取るのではなく、人が特定の空間に住むこと自体の重みを直視するのが、鳥越をはじめとする生活環境主義の研究者たちの考えるところである。住むことの重みを捉えるならば、まずもってレジリエンスの議論においても、そこに住んでいる人びとから成るローカル・コミュニティこそを準拠点に物事を考える必要性が出てくる。

なお、ここで言う現場性とは、私はあくまでローカル・コミュニティを念頭に置いているのであって、再居住政策や環境政策を立案する機関や制度については「現場」に含んでいない。私がこのように、社会問題が最終的に現出するローカル・コミュニティのみを「現場」と呼ぶことに対して、そのような設定では「現場」概念を狭く捉えすぎで、再居住政策を議論する国家機関や市役所なども「現場」であると反論する見解もあるだろう。しかし私は、そうした立場を取らない。なぜなら、被害が最終的に現れるのは、つねにローカル・コミュニティだからである。再居住政策の実行が政策的に決定されたからといって、再居住政策が実行されるかどうかはわからない。政策が末端まで降りてくるまでには、さまざまなプロセスがある。さらには「ストリートレベルの官僚制」（リプスキー 1986）を踏まえるならば、ローカル・コミュニティの人びとからの賄賂で強制撤去が延期になることすらあるだろう。つまり、問題が現実化するまでには、さまざまな過程がある。ローカル・コミュニティは、こうした過程を経て最終的に問題が現れる末端の場である。だからこそ現場性とはこのローカル・コミュニティの次元を離れては考察できないものである。

以上を整理するなら、問題を「取り除く」ことが重要なのではなく、問題に「対処する」方法を知ることこそが、レジリエンス研究において重要であると言えるだろう。そして問題に「対処する」方法に迫ろうと思えば、人びとの生きる時間性と現場性を無視できないのである。★8

★7　やや唐突だが、この論点は、たとえばカズオ・イシグロの小説の主題とも接続できるだろう。『わたしを離さないで』のキャシーも、『クララとお日さま』のクララも、状況から逃げないのである。圧倒的な暴力に対峙するなかで、反旗を翻すわけでも、逃げるわけでもない。そこで「わたし」が何を考え、どう過ごしてきたのかを、現在――生の終末期――の時点から想起することにイシグロの作品は徹するのであり、読者はこの想起の場に立ち会うことになる。イシグロの作品については、この想起する主体が、狭義の人間を超えているところに特徴があるが、この主体がまた、なぜ当時も今も逃げないのかということは、深く考察するに値する論点であるだろう。

★8　この点は終章で論じる「どうするのか」という論点と重なる。

　このように時間性と現場性を重視してレジリエンスを考える上で、金菱清による創造的破壊論は参考になる。レジリエンスが、「元に戻る」のではなく、先取り的な変革を伴うものであることがよくわかる点も含めて、ここで紹介しておこう。

　金菱は東日本大震災によって大きな被害を受けた漁村の調査から、創造的破壊★9のありようを論じている（金菱 2014 : 84）。南三陸町の戸倉地区では、養殖漁師たちが、九六人もの大人数を一グループにした協業化を進めた。通常、協業は五人程度を一組におこなわれるものである。なぜ九六人もの単位で協業化（「がんばる養殖復興支援事業」）の申請をおこなったのか。

　その理由は過密養殖の打開を、震災を契機に進めることにあった。戸倉地区では、以前からワカメの養殖が盛んだったが、ワカメの価格低下を受けて、震災前にはカキの養殖が増えていた。カキの養殖には十分な漁場の間隔が必要だが、ワカメの養殖用の狭い漁場間隔のままカキを養殖していたのである。各家が、できるだけ多くの稼ぎを得るためにも、こうした過密養殖は修正されることがなかった。

　そこで起きたのが震災だった。その後の復興過程において、戸倉の漁師たちは、以前のような戸別漁業や少人数での組別の協業ではなく、漁場を利用する九六人を一単位として協業形態を取ることで、過密養殖を是正することにしたのである。レジリエンスを「元に戻る」という意味で誤用するならば、この戸倉の事例はまったく説明できないものである。むしろ戸倉の漁師たちは、震災前の漁場利用の形態に対して創造的破壊をおこなったのである。

　平時には実行できないことを緊急時に進めることは、これまで惨事便乗型資本主義（クライン 2011）と呼ばれてきた。だが危機の転用は、多国籍企業や国家官僚によって操作的に押し進められるだけではない。むしろ、惨事という時空において、ローカル・コミュニティに暮らす庶民こそが、新たな生活実践の創出を試みているのである。本書がレジリエンス概念から照射したいのは、こうした庶民生活に内在する対応性、前進性、変革性にある。言い換えれば、危機の時空は、為政者によってのみ埋め合わされるものではなく、そこに生きる人びとによって転覆的に活かされるものであるのだ。

5—4　レジリエンス批判

ここまでレジリエンスが、先取り的な変革を伴うものであることを強調してきた。次にレジリエンスをめぐる重要な批判を取り上げたい。それは、レジリエンスを強調することが、新自由主義経済下における自己責任論と表裏一体の関係にあるとする批判である。その代表的な議論として、イギリスの文化研究者であるアンジェラ・マクロビーの議論を確認しよう（マクロビー 2022）。

★9　「創造的破壊（creative destruction）」は、もともと、資本の回転時間に関わる概念である。ここではデヴィッド・ハーヴェイの議論を引いておく。回転時間を加速化させるためには、「生産と労働者の技能の硬直性、償却されなければならない固定資本」はじめ、多くの障壁を解消しなければならない。とりわけ「組織形態、労働者の技能とともに、工場、機械への固定的な投資は容易に変えることができない」のであり、これらがまさに障壁となる。このとき資本家は「新しいものへの道を開くために、力ずくで過去の財産の価値を引き下げ、破壊する」。まだ使える設備を破壊し、特定技能に熟練した労働者たちを解雇する、あるいはまったく新たな技能教育を施す。設備も労働者の身体も「容易に変えることができない」が、それを資本の回転速度を加速化させるために破壊することこそが「創造的破壊」である（ハーヴェイ 1999：294）。しかし「創造的破壊」は資本家の専売特許ではない。災害からの復興過程において、漁民たちがこれまでのやり方を破壊する事例の分析において、この概念を生活論的に奪用したのが金菱であった。

マクロビーは「ネオリベラルなリーダーシップ・フェミニズム」（マクロビー 2022：17）が作り出される条件をポピュラー・カルチャーの分析から明らかにしようとする。その際に、レジリエンスと責任（responsibility）が批判的に検討されるべき概念となった。イギリス政府は、緊縮財政を世界に先駆けて実施した。そうしたなかで、国家のサポートに頼らず、個人で生きる人間像がますます規範化されていった。シングルマザーや黒人・アジア系女性は、これまで以上に、貧困下を自己責任で生き延びなければならなくなった。彼女たちは、福祉の給付に頼る女性として、棄却された存在に仕立て上げられたのである。

こうした緊縮財政、人種主義、階級分断が強まるなかで登場したのが、「ネオリベラルなリーダーシップ・フェミニズム」である。Facebook のCEOであったシェリル・サンドバーグのように、仕事と育児・家事を、理解ある夫と共にこなすような女性像がメディアにおいて大きく取り上げられるようになった。サンドバーグの著作は「合衆国のトップのビジネススクールやMBAプログラムと結びつけられるようなジャンルの読み物に、堂々とフェミニズム的な声を持ちこんだ」（マクロビー 2022：64）。こうしてフェミニズムがビジネスやマネジメント業界に領有されていくと同時に、貧困を生きる女性たちは依存する人間として、よりいっそう劣位化されていく。あるいは、黒人やアジア系女性の成功者を敢えてポピュラー・カルチャーのなかで取り上げることで、大多数の黒人やアジア系の貧困女性が不可視化される仕組みが作られた。

こうした状況下において、女性たちはストレスや不確実性を自己管理することが求められるようになる。レジリエンスは、こうした新自由主義的な管理とマネジメントを遂行する上で、便利な言葉として用いられるようになった。レジリエンスは、エンパワメントのための言葉ではなく、統治性の言葉になっていったのである。

レジリエンス概念が新自由主義経済と親和的である点は、日本においても、北中淳子が説得的な議論を展開している（北中 2014）。北中は、レジリエンスが、「貧困状況に置かれた子どもや、虐待を受けた子どもがそれでも病むことなく健やかに育っていく、そういった人間のもつ自然回復力や、自己治癒力、しなやかさに着目した概念であった」ことを確認した上で、だがこの概念が、今日では新自由主義経済下において「新たな倫理観」を支えるようになっている点を指摘する。具体的には、出来事に意気消沈するのではなく、それを乗り越えて、前を向いて元気に生きていく能力を備えた「レジリエントな存在」であることが、その「新たな倫理観」になっているのである。ここで北中が言及しているのが、「レジリエンスをトレーニングしてまで身につけさせようとする社会」である。痛みや悲惨に対して、それを生み出す社会の構造的な変革によってではなく、「個人のレジリエンス・トレーニング」によってそれを乗り越えようとする事態が、ここでは批判的に取り上げられている（北中 2014：211–212）。この批判は、まさに本書で先に論じたように、レジリエンスが「育まれる」ことを目的とするような学術研究に対して向けられるものであるだろう。

マクロビーはフェミニズムの観点から、北中は医療人類学の観点から、それぞれレジリエンス概念を批判的に議論しているが、彼女たちの批判は核心を突いている。レジリエンスが、人びとの内発的な対応力と転換力であるがゆえに、それを鍵概念とすることは、北中が正しく指摘するように、社会の構造的問題を個人の力量的問題にすり替えることに加担しかねないのである。だからこそ、マクロビーも論じたように、レジリエンスという用語は、リアリティTV番組やタブロイド版の新聞で「貧困の晒し上げ」（マクロビー 2022：177）がおこなわれる点に表れているように、レジリエントではないとされる貧困女性たちを糾弾する道筋を用意しかねないのである。

5―5　関係性と集合性のなかのレジリエンスへ

では、マクロビーや北中による重要な批判を踏まえて、どのようにレジリエンス概念を鍛えなおすことができるだろうか。本章では、関係性と集合性の位相に照準した上で、レジリエンス概念を使用していきたい。すなわち、個人に内発する力としてではなく、集合体がその内的構成の組み合わせにおいて発揮する力の位相に照準したいのである。

レジリエンスは、その多くが、個人の位相での議論を前提にしていた。北中が言う「個人のレジリエンス・トレーニング」はもちろんのこと、教育学や公衆衛生学における「レジリエントな主体」(Aranda et al. 2012) をめぐる議論もそうである。そこから主体性やアイデンティティといった問題系と接続されて、議論されてきた。

私は、貧困と時間の連なりをポストコロニアル都市から考えるなかで、レジリエンス概念についての考察を開始した。そのなかで、災害・紛争研究の成果を取り入れながら、貧困が疲れに連続する「グレー空間」において、人びとが疲れ果ててしまう前に、その状況にいかに対応し、さらには状況を転覆するのかを見定めたいと考えたのである。こうした問題意識との関係でレジリエンス概念を検討するならば、レジリエンスはあくまで関係性と集合性の位相から考察される必要がある。

関係性については、レジリエンスが個人の内的力ではなく、諸個人を貫く社会関係を可変化させることで生まれるものであることを意味する。危機が生じたとき、個人の内面でそれを受け止めるだけでなく、関係のなかで「吸収する」ことを、私たちは頻繁におこなっている。また、集合性については、レジリエンスが個人ではなく、個人が属する生活上の単位の位相で発揮されることを意味する。これらの具体的な例として、私のマニラでのフィールドワークの事例を取り上げよう。[★10]それは、スクオッター地区の所帯が、危機に陥った際に、所帯構成を可変化させる事例である。

スクオッター地区に暮らすボクサーのロセリトは、彼の友人の姉であるミーが故郷のレイテ島から職探しでマニラに上京した際、彼女を居候者として自らの所帯に受け入れた。ミーは住む場所がなかった。彼女はロセリトとその家族が暮らすスクオッター家屋に身を寄せ、子守りや家事を手伝いながら、求職活動をおこなった。ここで重要なのは、ロセリトが非血縁関係にあるミーを受け入れて「複合家族」[★11]を形成したこと自体にあるのではなく、このミーの受け入れこそが、都市底辺層の関係性と集合性の位相でのレジリエンスを示していることにある。ロセリトがミーを受け入れることは、単に住まいの無い彼女を助けることを意味するだけでなく、ロセリトたち自身が危機を生き抜くためのレジリエンスと深く

★10　以下に記述する所帯構成の可変化については、石岡（2012）の第5章で論じた内容を改稿して記している。

★11　ロセリトたちの所帯は、ロセリト、妻のアウラ、ふたりの息子、ロセリトの甥、妻の妹という六人所帯であり、その構成は「一組の夫婦とその子」を基礎に、親族が二名加わっている形態だった。そこに非血縁関係にあるミーを受け入れたのである。フィリピンを代表する文化人類学者であるフェリペ・ランダ・ホカノは、スラムの住み込み調査を通じて、ロセリトのような家族形態のことを「複合家族」と呼んだ（Jocano 1975）。ホカノが呼ぶ「複合家族」は「拡大家族」とは異なった概念であり、前者には「非血縁の諸関係が介在している」（Jocano 1975：28）。重要なのは、家族の一類型として「複合家族」を指摘するだけでなく、この非血縁者を取り込むことによって、所帯構成の可変化が展開されること、それによって困窮下を生きることが可能になることにある。マニラのスクオッター地区における「複合家族」の存在は、社会経済的条件と密接につながっているのであり、それを、フィリピンの「文化的特徴」に封じ込めてはならないだろう。

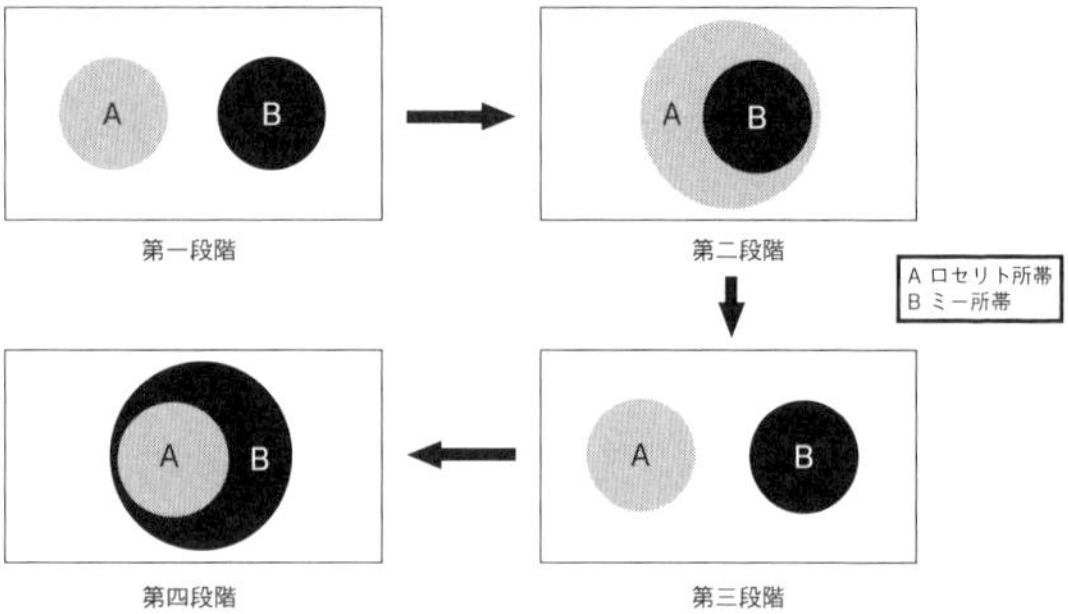

図1　スクオッター住人の所帯居候戦略

連動している。

ミーはその後、マニラ首都圏で事務アルバイトの職を得て、ロセリト所帯からは離れて別の家屋を同じスクオッター地区内に借りた。そしてそこに、自らのふたりのきょうだいをレイテ島の母村から呼び寄せた。また、マニラ首都圏で職探し中であった同郷者二名もそこに同居することになった。こうしてミーは、新たな所帯を創った。

そうしていると、今度は、ロセリト所帯が生活に困窮するようになった。すると、ロセリトたちは、ミーが借りた家屋に所帯全員で移り住んだのである。このロセリトたちの行為をミーは断らなかった。以前にロセリトの部屋に居候していた事実があったからである。ロセリトはこうして住処と所帯構成を変えることで家賃と生活費を引き下げ、そうすることで収入がないなかでも生き延びたのだった。

この所帯構成の組み換えは、スクオッター地区全体において、時折、見受けられるものである。あるときは受け入れる側であった人びとが、あるときには受け入れを懇願する側に回る。そして、ふたつの所帯が一緒になった後に、受け入れてもらった側の所帯収入が得られると、その所帯はまた新たな部屋を借りて、元通り別れて暮らし始める。ロセリトたちも数ヶ月後には、ミーの所帯から出て、部屋を借りなおし、再び元の所帯の単位で暮らし始めた。

このような所帯単位での居候は、所帯構成を可変化させることで、困窮下を共同で生き延びようとする実践である。こうしたプロセスを図示するならば図のようになる（**図1**）。ロセリト所帯とミー所帯の事例でいえば、まずロセリト所帯と単身出郷者のミーがそれぞれいた（第一段階）。そしてロセリト所帯が単身出郷者であるミーを受け入れた（第二段階）。この段階ではロセリト所帯のなかにひとりの非血縁者が入り込んだ状態である。続いて、ミーが職を確保したことによって、彼女自身で家屋を借りて独立所帯を築き、ロセリト所帯からは分離した（第三段階）。その後、ロセリト所帯がミー所帯に押しかけた（第四段階）。これは第二段階とは逆のかたちで、すなわちミー所帯がロセリト所帯を受け入れることになって、ひとつの所帯ができあがる。そして、ロセリトが現金収入を得ると同時に、ロセリト所帯はミー所帯との合体状態から離脱し、元の所帯員で新たな家屋を借りて暮らしを再開した。

困窮した所帯生活を存続させるために他所帯へと押しかける実践は、押しかける側の所帯主にとって最後の手段としてある。ここで最後の手段とは、居候を要望された他所帯の負担を思うがために、できることならば回避しようと所帯主が考えることを指す。しかしながら、家計が厳しい状態となった際には、かれらはこの最後の手段を取らざるを得ない。というのも、家賃は最も大きな家計支出であり、それを無くすことで所帯生活が飢えを回避できるからである。

そしてそのときに、過去に非血縁者として所帯で生活を共にしたことがある人物がいれば、その人物の所へ押しかけることが可能となる。その人物が単身出郷者であった頃に所帯で面倒をみたといえるからであり、その関係性を踏まえればその人物は押しかけを受け入れる可能性が高いからである。ロセリトとミーは、まさにこの関係にあった。

このようにみてくると、ロセリトがミーを受け入れたことは、結果的にロセリト自身にとっても有用な出来事となったことがわかる。もちろんロセリトは、当初より所帯が困窮することを念頭に入れてミーを打算的に受け入れたのではない。だが、スクオッター地区では非血縁者とのこうした関係を張り巡らせておくことが、長い時間でみると重要になることをこの事例は示している。

レジリエンスを関係性と集合性の位相で考えるという視座は、以上のような具体的な事実に基づいて練り上げられたものである。疲れ果てた個人が、個人として奮起するのではない。個人が、身寄りとの関係性と集合性に基づいて、一時的に「凌ぐ」のである。そうして「凌ぐ」時間を確保した後に、疲れから解放されれば、また活動を再開する。

それは言い換えれば、生活の単位のなかに、つねに余人を抱えていることでもある。私がマニラのスクオッター地区でフィールドワークをして最も新鮮だったのは、各所帯に余人がいることだった。そうした人びとは、現地では「イスタンバイ（*istambay*）」と呼ばれる。この言葉は英語で言う standby と同様の意味を備えており「控えている者」というニュアンスを持っている。何をするわけでもないが、所帯に居候している人びとがいるのである。そうしたイスタンバイたちは、水を買ってきて家に運び込んだり、子守りをしたり、あるいはテレビをずっと観たりしている。しかしこのイスタンバイは、洪水が起きたときなどには、大活躍する。赤ん坊を避難させ、家具を移動し、逃げ遅れた人を救出する。★12

スクオッター生活から導かれる哲学は、「余人を以って替えがたい」仕組みを作ってはならないことである。余人では替えが効かない仕組みだと、もし所帯主が病気になったり、さらには亡くなってしまえば、生活が壊滅してしまう。特定の個人の能力に依拠して生きることは、貧困下を生き延びる上ではご法度なのである。そうではなく、余人を巧みに使って、「みんな」で「回す」仕組みを作ることこそに、スクオッター生活のレジリエンスがある。

5―6 反縛り付けの争い

では、こうした関係性と集合性の位相でのレジリエンスは、いかなる意味で前進性や変革性を備えているのだろうか。この問いに対する答えは、こうした実践が、人びとを特定の区画に縛り付ける力に対する抜本的な変革性を備えている点に見て取ることができる。

そもそも貧困とは、特定の人びとが、地理的な意味でも社会的な意味でも、モビリティから切り離されることで生まれるものだ。「植民地では、憲兵と兵隊が常にすぐ目の前に姿を見せ、しばしば直接的に介入して、原住民との接触を維持し、銃床とナパームを用いて、動いてはならぬと命ずるのである」(ファノン 1996：38)。「動いてはならぬと命ずる」力は、ファノンが向き合った時代と文脈を超えて、現在の都市研究において主要な研究テーマになっている。★13

★12 渋谷望は「冗長性(redundancy)」という概念を使って、「危機のときに、「余分」がいなければ社会や組織は維持できない」ことをイタリアにおけるパンデミック危機の事例から論じている(渋谷 2020)。渋谷の言う「余分」や本書で捉える「余人」は、関係性と集合性の位相でレジリエンスを捉える際に重要になるだろう。

★13 ロイック・ヴァカンは、シカゴを事例に、黒人ゲットーと刑務所が同型の制度になっていることを指摘している(Wacquant 2008b)。もちろん、ゲットー住人は、刑務所の囚人とは異なり、身体が直接的には拘束されているわけではない。だが、シカゴのゲットーでは、貧困層の黒人たちは、もはやそこから移住することが、経済的にも社会的にも不可能になっている。ヴァカンは、こうした「ハイパー・ゲットー」が、国家による創出物であると議論する。すなわち、国家による「計画的縮小化(planned shrinkage)」によって、医療、学校、職業教育などの予算がすべて縮小化されたことで、経済的に余裕のある黒人たちは地区から流出した。さらに地区周辺の仕事は無くなり、人口減少も進むが、最も不利な黒人たちはそこに繋ぎ止められたままである状況が作られた。ここに現在における「動いてはならぬと命ずる力」を読み取ることが可能だろう。

そして「動いてはならぬと命ずる力」は、近代国家の能力を示す統計学的な知とも深く関係している。人間を「まとまり」として管理する技法は、頻繁に主張されるように、社会統計の発展によって可能になったのであり、その「まとまり」の管理こそが同時に「個別」の管理をも可能にした。ここで確認しておきたいのは、この統計学が世帯の境界画定を構成する点である。言い方を変えるならば、世帯のレギュラー・メンバーが「正当」な世帯員とされ、ミーのような居候者、すなわちイレギュラー・メンバーは「逸脱」した存在と捉えられ、強制撤去の実行時の補償対象からも外される。つまり、統計学的な知は、人を特定の区画に縛り付けるための基礎を提供している。★14

こうした縛り付けの力は、地理的な意味でのモビリティだけでなく、社会的な意味でのモビリティをも制限する。ポストコロニアリズム研究のキーワードである「サバルタン」とは「社会移動から切り離された人びと」★16のことを意味する概念であるが、★15この社会移動は地理移動とセットで考える必要があるものなのである。

こうした地理的かつ社会的な縛り付けを念頭に置くならば、スクオッター所帯が発揮するレジリエンスは、その縛り付けそのものを取っ払う内容を持つものであることがわかる。余人が存在すること、所帯構成を可変化することは、つねに人が動くことによって可能になるものだ。「動いてはならぬと命ずる力」をなかば無視して、人びとは動き回る。一箇所にピン留めされては、スクオッター住人たちは生きることができず、逆に動き回ることで、生活を「回す」のである。

よって、マニラのスクオッター所帯のレジリエンスは、単に困窮という危機に対して、平常生活に「戻る」ことだけを目指したものではない。むしろ、困窮という危機においてこそ、所帯構成を可変化させて、余人をフル活用するべく動き回るという点において、そこには人を特定の区画に割り当てるという力そのものへの争いが仕掛けられている。登録した住所に居住し続けるということ自体が、かれらにとっては例外なのであり、奇妙なことなのである。

なお、関係性と集合性の位相でのレジリエンスをめぐって、ここまで私は「所帯」の可変化について議論してきた。「世帯」という言葉を使っていないことの理由を、ここで補足しておきたい。ともに英語ではhouseholdになるが、私は日本語固有の言い回しを念頭に、「所帯」という用語を使ってきた。「所帯」は「所帯を持つ」という表現に代表されるように、人びとが生活の必要のために作り上げる基

★14　この点に関係して、ティモシー・ミッチェルは、制服とは脱走を阻止するために発明されたことを論じている。兵士たちは「兵営に留め置かれるとともに、制服をつねに着用させられることで、民間人の共同体から分離された」（ミッチェル 2014：58）。制服の着用を義務づけられることで、兵士は脱走しても、民間人ではないことがすぐに知られてしまうのである。制服は、人を特定の場所に縛り付けるための仕掛けであった。

★15　ガヤトリ・スピヴァクは、サバルタンに「社会移動から切り離された人々」という定義を与えている。この定義は、一九九八年に福岡で開催されたジェンダー史の国際シンポジウム（ふくおか国際女性フォーラム'98）において、森崎和江からの質問に答える形でスピヴァクによって与えられたものであることを、上野千鶴子は記している（上野 2013：260）。

★16　地理移動と社会移動の連なりについては、小ヶ谷千穂がフィリピンからの移住家事労働者の事例を「複数のモビリティ」として定式化した研究に詳しい。小ヶ谷によれば「海外就労によって経済的には上昇するが、出身社会では決して就くことのないような家事労働職として働くことで職業的地位は下降する」（小ヶ谷 2016：23）現象がそこでは見られる。地理移動は社会移動を可能にしうるが、同時にそこでは地位的下降の受容の経験なども絡まってくるのである。こうした移動をめぐる地理的、経済的、社会的次元の絡まり合いを解きほぐすことは、社会学の重要な課題だろう。

礎単位のひとつのことを意味している。一方、「世帯」とは統計用語である。世帯数や世帯人口といった用法で「世帯」を使っている。

社会学において、世帯（household）概念をめぐっては、イマニュエル・ウォーラーステインの研究を引いておく必要があるだろう（ウォーラーステイン 1997）。ウォーラーステインは、とりわけ「周辺」において、プロレタリア化ではなく半プロレタリア化が進められることによって、遥かに厳しく搾取される存在が作り出されてきたと主張する。こうして形成された半プロレタリアたちは、個人で生存を可能にすることができない。かわりに、世帯という集合体としてあることで、賃労働と非賃労働を足し合わし、ぎりぎり生存可能な家計が維持されるというのである。こうして半プロレタリア化と世帯が、表裏一体の概念セットとして設定される。

このウォーラーステインの研究においては、householdは「世帯」と訳すにふさわしい。彼は、徹頭徹尾、世帯が「上から」形成されたものであることを強調しているからである。ウォーラーステインは、世帯を「当座の収入と以前から蓄積してきた資産をファンドとして共有する比較的安定した構造体」（ウォーラーステイン 1997：21）と定義する。しかしながら、このガチガチに固定されたイメージでは、「周辺」のhouseholdの実態を取り逃がすだろう。彼が考えようとしなかったのは、householdが「所帯」であるように、「周辺」を生きる人びとが生活体の内的構成を組み替えながら、それをたえず形成・生成している現実である。「構造体」ではなく「生活体」として捉える必要があるのだ。本章で捉えてきたように、所帯とは、関係性と集合性の位相でのレジリエンスが作り上げられる場として捉えることができるのである。

6 「あるもの」からの思考

ここまでレジリエンス概念について検討してきた。最後に、本書においてなぜこの検討が必要だったのかを確認して、次章につなげたい。

ポイントはふたつある。第一に、エスノグラファーの態度としては「ゼロから考える」というのは禁じ手であり、かわって「あるものから考える」手法を練り上げなければならないことである。第二に、身体を「消耗しない」ことを基点において、人びとの夥しい生活実践に分け入る必要があることである。レジリエンスは、この二点を念頭に置いた際に、深めるべき概念であった。

第一の点については、批判社会学の研究が、物事を「ゼロから考える」ことを是としてきた態度を、私としては、考えなおしたいという問題意識によるものである。本章で取り上げた貧困や災害といった事例に関しても、貧困がジェントリフィケーションによる立ち退きによって深刻化することを踏まえて、包括的発展（inclusive development）をこれまで以上に都市計画に組み込むことは重要ではある。災害についても構造的弱者に被害が集中することを考慮して、海沿いに防波堤を作り、危険区域の再居住を進めることも重要であるだろう。さらには、貧困や災害が生じるメカニズムそのものの理論的計測も必要ではあるだろう。

だが、「ゼロから考える」という態度は、問題の渦中を生きる人びとの視線と身体と歴史を素通りして、貧困や災害対策を進めることにつながりかねない。私がレジリエンス概念にこだわったのは、この視線と身体と歴史を掬い取るためである。そこに居る人、そこにあるものを出発点にして、貧困や災害について考える必要があり、だからこそ「あるものから考える」態度が不可欠なのである。

本書がこれから重点的に取り上げる強制撤去についても、スクオッター住人たちは、全的に抵抗したり統制されたりするのではない。あるものを引き受けながら、別のものを可能にするといった〈あいだをとる〉態度を、これ以上ないほど、かれらは突き詰めて生きている。当初の主張を貫くことは、かっこよく聞こえるが、それはプランナーやコマンダーの発想にすぎない。ひとつの主張を貫くために動員された人びとが、これまで世界各地でどれほど死んできたのかを思い起こす必要がある。〈あいだをとる〉態度の方が、はるかに深みを持つはずだ。その態度は、勝利か敗北か、賛成か反対かといった二分法ではなく、本章冒頭に引用したリベラ・クシカンキの言葉のように「抑圧されたが負けたわけではない」状態を確保することである。文化人類学者の猪瀬浩平は、次のように述べている。

> 世界の不条理に対して戦いを挑み、戦いに勝つのではない。戦いを挑むこと、抵抗することへの希望をひとまず傍らにおいて、自分と世界の不調和のなかで、勝つことはなかったけれどずっと負けなかったこと、あるいはそもそも戦ってもいなかったことに光を当てること。(猪瀬 2021)

「ゼロから考える」プランナーやコマンダーや批判社会学者の視点から離れて、「あるものから考える」エスノグラファーの視点へ。このことはまた、ある問題を考える際には、その問題の渦中に巻き込まれている人びとが、そこで何を開始しようとしているのかにこだわって、考える態度を徹底することである。「貧困を考える」のではなく「貧困を、貧困を生きる人の思索から考える」という態度を私は探究したいのである。前節で取り上げた所帯構成の可変化の事例などは、まさにこうした態度に基づいて取り出されたものである。レジリエンスという概念を使うことは、「あるものから考える」ことを強調することにねらいがある。

第二の点については、こうして「あるものから考える」上で、そこに「ある」人びとや大地を消耗させないことを基点にして、活動や運動を展開する必要性である。ここまで本書において、私はボクサーやスクオッター住人の身体に注目しながら記述してきた。そして身体について考えるならば――多くの身体論はそういった理路を取らないが――、私はそれを土地とつなげて考えることが重要であると捉えている。抽象的な身体論を語り合うよりも、その方が洞察を深めるだろう。

身体と土地に共通するのは、消耗させたり痩せさせたりしてはならないことだ。ボクサーも強制撤去に反対するスクオッター住人も、短期的にエネルギーを集中しすぎると、やがて疲れ果てる。毎回、尽き果てるような試合をするボクサーは、その世界で生き残ることができない。目の前の試合に全力を出すことと、キャリア全体を考慮して余力を残すことが矛盾しない点を、彼は知っていなければならない。スクオッター住人もまた、長期的な消耗戦になることを念頭に置きつつ、反撤去運動を継続しなければならない。単作で土地を「高速回転」(藤原 2020：93) させる農業が限界を備えているのと同じである。

レジリエンス概念が、「適応」や「回復」とは異なることは、本章で確認した通りである。それらに付け加えて、この概念には身体性が入ってくることを、ここでは強調しておきたい。身体も土地も、必要物を生み出す源泉である。だからこそ、身体と土地を、手入れをしながら持続的に活用することが重要になるのであり、ボクサーやスクオッター住人は、まさにこの点を熟知している。たとえば、前節で見た所帯構成の可変化の事例も、疲れ果てる手前で、困窮化の圧力を関係性と集合性に基づいて凌ぐやり方なのである。第1章で私は「生理学的暴力」という言葉を使ったが、まさにそれに対処するための

「生理学的持続性」が必須なのである。

以上の二点から整理できるように、レジリエンスについて考えることは、書き手が無制約に想像力の翼を羽ばたかせるような思考とは、根本的に異なった態度を要求するのである。書き手は、問題の渦中に巻き込まれた人びとが、そこで「生理学的持続性」を確保しつつ、思索し実践していることから離れないで、書くのである。「あるものから考える」ことは、こうした制約性を自覚することだ。そして、この制約性があるからこそ、書き手は上空飛行とは異なった、道ひらきの探索を展開できる。

本書は、これからスクオッター地区の強制撤去の事例記述に入っていくが、その前にもう一点、分析の足場を固めるためにも調査方法論の議論を経由する必要があるだろう。「あるものから考える」視座に立つとき、私は、特に貧困世界に生きる〈声の大きくない〉人びととの思索と実践に伴走してきた。なぜこうした対象への注目が必要なのかを、私なりに明記しておきたいと思う。次章からは「解釈労働（interpretive labor）」という用語を参照しつつ、この点にかかわる私の調査方法論を提示する。

第 5 章

解釈労働

1　顔色

顔色をうかがうこと。しかも相手に配慮しつつ、自ら周辺へと姿を隠すようにしながら、力を持った人間の顔色を観察すること。このおこないについて、本章では考えたい。そしてこの作業は、エスノグラフィーの方法論を鍛え上げることにつながるだろう。

私は、現在では、他人の顔色をうかがって生活する局面はそれほど多くない。会いたくない人とは会わない。会合の途中でも別件があれば早退し、夜の集まりには親の介護を優先するために出かけない。つまり、何かをする／しないという判断に、他人の顔色をうかがうという要素があまり入っていない。それは年齢を重ね、そして、ある程度慣れた業界と職場で経歴を積むことで、自分の時間を自分でコントロールすることが、ある程度許されるようになるからであるだろう。

他人の顔色をそこまで気にしないことは、もちろん、誰にでも与えられている条件ではない。そればかりか、こうした条件を自明視することは、ものを考える態度を鈍化させることにつながりかねない。とりわけ、マニラの貧困世界を調査地とするエスノグラファーにとって、自己都合がある程度認められる感覚を自明にすることは、眼を節穴へと退化させることであるだろう。貧困を生きることは、手配士をはじめとした他人の顔色をうかがい続けることである。他人の顔色をうかがう必要のない人間は、他人の顔色をうかがいつつギリギリの生存と生活を可能にする人間たちの身を擦り減らす日常を、たやすく見過ごしてしまうだろう。ボスの一声で、明日からの仕事がなくなるかもしれない。そうならないために、ボスの一挙手一投足を、全身をアンテナにして感知する身構えが、貧困を生きる者たちには習慣化されている。

ピラミッドの底辺★1を生きる者は、顔色をうかがうことを強いられた者である。その上部を生きる者たちにとってはいちいち解釈する必要がない現実も、かれらにとっては生死を賭けた解釈の対象になる。だからこそ、この持たざる者たちは、まさに顔色をうかがうという強制された解釈労働を通じて、現実を解釈する圧倒的な鋭さを手に入れる。凡庸な社会学者とは異なり、かれらは生きるために解釈労働を繰り返さなければならない。だからこそ、エスノグラファーは、現実を捉える視座を練り上げるために、かれらの解釈労働に倣う必要がある。

本書ではここまで、マニラの貧困世界の住人に視座を据えて考察を進めてきた。「最も不利な人びと

★1　この表現は、グローバルサウスの貧困研究で言及されることも多い「BOP（Bottom of the Pyramid）」概念を念頭に置きつつ、しかし本章ではそれを転覆的に使用している。BOP概念が登場した前提には、その層を援助の対象にするのではなく、新たな市場として開拓するというグローバルエリートたちの考えがある。それはまた、ムハマド・ユヌスによるグラミン銀行の取り組みが、脚光を浴びることとも時代的な相同性があり、グローバルサウスの貧困層を金融商品のターゲットにすることともつながっているだろう。アナーニャ・ロイは、貧困研究が、貧困を生きる人びとを対象に研究するだけでなく、貧困を管理・統括する新たな官僚制の誕生に対して、もっと鋭敏になるべきだと主張している。この新たな官僚制は、デジタル技術を抜きに成立しない。BOP概念で捉えられる貧困層は、もはやマスとしての群れではない。IDが個別に割り当てられた個人がマイクロファイナンスの利用者として登録されるのであり、そこからかれらの家計が金融商品のターゲットになる。貧困をめぐる新たな官僚制については、Roy（2010）を参照。

(the truly disadvantaged)」(ウィルソン 1999)に視座を据えることをめぐっては、道徳的・倫理的な観点から議論されることが多い。たとえば、そうした人びとを抜きに世界を語ることはできないという主張や、名もなき人びとを歴史の舞台に登場させるべきだといった主張である。しかしながら私は、そのような点を意識して、スクオッター住人の世界に迫っているわけではない。そうではなく、かれらが、強いられた解釈労働を通じて、現実を「見抜く」力を鍛え上げざるをえないからこそ、私はかれらから、ものの捉え方を教わっているのである。すなわち私は「最も不利な人びと」に自らの視座と身体を係留させることを、道徳的・倫理的にではなく、方法論的に突き詰めて考えたいのである。

2 想像力の偏曲構造

デヴィッド・グレーバーによる記述から始めよう。

> たとえば、だれもが知っていることだが、召使いはじぶんを雇っている家庭の事情について事細かに知っているものだが、その逆はほとんどありえない。(グレーバー 2017:101)

世の中の不平等とは、具体的には、「想像力の偏曲構造」(グレーバー 2017:134)として表れる。ピラミッドの上部に位置する者は、そのピラミッドの底辺を成す者たちが何を考えているのかを解釈する必要を持たない。なぜなら、底辺を成す者が余計なことを言い出したならば、その上部に位置する者は、そうした意見が登場する背景と理由に思いをめぐらさなくとも、「かれらの頭を殴り飛ばしてみよう、こうしたことすべてが不要になる」（グレーバー 2017：96）からである。つまり面倒な解釈を捨てて、暴力に依拠することで、状況を簡単に解決できてしまう。

グレーバーは、こうした事態を念頭に、「解釈労働（interpretive labor）」という概念を作った。それは「想像力とか世界を他者の観点からみる終わりのない努力といった、恒常的でたいてい繊細な作業」（グレーバー 2017：96）を意味する。先の引用部にあるように、召使いは、主人とその家庭の事情をつねに解釈し続けなければ、そこで生きていくことができない。階段から降りてくる主人の足音、朝に挨拶をしたときの主人の応じ方、主人とその家族の会話のトーン、これらの事柄に細心の注意を払いながら、今朝の主人の機嫌をうかがう。そもそも召使いは、多くの場合、自分から主人に話しかけることを禁止されている。そして、主人の行動や言動の節々から、たえまない解釈労働を実践する。しかしこの実践こそが、「家庭の事情について事細かに知っている」ことを可能にする。

その一方で、主人は、こうした解釈労働に従事する必要はない。召使いが気に入らなければ、雇い止めをすればいい。あるいは、召使いの頭をこづき、腹部を蹴飛ばすかもしれない。そこには暴力の行使が控えている。相手のことを考えたり想像したりする作業の一切を不要にするのが暴力であり、よって暴力は、人間を愚か者に仕立て上げる――つまり無知を作り上げる――のである。

ではこの前提にあるのは何か。召使いと主人の例で言えば、両者の間の圧倒的な力の格差である。両者の間に力の拮抗が見られるのであれば――召使いに今やめられると主人は困るなど――、主人は召使いの頭のなかを少しは解釈しようと努めるだろう。召使いの帰り際に、今日はお疲れさまという一言を、主人は口にするかもしれない。だが、召使いの替えがいくらでもある状況では、主人はいっさいの解釈を不要とする。つまり、暴力で簡単に片付けることが可能なほど両者の間に力の格差があるときは、実際のところ暴力を見せつける必要もないのであり（なぜなら格差は自明なのだから）、逆に暴力は控えられるのである。この暴力が控えられた状況において、解釈労働が構造的弱者によって展開される。

ところで、こうした解釈労働は、「自ら姿を隠す労働（labor of self-effacement）」とグレーバーが呼ぶものと深くつながっている。主に女性が担ってきた労働を事例に、グレーバー自身が説明している箇所を引いておこう。

> 女性労働の多くの部分は女性がそれをやっていることを男性が気づきさえしないように配置されているのです。いつも人びとがお互いに傷つけ合わないように、不快感を持たないように気遣い、傷ついた自我をいたわり、小言を言われているように感じさせないように、適当な振る舞い方を示唆すること――これにはただ恒常的に「解釈の労働」をするだけでなく、誰にも気づかれないようにそれをすることが必要なのです。世界中で開催されているシンポジウム会場の舞台裏では、常に女性たちがレセプションなどで使うお皿が汚れていないかを気遣っている、それを男たちは知らない、といったことなのです。（グレーバー 2009：84–85）

ここにはエスノグラフィーの方法論を鍛え上げる上での重要なヒントがある。解釈労働が「自ら姿を隠す労働」とセットで展開することが多いのであれば、エスノグラファーは、ある場面を記述する際に、そこで「姿を隠す」傾向の強いものを感受して、その場を再構成する必要があるということだ。その場の中心を占める者ではなく、その場から姿を隠す者にアプローチすること。そうすることで、その場の決定的な構成原理に迫ることが可能になる。そして姿を隠す傾向の強い者は、同時に、大多数が見えてはいるが気づいてはいないものに、気遣いをすることができる者である。そこには見抜く力が宿っている。

このように考えると、なぜエスノグラフィーが「周辺から」見る視点を大切にするのかを説明できるだろう。その理由は、周辺に自ら姿を隠す人びとこそが、解釈労働を通じて、状況を見抜く力を鍛えているからである。

3 文化資本論の陥穽

3―1 選別化

このように本章は、解釈労働をエスノグラフィーの方法論へと接続することを試みるものである。そしてこの試みは、ピエール・ブルデューの文化資本論（ブルデュー 1986；ブルデュー＋パスロン 1997）を新たな視角から検討することを可能にするだろう。文化資本とは、ある文化を相続した者が、その相続がなされていない者に比して、選別化を可能にする母胎のことを指す。たとえば、プロレベルのピアノ演奏者を例にしてみよう。

プロレベルのピアノ演奏者になるためには、幼少期からの訓練が不可欠だ。そのためには、幼児が自らピアノを習いたいと言うのではなく、親がピアノを子どもに習わせることが必要になる。母親が音大出身で、父親には十分な経済力があり、まずは地域のヤマハ音楽教室などに通いながらエレクトーンの演奏から入る。その後、小学校に入学後に、本格的にピアノの先生のもとに通い出す。そこでは、練習帳が手渡され、二時間練習をすると、うさぎちゃんのシールをもらえる。二時間でシールひとつね、三時間頑張ったらシールふたつね、と言われながら、毎日の練習を頑張るようになる。練習帳には課題曲が書かれており、月曜から金曜までの枠にシールが埋まっていくことが、その子にとっては嬉しい。家での練習は、最初は一時間半から始めて、二時間、四時間、六時間、八時間、一〇時間になっていく。朝起きて着替えて、それからずっと弾いている。

自宅には音出しが可能な部屋がある。学校に行っている時間だけが、ピアノから離れることが許される時間だ。高校生になると、毎月一回は、地元の先生に紹介された東京の音大の先生のもとに通うようになる。東京の先生の前で恥ずかしい演奏をしないように、練習を積み重ねる。恥ずかしい演奏をすると、その先生を紹介してくれた地元の先生に「破門」と言われてしまう。高校時代、「破門」という言葉の意味がわからず、叱られた後に家に帰って辞書を引いて意味を知ったとき、本当にショックだった。

高校卒業後は、東京音大を受験する。それまで通っていた東京の先生は、桐朋の先生だった。でも桐朋には行かなかった。一緒に東京で習っていた人たちが、みんな暗かったから。

東京音大の受験の実技試験は、エチュードを三曲、バッハをひとつ、それにショパンのソナタとベートーヴェン。受験科目には楽典もあり、作曲科を卒業した先生に家庭教師をしてもらって習った。音大の器楽専攻に入学後は、音大生を専門に受け入れてきた音出し可能なマンションに住みながら、大学生活を送る。そのマンションは、東京音大の先生とお医者さんが結婚して建てた防音の効いた女性専用マンションで、部屋が一〇部屋ある。一階が学生の借りる部屋で、上には先生がいるから、いつも何を弾いているのかが先生にわかる状態で、二四時間を過ごした。このマンションは、音大の近くにある河合楽器で紹介してもらった物件で、家賃は一ヶ月で一〇万円だった。居住者同士では話をすることが全然なく、隣の子の部屋に行ったこともない。「こんにちは」だけの生活だった。まったくキャピキャピじゃなかったですよ。

大学時代もずっとピアノの練習漬けだった。一度だけ、ピアノとは関係のないサークルに入った。入学式のときにビラを配っていたサークルで、活動内容は知的障害者の方と遊びましょうというボランティアだった。東京にひとり出てきて寂しかったので入った。打ち合わせが水曜日で、活動が土曜日だった。でも打ち合わせが飲み会みたいになって、夜も遅いので、すぐにやめた。そのかわり、土曜日に、コーラスの伴奏のアルバイトを始めた。

大学では人間関係に悩んだ。田舎から出てきたのであまり好かれなかった。ゼミの先生とのドロドロした関係もあった。ピアノは、どこでもそう、女の園だから。ピアノの発表会が年一回あり、そのためのゼミの連絡網があったが、わたしはその連絡網からも外された。わたしは、それまでピアノをひとりで弾いて、社交的ではなかったから。

音大を出ても仕事なんかない。高校生のとき、わたしが音大に行っても、かけてもらったお金を返せないと思った。だから、普通のOLになりたいと、一度、母親に話したことがある。「OLになるためにお金をかけてきたわけじゃない」とだけ言われた。大学三年生のときに、ウィーンの音大の先生が東京に来て、そのときにレッスンに参加させてもらった。それを機に、ウィーンの大学院で勉強することに決めた。

以上は、私がウィーンで知り合った、ある女性ピアニストとの会話を再構成したものである。彼女の壮絶な努力を垣間見つつ、同時に、ピアニストになることが、いかに育った環境において「選ばれた者の選択」（ブルデュー＋パスロン 1997）であるのかを、私は彼女と話をしながら考えた。

同様のことは、政治家や研究者の世界においても当てはまるだろう。大学で働いていると、医学や歯学はもちろんのこと、文学や経済学の分野でも、正統的文化のなかで生まれ育った人びとが多くいることに気づく。自宅には書棚があり、そこには文学の全集や経済学の著名な書物が並んでいる。それを手に取ることから人格形成がなされた、といった逸話は、日常的に耳にすることのあるものである。

こうした文化資本をめぐっては、それが選別化の効果を備えていることが、強調されてきた。そうした環境で育った者は、そうではない者と比して、その世界のなかで優雅に身を振る舞うことができる。ゲームに即したプレーを演じることができる。身の振る舞い方が「自然」に身についている。

3—2　対象化の空間

しかしながら、文化資本を選別化と絡めて議論するだけでは、この概念のポテンシャルを充分に解き放ちはしないだろう。「選ばれた者の選択」の過程にメスを入れることは、階級や分類（class）が、いかに階級化や分類化（classification）とセットで生成しているのかという力学を跡づけることを可能にするが★2、しかしそれだけでは、まだ不十分だ。

重要なのは、文化資本を持たない者がそれを必要とする世界に参入した際に、その人物は、その世界に馴染んでいる大多数がいちいち考えなくてもよいことを、考え続けなければならないことにある。文化資本が選別化の原理である以上、文化資本を相続せず所有していない者は、それを必要とする世界から排除される。この排除をただ指摘するだけでなく、そのとき、排除された者こそが、その世界の成り立ちを根底的に対象化する地点に立っていることを、私たちは思考しなければならない。

ひとつの例をあげよう。元フィリピン・チャンピオンにして、東洋太平洋チャンピオンでもあったボクサーのビンビンの事例である。ビンビンは、ボクサーとして成功したため、引退後も多くのパーソナルトレーナーを担当することができた。顧客の多くは、中産階級の人びとだった。フィリピン航空のキャビン・アテンダントが、フライト明けの翌日に、身体から時差ぼけを取るためのトレーニングを手伝ったり、起業したIT関係者が気分転換のためにおこなうスパーリングの相手役を務めたりしていた。この顧客たちはいつのまにか全員が仲良くなり、頻繁にパーティーが開催された。そのパーティーにはビンビンもいつも呼ばれて、ジョニーウォーカーのブラックラベル（ときにはグリーンラベル）を飲みながら、話して踊るのが恒例だった。

ビンビンがいつも私に言っていたのは、彼にはそのパーティーの居心地が良くないということだった。そこではよく仮装がおこなわれていた。男性が女装し、その人工的に強調した胸の谷間に、着飾った女性たちがきれいに巻いた五〇〇ペソや一〇〇〇ペソの紙幣を挿す、といった遊興に、彼はついていくことができなかった。タガログ語だけでなく、英語が挟まれる会話も、理解できないものがあった。何気ない会話から、彼は自分が嘲笑われている感覚を持つこともあった。しかしビンビンは、パーティーを欠席すること、先に帰宅することはできなかった。そこに集うのは大切な顧客であり、そこでの付き合いを重ねておくことは、彼の仕事にとって不可欠だったからである。

ビンビンの居心地の悪さは、まさにこれまで文化資本をめぐる議論で取り上げられてきた内容と対応

★2　階級や分類（class）と階級化や分類化（classification）の関係をめぐっては、ブルデュー（1990b）の結論「階級と分類」を参照。

するものだろう。パーティーでは、自由に振る舞ってよいように見えて、そこにはコードが存在する。フィリピン中西部のパラワン島で育ち、ボクサーになるためにマニラに出てきて、スクオッター地区で出会った女性と結婚し、引退後もスクオッター地区で生活するビンビンにとって、顧客とのパーティーは完全に「向う側」の世界であった。

私がビンビンとこの件で話をしながら知ったのは、彼が、パーティーの場面を本当によく見ていたということだ。ある女性のタバコの吸い方、女装して強調された人工的な谷間に挿入する紙幣の丸め方、着席のレイアウト、出席者のうち小物と大物では現れたときのグループの反応が異なること。彼は、それらを具体的に、細かく描写してよく私に語った。

ここからわかることは、状況に居心地が悪いとき、私たちは必然的に観察者になるということだ。状況に馴染んでいるとき、私たちは眼も耳も意識することがない。しかし居心地が悪いとき、眼や耳は酷使され、眼の前で何が起こっているのかを必死に解釈しようとする。つまり、解釈労働が展開するのである。

この点こそを、文化資本論と接続する必要がある。文化資本を所有する者は、それをまさに所有するがゆえに居心地が良い空間を、わざわざ解釈する必要性を持たない。その空間は自らの一部であって、対象ではない。しかしビンビンがそうであるように、中産階級が中心となったパーティーで除け者に感じる者は、眼の前でおこっていることを解釈することで、なんとかその場に居ようと努力する。自然体であろうと努力すること自体が、自然体ではないのだが、しかしそうした努力をする。

パーティーに馴染んでいる者は、パーティーを「生きている」が「知っている」わけではない。だがそこから、はみ出た必然的な観察者であるビンビンは、パーティーを「知ろう」とする。それは自明な空気であることをやめて、知的探究のトピックになるのだ。

　このように考察するならば、文化資本の働きについて、詳しく「知っている」のは、それを所有することで特定の世界を優雅に「生きている」者たちではなく、それを無所有であるがゆえに状況を必死に解釈しなければならない、はみ出し者たちの側であることがわかるだろう。優雅ではなく、ぎこちないからこそ、見えるものがある。つまり、文化資本論とは、それを所有する者たちの卓越化の理論を示す議論であると同時に、そうして卓越する人びとが、まさに卓越するがゆえに構造的盲点を併せ持つことを指し示す議論なのである。

4　解釈労働と感情労働

4―1　感情労働とは

　このように解釈労働は、構造的弱者に強いられる労働であり、その結果、かれらは精神的に擦り減らされていくことになる。つねにボスの顔色をうかがいながら二四時間を生きることが、どれほど過酷なものであるのかがわかるだろう。しかしその解釈労働は、同時に、かれらに状況を鋭く見抜く力を与えもする。凡庸なフィールドワーカーよりも、はるかに精緻に家事労働者は状況を細かく見抜く力を備えうる。《家政婦は見た》というフレーズの含意は、まさにかれらが四六時中、解釈労働に従事せざるをえない状況に投げ込まれており、だからこそ、職業的捜索者——警察や探偵など——が見落としているものを、かれらの眼は捉えうることを示す点にある。

その上で、ここでは解釈労働の特徴を「感情労働（emotional labor）」（ホックシールド 2000）概念と対照させて、さらに浮き彫りにしていきたい。感情労働とは、アメリカの社会学者であるアーリー・ラッセル・ホックシールドによって提唱された概念である。この概念を理解するために、まずは古典的な肉体労働の概念を振り返っておこう。近代社会は、労働力の商品化を基底にして構成されている。この労働力商品は、時間を単位として売り買いされる。クロネコヤマトで一日八時間の荷物の仕分け労働に従事するとき、労働者は延々とラインを流れてくる段ボール箱のタグを見ながら、それらを配送先別に仕分けし続ける。★3 七時間五九分で仕事を終えることはできない。必ず、八時間以上ラインに立って、流れてくる段ボール箱を仕分けし、四—五人で構成される仕分け班の班長の許可を得てから、ようやく退勤することができる。クロネコヤマトは、労働力商品を買い取った時間について、一分一秒たりとも、無駄にしない。

肉体労働の飯場や現場において、労働者の腕は、機械の部品のように働く。そして資本家は、その腕をひとつの道具とみなし、その速さや動き方を制御する権利を主張するだろう。クロネコヤマトのラインで段ボール箱を仕分けする彼の腕は、彼のものではない。彼の身体の一部である腕は、資本家の指令によって動き方が制御されているのだ。だがこうした過酷な労働現場は、渋谷望の透徹した分析に倣うならば、労働者が意図的に頭と腕の機能を切り離すことで、頭のなかの自由を確保しもする。

逆説的に聞こえるかもしれないが、「構想と実行の分離」によって労働から疎外されたとき、人は自分の「頭」を獲得することができる。フォーディズム＝テイラーリズムにあっては、労働時間内は手足となって働くことつまり肉体労働（manual labor ＝手の労働）を要求されるだけであり、頭で

何を考えようと自由である。(西澤＋渋谷 2008：169)

延々とやって来る段ボール箱を仕分けしている。だがその時間においても、労働者は頭のなかまでは管理されることがないのだ。

ホックシールドの感情労働という概念は、まさにこの頭のなかまでを含んだ全存在が商品化されることを示すものである。感情労働とは「公的に観察可能な表情と身体的表現を作るために行なう感情の管理」であり「賃金と引き換えに売られ」るものである(ホックシールド 2000：7)。ホックシールドは、飛行機の客室乗務員の事例調査をもとに、笑顔で乗客をもてなす例などを記しながら、感情労働について記述している。重要なことは、感情労働においては、資本家が客室乗務員の身体だけでなく、頭のなかまでも制御する権利を主張することにある。

会社は単に彼女の身体の動き――彼女がどのようにして食事が載ったトレイを扱うか――に対してだけでなく、彼女の感情行為と、その感情をゆとりのある笑顔で表すやり方についても権利を主張する。〔…〕客室乗務員にとって微笑むことは仕事の一部である。(ホックシールド 2000：8、強調は

★3　クロネコヤマトでの労働の事例をあげている理由は、私自身、修士課程の院生時に生活費がなかったため深夜のヤマト運輸の営業所でアルバイトをしていたからである。午前二時から午前六時のシフトだった。夜型生活だった私は、深夜まで大学の研究室にいて、そのままヤマト運輸の営業所に行って朝まで働いた。農家に囲まれた地区の営業所だったため、エプロンをつけた農家の女性たちが、たくさん午前二時からのシフトでは働きに来ていた。

原文）

つまり、肉体労働においては商品化の外部に置かれていた感情――私はいつも不機嫌で不躾な物言いしかできないが自動車修理工として確かな腕をもっていた私の父のことを思い起こしている――までもが、感情労働においては商品化されているのだ。感情労働の現場は「労働者が自分の労働力をたんなる〈商品〉としてクールに切り離し、資本に売却すること以上の何かを要求する。そこで要求されているのは、個人の〈実存〉や〈生〉そのものの次元とでも呼ぶべきものを生産に投入することであろう」（渋谷 2003：39）。渋谷の言う「魂の労働」である。ちなみに、客室乗務員においても、雇用契約の際には労働時間が契約されている、すなわち、資本家は労働時間を買っているのであって、客室乗務員の感情を買っているわけではない。しかし、実際の労働場面においては、感情労働が要求されるのであり、この「感情」は、契約では売り買いの対象と明記されていないにもかかわらず、実際には売り買いの対象にされているものにほかならない。

ホックシールドは、客室乗務員を典型例として感情労働の研究をおこなったが、サービス経済化が進むなかでアメリカの労働者の三分の一が、さらに女性労働者で見ると二分の一が感情労働に従事していると説明している。「女性の方がより多く市場で感情労働を提供しているし、それだけそのコストもよくわかっている」（ホックシールド 2000：12）のである。よって、ホックシールドは、主に女性労働者への聞き取りを通じて、これまで明示されることのなかった「感情労働」という労働の内実を照らし出したのである。

4―2　解釈労働と予期

では、感情労働と解釈労働は、どのように概念的な違いがあるのだろうか。解釈労働もまた頭のなかでの「解釈」を暗黙に売り買いしている点において、感情労働と同様に全存在を売り買いの対象にしているいると言えるだろう。その上で、ふたつの労働の差異は、解釈労働が「予期」という時間的先取りを前提にしている点にある。

家事労働者が主人の家で働いているとき、彼は笑顔で愛想良く主人に応対するだけでなく、主人の頭のなかをつねに先取りして解釈し続けなければならない。何かを求められる前に、すでに彼は主人の頭のなかを解釈済みである必要があるのだ。これは客室乗務員の感情労働とは異なる。乗客にブランケットの追加を求められた際、客室乗務員はブランケットを渡すだけでなく、心のこもった笑顔で渡す必要がある。しかしその感情労働は、乗客に何かを求められた段階におけるやりとりで遂行されるものであって、求められる前に先取りしておこなわれるものではない。客室乗務員が、乗客に対して先取りしておこなっている行為として、ドアボードのロックやトイレ設備の確認などがあるだろうが、そこでおこなわれているのは肉体労働であって感情労働ではない。感情労働は、乗客と対峙する時間において遂行されているのであって、先取り的に何かをしているわけではないのだ。

しかし、解釈労働は、つねにボスの頭のなかを予期していなければならない。掃除の仕方についても、荷物の搬入についても、買い物に行くタイミングについても、解釈労働に従事する者は、絶えざる先取りのなかで注意を払い続ける。言い換えれば、解釈労働とは顕在した条件に加えて潜在的な可能性とも向き合う労働であるのに対し、感情労働は主に顕在した条件に全人格的に対応する労働であると言えるだろう。そして、解釈労働におけるこうした絶えざる予期の過程――付言するならばこれこそが「付度」の土台である――が、それに従事する者たちを精神的に疲弊させるのであり、また同時に現状を別の味方で見抜く力を鍛え上げもするのである。

5 強いられた観察

ここまで解釈労働と感情労働の概念的な違いについて紙面を割いてきた。ここからは再び、議論を解釈労働と強いられた観察の問題に戻そう。水村美苗は、『日本語が亡びるとき』のなかで、ベネディクト・アンダーソンの仕事に影響を受けつつも、それを批判する論を展開している。

> くり返すが、なぜ、アンダーソンには、英語がほかの〈国語〉とはちがうということが見えなかったのか。／それは、何よりもまず、かれが英語を〈母語〉とする人間だからだとしか考えられない。〔…〕英語を〈母語〉とする人間は、自分が〈母語〉で書いているとき、実は自分が〈普遍語〉でも書いていることに、しばしば気がつかないものである。幸せな人間には、自分の幸福の条件はなかなか見えてこないのと同じである。（水村 2015：149–150）

アンダーソンは、多言語主義の立場を取っており、インドネシア語やタガログ語にも習熟している。彼は、英語でしか書かない（読まない）知識人を痛烈に批判してきた。そして、外国語を習得することが、情報へのアクセスを可能にするだけでなく、その言語集団に属する人びととの感情的つながりを打ち立てうることを訴えてきた。だからこそ彼は、教室での講義において、外国語の詩を朗誦することなどを大切にしてきた。★4 これは私にとっても重要な指針となっている。私自身、マニラでフィールドワークを進める過程において、アンダーソンの一連の著作に胸を打たれ、自らの仕事を進めるための励みとしてきたことを正直に告白しておきたい。

水村が突きつけるのは、アンダーソンが英語を〈母語〉とすることによって、必然的に併せ持つ構造的盲点である。英語は、もはや、そのほか多くの言語とは異なった〈普遍語〉として定位している。『想像の共同体』があれだけ多くの影響を与えたのも、結局、それが〈普遍語〉で書かれていたからだ。彼は、この〈普遍語〉で書いて考えているというドクサを手付かずのままにした上で、多言語主義を称揚していたと言える。

アンダーソンには英語が〈普遍語〉であることの意味を充分に考える必然性がなかっただけではない。考えないまま、多言語主義の旗手となる必然性ももっていたのである。／〈普遍語〉にかんしての思考の欠落。（水村 2015：151）

★4 「二〇〇七年の夏、私はレニングラードを訪ねた。ロシアのいくつかの地方大学で、若い教師向けのナショナリズム論の上級コースの講義を手助けするためだった。〔…〕学生たちとの連帯を示そうと、教室でウラジーミル・マヤコフスキーの手になる美しい詩の最終スタンザを朗誦した。〔…〕驚いたことに、私が詩を詠み始めると、全ての学生が即座に私と一緒に詩を口ずさみ始めた。〔…〕／朗誦の最後の頃には、私は涙ぐんでいた。そして、学生たちの中にも涙している者がいた」（アンダーソン 2009：278-279）。

〈普遍語〉を〈母語〉とする者は、〈普遍語〉の意味を考える必要性をもたない。水村は〈普遍語〉を二重言語者たちのあいだでの交流を可能にする〈書き言葉〉と特定した上で、アンダーソンの「聖なる言語」論を批判した。そして、そこから近代における〈国語〉と〈国民文学〉の特性について議論を展開した。その手つきは圧巻だが、ここでは立ち入らない。かわって水村が次のようにこの著作の最後に記したことを注視したい。

英語を母語とする人たちの多くが、ほかの言葉の扉を開いてみたとしよう。〔…〕それらの人のなかには、真に恵まれているのは、自分たちではないと思う人も出てくるかもしれない。真に恵まれているのは、いつも言葉にかんして思考するのを強いられた人たち、いつまでも、この世界の豊かさに驚かされるのを強いられた人たちではないだろうか。（水村 2015：453–454）

アンダーソンが考えずに済ませられたことを、水村は考えざるをえなかった。水村は「言葉にかんして思考するのを強いられた」のである。ここにあるのは、自由な思考ではなく、強いられた思考である。元ボクサーのビンビンが、強いられた観察者であったように。

重要なことは、アンダーソンと水村のあいだにある条件を格差として嘆くことではない。水村が記すように、「思考するのを強いられた人たち」の側こそが、根底的な次元で、ものを考えることができるようになる点が重要だ。「考えたい」ことを考えるのではない。「考えることを強いられた」ことを考えるのである。この強制性と受動性が、認識の獲得において賭けられているのだ。

ここまで来ると、なぜ解釈労働を考察する本章において、文化資本論の読み替えや、水村による〈国民文学〉の条件をめぐる考察を引用する必要があったのかがわかるだろう。はみ出し者として生きることは、強いられた観察者を生み出すことであり、この位置においてこそ、見出される洞察があるのである。

すでに述べたように、私がマニラの貧困世界に生きる人びと「から」エスノグラフィーや貧困についての考察を重ねているのは、単に、名もなき人びとを歴史の舞台に登場させるためでも、都市下層民をネグレクトしては全体像が捉えられないと主張するためでも、あるいはもっと道徳的・倫理的な側面を強調して、苦しんでいる人びとに目を向けようと主張するためでもない。

貧困世界に生きることとは、解釈労働を強いられることである。「他者の感情を読むスキルは、いくぶんかは労働者階級の仕事の内容がもたらしたものである。要するに、富裕な人びとは解釈労働の方法を学ぶ必要がない。というのも、他人を雇い入れて解釈労働をやらせればよいからである」(グレーバー 2020：308)。繰り返すが、その解釈労働の過酷さを告発するだけでは足りない。その解釈労働を通じて練り上げられた人びとのものの見方を敷衍することで、中心に立っていては構造的盲点になるものを照らし出すことが重要だ。そうして見えてくるものがあるからこそ、貧困世界に生きる人びとの視座「から」エスノグラフィーを書く必要がある。

6　ディテールとフィールドノート

解釈労働を強いられた人びとの語りは、引退ボクサーのビンビンの事例のように、状況のディテールを捉えて離さない。人工的な胸元、紙幣の丸め方、着席のレイアウト、すべてが具体的かつ詳細に語り出されていく。そしてこのディテールが、その場に立ち会っているわけではない私たちにリアリティを与えてくれる。

だとすれば、ディテールを削ぎ落として一般化することは、エスノグラフィーの記述の精度を落とすことにほかならない。私はこれまで、質的社会調査法でよく言われるところのコード化——個々の事例記述を類似した項目ごとにまとめる作業——をおこなったことがない。コード化することは、ディテールを削ぎ落とすことだからだ。良質な調査を実践する調査者のフィールドノートには、現場のさまざまなディテールがしっかりと記録されている。ディテールを一般化し、そこから理論的モデルを打ち立てるのではない。ディテールを捉えること自体が、直に理論的な作業なのである。★5

フィールドノートは、現場のことを記しただけの「メモ」と捉えられがちである。あるいはそれは「一次資料」として処理され、それらを使ってより一般化された分析や説明図式が作り上げられるべきだと主張する調査分析法なども存在するだろう。「メモ」や「一次資料」といった言い方が前提にしているのは、それが最終刊行物においては消滅すべき素材でしかない点である。それ自体には価値はなく、それをもとに練り上げられた分析こそが重要であるという前提だ。

私が疑義を唱えたいのは、この前提である。フィールドノートは、単にメモや資料ではなく、それ自体が作品である（ただし、よくできたフィールドノートであれば、という点を留保として）。たとえば、ある人が別の誰かからハラスメントを受けている際に重要なことは、その詳細を具体的に書き残しておくことである。多くの場合、ノートに記されたそれらは、自らが受けた苦しみを他者に説明する上で決定的に重要なものとなる。とりわけ構造的弱者（松田 1999）にとっては、そうだ。かれらの経験は、自ら必死に語ったとしても「なかったことにされる」ことが日常茶飯事だからである。「なかったことにされる」事態に抗うためには、詳細で注意深い記録が不可欠である。★6

ドナ・ゴールドステインが「武器としてのフィールドノート」という刺激的な論文のなかで「すべてはよくできたフィールドノート（the well-done fieldnotes）から始まる」と述べたのも、この点と関わっている（Goldstein 2017）。よくできたフィールドノートとは、具体的なディテールを注意深く記したものである。通常、確かさを担保するために私たちが利用するのは、数字である。たとえば「全体のうちの九七％が賛成している」といった言明が、ある確かさを確保するように、数字は自分を超えた他者や社

★5　これに関して、岸政彦による次の記述を参照。「ただ細かいことをたくさん書けば記述が分厚くなるわけではない。あらゆる記述は、社会学や人類学の先行研究が蓄積してきた概念枠組のなかに位置付けられ、そのなかではじめて当人たちの解釈が再び解釈され、文脈付けられ、「理解」される。〔…〕だから私たちは、ある理論的な目的のもとでエスノグラフィーを書くことを意図して、そしてその枠組のなかでディテールを描く」（岸 2018 : 138）。

★6　この点は、エスノグラフィーを書くことの目的ともつながっている。私にとってそれは、出来事とそれによって被った痛苦を「なかったことにさせない」ことにある。書くことは残すことだ。「文書館がなければ歴史はない」（Scheffer 2007 : 5）。たとえば、ハラスメントに対抗するために詳細な記録を作成するように、書くことは抑圧に負けないための基礎的実践であるだろう（石岡 2018）。

会の出来事について理解する上で大きな役割を果たしている。しかしフィールドノートという非常に質的なものであっても、私たちは他人を納得させることができる。それが、以下のように、ディテールを注意深く記述した場合である。

電機工場の女子労働者に会った時、かの女は、「ベルトコンベアは見ているのと、実際仕事をしているのではスピードがちがう」といった。この言葉はぼくを強く打った。それまで取材で何度かコンベア労働は〝見て〟いた。そしてそれに従事している労働者たちの話も聞いた。しかし、ぼくはそのとき何を理解していたのだろうか。「単調労働」「単純反復作業」などの単語の中に、実際労働している人の、精神的肉体的疲労感が、その絶望的な飢餓感がどれほど含まれているのか。（鎌田 1983：283）

ベルトコンベアで働く人間について、「単調労働」というフレーズでそれを理解する研究は多く存在するだろう。あるいは「疎外」という分析概念が導入されがちなことも、社会学においてはお馴染みのものである。しかしこの記述は、ベルトコンベアのスピードについて語られたものを聞き取っている。「見ているのと、実際仕事をしているのではスピードが違う」。この具体性を捉えるからこそ、ベルトコンベアで働いたことのない人間にも、この労働の何が実際のところキツいのかが想像可能になる。

ピエール・ブルデューとその弟子たちによる質的調査研究の成果である『世界の悲惨』のなかで、ロイック・ヴァカンが記したこともまた、フィールドノートとディテールの関係を提起している。ヴァカンは、シカゴの黒人ゲットーで「ハスラー（hustler）」として生きる若者のリッキーについて、こう書いている。

リッキーは、いわゆる自分の仕事にふさわしい外見と服装をしていた。とても背が高く、身のこなしは自由自在で、長く細い両足の上に胸板の広い上半身がのっている。イミテーションのバックスキンで、あちこちにポケットがあり、ベージュ色の革の肩バンドがついた、暗緑色のつなぎの服を着ていた。服のすそは、輝くばかりに白さが際立つブランド物のスポーツシューズの上にかかって、軽快で猫のような足取りを際立たせていたが、同時にその服は腹の出っ張りをうまく隠していた。

（ヴァカン 2019：294）

ヴァカンは、黒人ゲットーの世界を捉えるためにリッキーにインタビューをしている。そのインタビューの場で対面したリッキーの外見を書いているのである。長く細い両足と胸板の広い上半身、あちこちにポケットのついたカーキ色のつなぎ、輝くばかりに白さが際立つブランド物のスポーツシューズ、軽快で猫のような足取り。カーキ色のつなぎに多くのポケットがあることは、もちろんちょっとした仕事道具（工具や薬品からアイスピックまで）を必要なときに入れておくためである。輝くばかりの白いスニーカーは、おしゃれの要である。逆三角形の上半身と軽快で猫のような足取りは、いざとなれば、ケンカもできるし逃げ足も早いという、その運動神経のよさを物語っている。そして、つなぎを着ていることで、ややどっぷりとしてきた腹部のボディラインをうまく隠している。

ヴァカンは、リッキーへのインタビューから「ストリート・スマート」を基礎にした彼の生活術を読み取っている。ヴァカンがリッキーの外見と服装のディテールを記したのは、視覚による他者判断が突出した黒人ゲットーの世界を生きる人間が、いかに自らの身体とその他者に映る像を入念に作り上げているのかを読者に想像可能にさせるためである。「黒人ゲットーでは暴力的状況が溢れている」といった一般的な記述をするのではない。なぜ、服装がつなぎなのか、それもカーキ色のポケットのたくさんついたつなぎなのか、というディテールを注意深く捉え、それをフィールドノートに記述することから、ヴァアカンは黒人ゲットーで「ハスラー」として生きることがどういうことであるのかを考え始めるのである。つまり、この外見と服装についての記述は、それ自体が、ヴァアカンの問題意識――黒人ゲットーにおけるストリート・スマートの生活術の解読――と不可分の産物である。

質的調査研究とディテールの関係について、岸政彦は次のように論じている。

> 行為や会話の文脈やその理解は、ディテールの記述と解釈を抜きにしては不可能である。〔…〕私たちがディテールを書くのは、「それを通じて」なにかを理解しようとしてのことではない。私たちがディテールを書くことそのものが、なにかの理解なのである。（岸 2018：138）

このように主張するとき、岸もまた、ディテールを注意深く記したフィールドノートを、メモや一次資料としてのみ捉える立場とは一線を画していることがわかる。「ディテールを書くことそのもの」が直に理論的作業なのであり、「奇妙なほど具体的なディテールは、かえってその実在性を伝える」（岸 2018：165）。岸によるなら、ディテールを捉えることは、そこで記述されてあることが単なる物語ではなく、実在したことを示す根拠になる。★7

本章では、解釈労働について考察してきた。解釈労働は、圧倒的な力の格差を前提に、立場の弱い者に強いられるものである。だが、その解釈労働を通じて、人びとは現実を見抜く力を鍛え上げもする。私たちは、手も足も出ない圧倒的な暴力的事態の渦中においても、冷静に観察し記録することができる。観察し記録することは、生き延びるための最後の武器だ。そしてその記録は、ディテールをふんだんに組み込んだものになるだろう。このディテールを「通じて」なにかを理解するのではなく、それ自体がなにかの理解なのである。

ディテールを削ぎ落として一般化するのではなく、ディテールに徹底的に浸ることで、引き続きマニラの貧困と構造的暴力をめぐる考察を進めていこう。次章からは、スクオッター地区の強制撤去の事例記述に入っていく。

★7 ディテールを丁寧に捉えたエスノグラフィーの近年の成果として打越（2019）を参照。とりわけ、この本に記された言葉のディテールが重要である。たとえば、先輩との厳しい上下関係の中で「くるされる」こと、会社のお金を「さわって飛んだり」すること、内地にキセツに行っても技能や人脈を手にすることは限られていて大変な割に「引き合う」ものではないこと。こうした現地における言語表現に沿って、打越は沖縄の暴走族上がりの若者とかれらの人生を記録する。

第 6 章

立ち退きの時計

ここまでボクシング・キャンプの日常生活について、さらには「レジリエンス」と「解釈労働」という ふたつの概念について検討を加えてきた。そこでの内容を振り返っておくなら、貧困を時間と接続して考えることの重要性である。第1章でボクサーの不確実な減量について論じたように、貧しき人びとは、予定が延期にされたり、計画が白紙になったりと、時間的予見を剥奪された日々を生きる。かれらは大状況に振り回され、そして待機しながら、自らの生活を対応的に作り上げていかなければならない。こうした待機をめぐって、ピエール・ブルデューは、こう書いている。

待つことは強く欲しているものを、利害関心をもって、狙うことだが、それは待たれている決定にぶらさがっている者の行動を、持続的に、すなわち期待が続いている時間のあいだ、修正する。(ブルデュー 2009：389)

待機することが服従することになるためには、受動者の期待が続いている必要がある。試合は延期になっても、次回は開催されるだろう。フランツ・カフカの「掟の前」を持ち出すならば、門番はいつか入場の許可を出すだろう。あるいは、門番自身も、門番職から解放されて移動の自由を手にできるだろう。期待が続くことが、待機することを可能にしている。しかしながら、待機しているうちに月日は過ぎて、掟の前で、身体が朽ち果てる。★1 だとすれば権力者のすることは、受動者の期待を引き伸ばしながら、受動者をさらに無力化・疲弊化させることだろう。第1章で記したビトの脱走は、待機することを止めることであった。ゲームから一時的にせよ降りることで、受動者であることを止めたのである。待機し続けていては、ボクサーの身体はもたない。

本書では、これからの各章でスクオッター家屋の強制撤去の事例について考察していく。まず本章では、「時間と権力」（ブルデュー 2009：388）の接合をめぐって、再開発のために立ち退きを迫られた住人の不確実な時間の経験を考えたい。取り上げる事例は、マニラ首都圏ケソン市に位置するスクオッター地区のサンロケである。サンロケでは、二〇一〇年九月に一部の住居の強制撤去が実行され、二〇一三年と二〇一四年にもそれはおこなわれた。ケソン市役所とフィリピン政府は、この地区を再開発することで、ケソン市中心ビジネス街区（Quezon City Central Business District：通称 QCCBD）を建設することを目指している。スクオッター地区の住人は、ケソン市から立ち退き要求を受け続けることになり、その結果、多くの住人が郊外の再居住地に移住した。その一方で、この地区に住み続けることを選択した人びとも数多い。住み続ける選択をした人びとは、さまざまな反撤去運動を展開してきたが、それを挫くために、警察がSWAT部隊までを動員して、上述のように三度の強制撤去を実行してきたのである。

本章では、強制撤去の実行の有無や、実行されたエリアと免れたエリアといった通俗的な観点ではな

★1　この点に関して、マックス・ヴェーバーが講演録「職業としての学問」の最後で取り上げたイザヤ書におけるエドムの見張り番の美しい歌も参照。そこからヴェーバーが指し示すのは「待ちこがれているだけではなにごともなされないという教訓」（ヴェーバー 1936：74）である。

く、強制撤去の予告がどのように住人に不確実な時間を待機することを押し付けるのかについて考察したい。社会学の実証研究では、「どの地区で強制撤去が実行されたのか」あるいは「どの地区が実行を回避できたのか」といった問いが掲げられがちである。実行の有無と社会運動の成否が重ねられて登場するこうした問いの形態は、しかしながら、実行は免れたがその後も不確実な時間を待機する人びとの世界、および、そこでの圧倒的な疲弊を等閑視してしまう。実際のところ、待機することに伴う疲弊は、為政者にとってさらなる立ち退きを進める動因となる。

本章では、強制撤去に身構える人びとの世界を捉えるために、「立ち退きの時計（the displacement clock）」（Shin 2018 : 143）という概念を援用したい。これは、韓国出身で現在はイギリスで活躍している都市研究者のシン・ヒュン・バンが用いた概念である。シンは、ジェントリフィケーションによって住まいを追われた人びとは、物理的移住だけでなく、その過程において、脅威や恐怖や不安といった暴力の連鎖を経験すると主張する。とりわけ、立ち退きの時間的展開を考察することの重要性を指摘している。強制撤去の実行は、それ以前より続く過程の最終局面において現れるのであり、「立ち退きの時計」はその最終局面よりも、ずっと前から開始しているのである。

「立ち退きの時計」概念を援用することで、本章においても、待機する人間について考察を深めたい。とりわけ、社会生活の基底となる衣食住の面で脆弱性を抱えたスクオッター住人たちが、待機する人間に仕立て上げられることの意味も、そこから見えてくるだろう。

1　未実行

二〇一三年に、「五月に必ず強制撤去が実行される」という情報があった。国家住宅庁の再居住地の準備とか予算の確保状況とかから見て、絶対に五月に起こる、と。詳しい人たちがそう言うんだから、俺たちは、その月は、夜も寝ないで地区を二四時間見張ってた。でも何も起こらなかった。（ノエル）

ノエル・マシグラは、一九五四年生まれの男性で、内装大工として働いていた。彼は二〇一四年一月に実行された強制撤去によって、サンロケの住まいを破壊され、その後、政府の用意した再居住地であるサウスビル8B（リサール州）に送られた。二〇二三年現在も、彼はその再居住地で生活している。

彼が住まいを破壊された二〇一四年の強制撤去については、次章で詳述するが、ここで確認しておきたいのは、彼はそれ以前から、ずっと強制撤去の危機に身構えてきたという点である。彼にとって強制撤去は、二〇一四年一月に銃と催涙ガスで武装した警察と撤去部隊によって、住まいを叩き壊された出来事に限定されたものではない。そこに至るまでには長い過程があり、その後にも再居住地でどう生きるかという難題が控えていた。この前史と後史を含めた総体が、彼にとっての強制撤去の経験である。

とりわけ、彼の人生が教えてくれるのは、強制撤去に至る過程において、何度も「未実行」が繰り返されてきた点である。強制撤去は、後に説明するように、対象住人に立ち退き通達が送付された後に実行される。通常、この通達には三〇日間の期限が設けられている。その期限内に立ち退きが求められるのであり、それに応じなかった場合、強制撤去も辞さないことが記されている。

問題は、この通達が送付されても、強制撤去が実行されないことの方が圧倒的に多い点にある。未実行の方が、実行よりも、はるかに多いのである。[★2] この未実行の積み重ねは、対象住人にとっては、通達を無視しても、強制撤去に結実することはないだろうという希望的観測を持つことを可能にする。しかし、本当に実行されることも、もちろんある。住人は、通達が、本当に強制撤去の実行まで進むものなのか、それともそうではないのかを見極めなければならない。ノエルの場合、未実行が繰り返されたのちに、ついに強制撤去が実行されたのだった。彼は、二〇一四年には強制撤去が実行されないだろうと考えていた。それよりも、二〇一三年五月の通達こそが、行政にとって本気のものだと受け止めていた。だが、緊張感を持って二四時間体制で強制撤去を警戒していた二〇一三年五月には何も起こらず、警戒することのなかった二〇一四年一月にその実行がおこなわれたのである。[★3]

ノエルへのインタビューを繰り返しおこなうことでわかったことは、強制撤去において、未実行には、とても重要な意味があるという点である。通達が繰り返し送付されることで、住人は絶えず緊張状況に投げ入れられる。どのタイミングで強制撤去が本当に実行されるのかを、つねに念頭に置きながら、日々の生活を送らなければならない。どの通達が本気で、どの通達が無視できるのか。その情報源はどうやって手にするのか。うわさも出回る。サンロケに住むということは、こうした強制撤去の来たるべきタイミングについて、神経を擦り減らしながら生活することである。

ノエルは、それでも、サンロケから離れようとしなかった。サンロケの地域コミュニティが好きだったし、何より、そこは立地が抜群であった。「サンロケは高架鉄道も使えるし、バスも通過するし、長距離バスのターミナルもすぐそこ。仕事に行くのも、友達に会いに行くのも、すごく便利な場所」（ノエル）なのである。強制撤去を、一回性の出来事としてではなく過程として捉える視座を踏まえて、以下ではサンロケの「立ち退きの時計」がどのように開始し、いかに進んだのかを再構成したい。

2　国有地の失地回復

サンロケはマニラのケソン市中心部のバランガイ・バゴンパグアサに位置する大規模なスクオッター地区である。サンロケという地名は「聖ロクス（Saint Roch）」に由来する。サンロケにはスクオッター住人に加えて、たくさんの犬や猫も住み着いているため、犬を伴う聖人であったロクスの名が採られたと言われている。地区の西側は、マニラ首都圏を横断する交通網の大動脈であるエドサ通りに面している。エドサ通りは、一九八六年の反マルコスの抗議運動であったピープルパワーをはじめ、数々の政治

★2　フィリピン大学ディリマン校出身の地理学者で、現在はアメリカのシラキュース大学でコミュニティ地理学を教えるアンドレ・オルテガは、マニラ首都圏の郊外の空間変容に関する重要なモノグラフを記している（Ortega 2018）。彼もまた、サンロケについての事例記述において次の点を指摘している。「二〇一二年九月、強制撤去の通達が住人に送付され、九月三〇日までに立ち退くよう警告された。前年と同じように、住人たちは準備をおこないバリケードを組織的に築いた。だが、二〇一一年と同様に、強制撤去は実際には起こらなかった」（Ortega 2018：304）。このように強制撤去が予告されながら実際には「起こらない」ことについて、本章では突っ込んで考えたいのである。

★3　私は二〇一四年一月にサンロケの強制撤去の現場でノエルに出会った。その後、二〇一四年九月に再居住地のサウスビル8B（リサール州）に住む彼の家を訪れ、その後も、二〇一五年一〇月、二〇一六年一〇月、二〇二〇年一月にサウスビル8Bでインタビューをおこなった。

運動の舞台になってきた。地区の反対に当たる東側には、アガム通りが走っている。サンロケは、マニラを横断するメトロ電車の路線であるＭＲＴ（Manila Metro Rail Transit System）のケソン・アベニュー駅まで歩いて五分、もうひとつの路線のＬＲＴ（Manila Light Rail Transit System）のルーズベルト駅までもバスで一〇分という好立地である。

サンロケは、登記上は、国家住宅庁の所有する国有地を占有した地区である。一九七〇年代以降この土地にスクオッター住人が住み着いており、二〇〇九年の国家住宅庁のデータでは九五八二世帯の居住が確認されている。一九九八年から二〇〇一年までフィリピン大統領を務めたジョセフ・エストラダが住人と密接な関係を築くなど、サンロケは政治的発言力を備えたスクオッター地区でもあった。ケソン市中心部という立地条件もあり、様々な職種の人びとが住んでいる。私自身による住人への聞き取りによると、廃品回収業やタクシーの運転手といった伝統的なスクオッター地区の生業から、ショッピングモールでの販売員やコールセンターの従業員、さらには教員など多様な職種の人が暮らしている。また近年では、Grab（スマートフォンと連携した配車タクシー）やAngkas（スマートフォンと連携したバイク・タクシー）の運転手など、いわゆるギグ・エコノミーの業種を生業としている者もいる。

二〇〇七年五月四日に、当時の大統領のグロリア・アロヨが大統領令六七〇号で、サンロケも位置するケソン市のイースト・トライアングルおよびノース・トライアングルの開発を指令した。二〇〇九年に国家住宅庁とアヤラ財閥の間で協定が結ばれ、この地域の開発案が具体化していった。このエリアは北側の郊外からマニラに入る上での通過点になっており、サンロケの約二〇ヘクタールを含む、イースト・トライアングルとノース・トライアングルの土地の合計二五六ヘクタールを収用して、ケソン市中心ビジネス街を新たに建設することになった。オフィスビルにタワーマンション、ショッピングモールを建設して、経済と消費の新たな拠点を作り出すという計画である。この建設のために、サンロケのスクオッター家屋の撤去計画が本格化した。

撤去の実施に先立って、二〇〇九年には、国家住宅庁によって、地区住人の世帯調査がおこなわれた。世帯調査は、立ち退きの実施にあたって、補償をおこなう住民を確定するためにおこなわれた。スクオッター地区は、住人の出入りが激しく、誰が一時的な滞在者で、誰が長期にわたる住人なのかが判然としない。国家住宅庁は、世帯調査をおこなうことで、一時的な滞在者ではない、そこに根ざす住民を特定する必要があったのである。世帯調査の数ヶ月前に移り住んだ家族などは補償の対象外となった。[★5]具体的な数字で示せば、九五八二世帯のうち、七八六四家族が補償の対象となり、残りの一七一八家族

★4　バランガイとは、フィリピンにおける末端の地域単位であり、選挙投票の際にもこの単位でおこなわれる。バランガイは、元々、オーストロネシア諸言語において船を意味する言葉で、一隻の船で渡来して住み着いた集団を指す語であったが、後に集落を意味する言葉となっていった。この言葉は、フィリピンの近代化の過程では使用されることはなく、かわりにスペイン語のバリオという言葉が農村の基礎単位を示していた。しかし、一九七二年に戒厳令体制を敷いたマルコスは、その後、「新社会」建設のためバランガイという古語を復活させ、バリオに代わって用いるようになった。そして日本の隣組のように住民の相互監視の機能を持たせた末端行政単位に仕立て上げたのである。そしてこのバランガイという単位が、今でもフィリピンにおいては、重要な地域単位として存在している。バランガイは「上から」の統治のために作られた単位であると言えるが、同時に、バランガイはもめごとの仲裁など、住民たちの生活共同を支える組織としての様相も備えている。なお、新型コロナウイルス感染拡大下において、フィリピンでは世界的にみても厳しいロックダウンがおこなわれたが、その際、住民はバランガイを超えて移動することが禁止された。バランガイは重要な領土的単位でもある。バランガイについては、高橋（1992）を参照。

は対象外と判定された。[★6] つまり、この世帯調査によって、正当な住民／一時的滞在者という区分が作り出されたと言えるだろう。[★7] また、スクオッター地区に多い、居候者（田舎からマニラに出てきたものの住む場所がないため、きょうだいや同郷の友人宅に身を寄せて生活する者。第4章で論じた所帯の「余人」に該当する）も住民とはカウントされなかった。

住民と認められた者に対しては、国家住宅庁は、補償とセットで自主立ち退きを要請した。補償の具体的内容にはばらつきがあったが、基本的には次のふたつのどちらかであった。すなわち、国家住宅庁の用意した郊外の再居住地に移転費用（六〇〇〇ペソ：一万一五五六円）を受け取って移住するか、田舎に帰るための補償費（二万四〇〇〇ペソ：四万六二二四円）を受け取るかという二択である。二〇一〇年代のマニラ首都圏において、帰るべき田舎を持つスクオッター住人はほとんど存在しない。スクオッター地区の人口は、かつてのように田舎からの出郷者によってのみ占められているのではなく、都市内で再生産されているからである。向都離村を特徴とする二〇世紀後半のスクオッター地区とは、もはや異なっているのである。必然的に、郊外の再居住地に移住する人びとが大多数となった。

しかしながら、立ち退きを拒んだ人びとも多かった。ノエルもそうだった。再居住地は、サンロケから二〇―三〇キロ離れた山奥で、交通の便が悪く、バスやジプニーの路線も走ってないこともある。[★8] コンクリート製の長屋の一室（二二平米の居住面積）が与えられるが、電気や水道はなく、家も雨漏りをしたり、ドアが付いていなかったりと、散々な環境であることも多い。宛てがわれる家屋も無償提供ではなく、再居住者による買い取り方式となっており、再居住者は建物代金である七万五〇〇〇ペソ（一三万七〇五〇円）を二五年ローンで返済しなければならない。さらに再居住地は、頻繁に河川の氾濫が起きる地帯にあり、「あそこに行くなら、まずは、浮き輪とボートを買わなきゃダメだ」というジョークがまかり通るような場所だった。そして何より、再居住地の周辺には、働く場がなかった。家はあっても仕事がないのである。サンロケに住んでいれば、マニラのどこに行くにしても移動しやすく、仕事の機会を手にしやすい。かれらにとって、家が狭小で脆弱であっても仕事があることの方が重要であり（＝サンロケに住むこと）、家だけを与えられても仕事がなければ（＝再居住地に住むこと）食っていけないのである。

国家住宅庁とケソン市役所は、立ち退きに応じない住人に対して、さまざまな情報操作をするようになる。早く自主立ち退きに応じると、「再居住地の中でも良い立地の家を選ぶことができる」、「再居住地に加えて金銭的補償も与えられる」などと、国家住宅庁やケソン市役所の役人は住人たちに語って回った。実際、金銭的補償については、自主立ち退き者には多く支払われたことを語る元住人も多く、こうした情報を提供することで、役人たちは住人の立ち退きを進めようとした。

★5　統計はつねに統治と一体である。この点については、グローバルサウスを事例に、重厚な研究が多くあるが、古典的研究であるアンダーソン（2007）のとりわけ第一〇章「人口調査、地図、博物館」をここではあげておく。統計と統治と貧困の関係をめぐっては、インドを事例に考察したGupta（2012）が重要である。

★6　この具体的数字についてはOrtega（2018：311）を参照。

★7　住民／一時的滞在者という概念は、私が分析のために作った区分であって、世帯調査のなかで使われた概念ではない。世帯調査では有資格者／非資格者という区分が使われた。なお、本書では、住民／一時的滞在者というふたつのカテゴリーを共に含むものとして「住人」という用語を使用する。

★8　西尾善太の調査したサン・ホセ・デルモンテ市の再居住地では、マニラ首都圏ナボタス市と再居住地を結ぶ無許可ジプニーが運行していたという興味深い報告がある（西尾　2020：163）。

結果的に、九五八二世帯のうち三二五二世帯が、二〇一〇年九月二二日までに自主立ち退きに応じた。[★9] だが、この時点でも六三三〇世帯がサンロケに住んでいた。その後も自主立ち退き者数は増えているが、その一方で、新たにサンロケに流入する人びともおり、二〇二〇年現在でも約三〇〇〇世帯が居住している。ノエルは自主立ち退きに反対して、この地に住むことを決めた。

3　法の運用

3―1　都市開発住宅法

フィリピンでは、独裁者マルコスを打倒した一九八六年以降、新たな法律が施行されてきた。一九九二年に施行された都市開発住宅法（Urban Development and Housing Act）もそのひとつであり、スクオッター地区の強制撤去を原則として禁止したものであった。「原則として」というのは、以下の対象地であれば、強制撤去は可能とされたからである。

- 「危険区域」（danger zone）として認定された土地（線路沿い、河川沿い、ゴミ捨て場など）
- 国家のインフラ開発のために必要と認められた土地
- 裁判所によって立ち退きや強制撤去が認められた土地

こうした土地であっても、強制撤去は無条件に実行できるわけではない。以下の条件を満たすことが、強制撤去の実行主体には義務づけられた。

・対象住民に再居住地を提供すること
・対象住民に三〇日以上前に通達をすること
・対象住民についての世帯調査と、かれらへの十分な説明をおこなっていること
・撤去の実行にあたっては市役所の職員が居合わせること
・撤去の実行にあたってはそこに参加している者が誰であるのかが明確にわかること
・制服姿の警察が実行の最前線に立って場を適切にコントロールすること
・撤去の実行は、月曜日から金曜日の日中時間に限ること。また雨天時には実行しないこと
・鈍器は、コンクリート材などを解体する以外の場面で、使用しないこと

この法律は、スクオッター住人の居住権を認めたものであり、世界的にみても画期的なものだった（Karaos et al. 1995）。しかしながら、二〇〇〇年代になり、フィリピンの経済発展とマニラ首都圏の都市再開発が活発になるなかで、この法の運用をめぐって変化が生じた。とりわけ、二〇一〇年から二〇一六年までフィリピンの大統領を務めたベニグノ・アキノ三世は、経済発展のためのマニラ首都圏の都市改造を進めた。この都市改造では、スクオッター住人たちは都市空間から追いやられた。二〇〇二年には一〇四三世帯だったマニラのスクオッター世帯の撤去数が、二〇一一年にはその約一四倍に当たる一

★9　Ortega（2018：311）を参照。

万四七四四世帯に激増した。マニラの都市空間への多国籍企業の投資を加速させるためには、土地が接収される必要があり、なにより海外の投資家に安心かつ快適な都市としてマニラを印象づける必要がある。交通網を整備し（グローバルサウスの都市の大渋滞はつねに為政者の悩みの種だ）、ショッピングモールやゲーテッドコミュニティの開発によって移住者の消費と生活を保障し、経済特区を設置することで活動のインセンティブとする。空港を拡充し、高速道路の整備によってそこへのアクセスを確保する。途上国都市ではおなじみのこうした都市改造が実行されるなかで、為政者にとって最も目障りなのがスクオッター住人たちだ。よって、かれらを国家主導でリモートエリアの再居住地に送り込むことが増加した。

その際、「危険区域」であれば強制撤去は可能という点を理由として、マニラ首都圏内の主に河川沿いの「危険区域」に該当するエリアから、スクオッター住民の移住が進められていった。アキノ政権が二〇一一年から実施した「災害・疾病回避事業」（Oplan LIKAS : Lumikas para Iwas Kalamidad at Sakit）は、河川沿いなど自然災害を受ける可能性のある一〇万四〇〇〇家族（六二万四〇〇〇人）を移住させるものだった。二〇一一年からの五年計画で、五〇〇億ペソ（九三三億円）を導入して、スクオッター住人の再居住を進めた。その際には、河川から三メートル以内の家屋が「危険区域」となった。専門家による現地調査の結果に応じて、どこが「危険区域」であるのかが再定義されていくのである。そして、「危険区域」の範囲を拡大することによって、スクオッター家屋の強制撤去を進める動きが生まれたのである。★10「環境保全」や「気候変動対策」が行政施策として持て囃される今日において、マニラ首都圏の文脈では、こうした施策が「危険区域」の再定義とそれに伴うスクオッター家屋の撤去を導くという動向とつながっていることを意味している。

ところが、サンロケの場合、「危険区域」ではまったくない。河川も線路もない土地である。では、どうして強制撤去の対象になったかといえば、QCCBD開発が国家と民間の協働事業（Public-Private-Partnership：通称ＰＰＰ）であることがその理由にあり、この開発は広くケソン市の発展に寄与するとして、裁判所によってそれが正当化されたためである。[★11]「危険区域」に関する場合は、住人自身も、河川の氾濫などを警戒していることもあり、再居住が合意を持って進められることがある。だが、サンロケのようにそうではない場合、そこに合意を見ることはほとんどない。住人からすれば、自然災害や各種の危険に晒されているわけではない現在の住まいが、なぜ奪われなければならないのかという思いを根底に持つからである。そして敵対的な闘争が繰り広げられることになる。

3―2　通達のタイミング

こうした敵対的な闘争において展開されたのが、都市開発住宅法にある「三〇日以上前の通達」という事項を狡猾に運用する行政の手法だった。ケソン市はサンロケの対象住人に、通達を幾度にもわたって、さまざまなタイミングで送付することで、対象住人の時間感覚を混乱させたのである。具体的には、

★10　この計画のために国家住宅庁は、二〇一五年四月までに、四万六〇七七軒の再居住用家屋を建設し、そのうちの二万五〇四九軒に移住家族が入居した。そして、この二万五〇四九のうち、その九六％が都市外再居住であった（Watanabe 2016：2）。再居住には、都市内再居住（in-city relocation）と都市外再居住（off-city relocation）があり、アキノは当初、都市内再居住を積極的に進めていくと公言していたが、実際には都市外のリモートエリアに、スクオッター住人たちを追放したと言える。

★11　ＰＰＰとフィリピンの都市・地域開発、さらにはその事例としてのサンロケをめぐっては、Ortega（2019）を参照。

図 2　サンロケと撤去地帯の地図

次のようなものである。

二〇〇九年の世帯調査を終えてから、サンロケでは自主立ち退きが促されるようになった。しかしそれに反対してサンロケに居住し続けている人びとに対して、二〇一〇年五月に、ケソン市役所から通達（notice of demolition）が送られた。通達には三〇日以内の立ち退きの要求と、それがおこなわれなかった場合、強制撤去の実行を辞さない点が記されてあった。また、この通達には有効期限があった。すなわち、立ち退き拒否者に対する強制撤去は時限付きの執行であり、その時限を過ぎると、通達自体が無効化され、「ふりだし」に戻ることになる。

二〇一〇年五月の通達に対して立ち退きを拒否した住人たちは、三〇日間の執行猶予を過ぎても強制撤去が起こらなかったことに、安堵した。だが、それも束の間で、同年七月には二度目の通達が届く。その通達を無視しても何も起こらなかった。そして、同年九月に、三度目の通達が届いた。★12 その通達も住人たちは無視をしたが、その猶予を過ぎた二〇一〇年九月二三日に、大規模な強制撤去が実行されたのである。

強制撤去に対して、住人たちはバリケードを築き、徹底抗戦したが、エドサ通り沿いの住まいは解体された。この二〇一〇年の例からもわかるように、スクオッター家屋の排除を進めようとする市役所や国家住宅庁は、都市開発住宅法に定められた対象住人への通達の送付という手続きを何度もおこなうことによって、対象住人に対して時間的混乱を与えるという方策を取るのである。住人の立場からすれば、「起こるぞ」と言われて身構える。しかし起こらない。再び「起こるぞ」と言われて身構える。でも起こらない。それを繰り返しているうちに、本当に起こる。サンロケ住人を覆うのが、こうした終わりの見えない緊張状態と疲弊であった。

二〇一〇年がエドサ通りに面した地区をターゲットにしていたのに対し、二〇一三年七月にはアガム通りに面した地区をターゲットにした強制撤去が実行された（**図2**）。このときの強制撤去は、QCCBD開発ではなく、道路拡張事業として実行された。アガム通りから一一・三メートル以内に存在する家屋がターゲットになったのである。こうした部分的な撤去策については、サンロケの全地区を一斉撤去するのではなく、特定の区画だけを撤去対象にすることで、反対運動を分断することが市役所や国家住宅庁のねらいであると、当該住人たちは私に繰り返し語った。この実行にあたっても、それまでに何度も通達が送付された。そして二〇一四年一月にも、同じく道路拡張事業として、アガム通り沿いに面した

★12　この通達は三〇日間ではなく七日間の執行猶予が記されていた。サンロケは、すでに通達が繰り返し届いている地区であるため、そうした場合、三〇日間ではなく七日間であっても、執行猶予としては問題ないという判断が、裁判所でもおこなわれていた。

さらなる家屋が強制撤去された。ノエルは、この二〇一四年の際に、住まいを破壊されたのである。

驚くべきことに、この二〇一四年のケースにおいては、事前の通達がないまま、いきなり強制撤去が実行された。ノエルをはじめとした住人たちは、二〇一三年に最後の通達を受け取っていたが、その通達の有効期限は二〇一三年一一月に切れていた。住人は、すでに前回の通達の期限を過ぎているので、油断していた。三〇日前の通達をおこなっていないという点で、これは違法な強制撤去でもあった。急遽、住人たちはバリケードを作って、徹底抗戦したが、SWATを含む警察部隊に実力でそれらを解除されて、住まいが叩き壊されていった。

このようにケソン市役所や国家住宅庁は、立ち退きに反対する住人に対して、タイミングを考えながら通達を送付することで、かれらの日常に混乱を与え、疲弊させ、最後には強制撤去するという方策を取ってきたのである。さらには、通達の有効期限が切れているタイミングで、強制撤去を実行するという違法なことまで、二〇一四年にはおこなわれた。ここで確認しておきたいのは、通達のタイミングが住人の時間と生活を拘束することである。

このようなタイミングの意図的な撹乱については、国家と都市底辺層が衝突する場では頻繁に見られるものである。国家は最終的には力づくで都市底辺層を暴力的に排除するのであるが、できればその実力行使を最小限に留めたいという願望も持つものでもある。最小限に留めたいというのは、都市底辺層の人びとの境遇を考慮して、というわけでは決してない。そうではなく、暴力的な排除を実力行使することで、国家に対する世論の反発が生じることを恐れて、それを最小限に留めたいと考えているのである。かわりに国家は、間接的な排除を巧みに展開するようになる。通達の送付と未実行の繰り返しという方法は、ターゲットにされた住人たちに恐怖心を植え付け、もはや逃れる余地はないことを宣告する行為である。住人を疲弊させることで、自主立ち退きを迫るのである。これ以上、住人がそこに居住することを諦めさせる方法として、通達の送付と未実行の繰り返しが使われる。直接的な排除である強制撤去は、間接的な抑圧である未実行の繰り返しとセットで計画されていると言える。

4 官僚制と待機

強制撤去の危機に対して、住人たちは反対運動をさまざまに展開してきた。集合行動としては、市役所に請願書を提出し、地元に影響を持つ政治家と親密な関係を築き、強制撤去反対のデモを組織し、国際メディアにサンロケの状況を伝えるべく情報発信をおこなった。★13 また、フィリピン大学の研究者や学生に協力を募って、サンロケの歴史や地理を学術的に記録する作業もおこなわれた。そうすることで、サンロケが「土地泥棒」の集まりではなく、マニラの発展を末端で担ってきた労働者たちのコミュニティであることを訴えようとした。

一方で個々の住人レベルでは、生活条件に応じた行動が展開された。それぞれの所帯では、仕事、所

★13　私自身が制作に関与したNHK Worldの英語ドキュメンタリー Philippine Urban Poor at the Mercy of Developers（二〇一七年八月一七日放映）もその一環であった（https://www3.nhk.or.jp/nhkworld/en/tv/asiainsight/ 20180907/2022207/）。私がサンロケで聞き取り調査を重ねていたとき、住人たちから最も要望されたことは、フィリピン国外でサンロケの強制撤去の情報を発信してほしいというものであった。

帯構成、年齢などの条件に応じて、立ち退きに反対して住み続けるか、それとも再居住地への移住を認めるのかという態度が決定されていった。だが、二〇一〇年の第一回目の強制撤去以降もサンロケに住み続けた人びとの多くは、その地に住むことを選択した。住み続けることが抵抗だった。

こうした住人たちを困らせる事柄があった。それがペーパーワークである。先に述べたように、サンロケの立ち退きを進めるために、国家住宅庁は二〇〇九年に地区の世帯調査を実施している。これは都市開発住宅法に定められた法的手順であり、その調査結果をもとに誰が住民で（＝補償の対象）、誰が一時的居住者なのか（＝補償の対象外）を決定するものだった。問題は、この世帯調査の結果が紛失されたり、勝手に修正されている、といった事態が起きたことにある。

近くの家は、モンタルバン（再居住地の地名：引用者）に移住しても、再居住地をもらう資格がないことが、最近わかりました。ずっとサンロケに住んでいたのに。でも国家住宅庁にデータがないと言われて。移住しようにもできないし、強制撤去の通達は届くし、そこの家の人たちは絶望的に追い込まれて、何も手につかなくなってる。（リタ、サンロケ住民）

国家住宅庁に保管されているはずの調査結果が改竄されたり、紛失されたりしている。リタの近隣住人は、世帯調査によって補償対象と認定されていたにもかかわらず、その内容が変更されているのである。そして重要なのは、それが誤りであると証明するためには、国家住宅庁の側ではなく、住人の側がペーパーワークをおこなわなければならない点にある。過失とは、それを起こした側ではなく、それによって影響を受ける側にペーパーワークを課すものなのだ。そのペーパーワークができなければ、その内容は誤りでなく事実になってしまう。

困難であるのは、スクオッター住人たちがペーパーワークに慣れていないことである。かれらの多くは、汗をかく仕事で生計を立てている。そうしたかれらが、就労証明書やケソン市の正式な投票権を保持していることを示す書類を揃えることで、正当な住民であることを証明しなければならなくなる。それは大変な労力を要する作業だった。

また、ペーパーワークは、住人に新たな待機の時間を押し付ける。市役所や国家住宅庁に提出した書類が、いかなる手続きで処理され、どのタイミングで回答があるのかが、住人にはわからない。回答があるまでの時間は一律ではない。ある住人の申立書類は二週間で回答が得られても、別の住人が提出した同種の書類には二ヶ月を要することもある。不安な住人は、市役所や国家住宅庁を訪れ、現在の進捗を確認しようとする。だが職員が言うことはいつも同じだ。「もうしばらく待ちなさい」である。つまり、スクオッター住人たちは、慣れないペーパーワークを課されると同時に、骨折り仕事で作成した書類の回答をめぐって不確実な時間を待機させられるのだ。

強制撤去は、国家と都市底辺層が争う出来事であるが、その争いのアリーナは官僚制によって枠づけられている。官僚制は書類によって動くが、サンロケの事例から考えるならば、そこでは書類の中身だけでなく、書類を住人に揃えさせた上で待機させるという過程の方が、大きな意味を持っていることがわかる。

住人にとって、ペーパーワークをやり遂げること、そして回答を待つことは、大いなる苦痛の時間である。市役所や国家住宅庁からすれば、正当な手順を踏んでいるということになる。だが、その正当な手順を踏ませること自体が、スクオッター住人たちを国家機構に従属させる過程の一部として機能している。

都市底辺層のペーパーワークをめぐっては、それが住人の社会参加を可能にするための能力形成に役立つといったことを主張する研究や実践もある（Schugurensky 2017）。だがその「参加」を枠づけるアリーナこそを、社会学や人類学は捉える必要があるだろう。そのアリーナが官僚制である。「全面的官僚制化（total bureaucratization）」（グレーバー 2017：25）は、グローバルサウスのスラムをも包摂するに至ったのである。そしてそこで課されるペーパーワークは、中立で透明な業務ではなく、人びとを疲弊化・無力化させていく作用を備えていると言えるだろう。

5　立ち退きの時計が変化させる日常

議論を立ち退きの通達に戻そう。通達が送付され続けることは、強制撤去に身構える住人を疲弊させると同時に、かれらの日常生活自体をも変化させた。

強制撤去について考える上で重要なのは、都市の再開発計画がスクオッター住居の強制撤去を生み出すといった単線的理解をしないことである。そうではなく、再開発計画が、どのように都市開発住宅法の運用とつながっており、そこからいかなるタイミングで通達が送付され、その結果どのように強制撤去が実行あるいは未実行となったのか。そして未実行の場合、いかなるタイミングで、新たな通達が送られるのか。こうした一連の循環のなかで強制撤去は現実化するのである。強制撤去の予告地に住むということは、この一連の循環がもたらす時間的混乱を生きることにほかならない。

よって、強制撤去について考察するためには、強制撤去の実行の有無の次元ではなく、たとえ、まだそれが実行されていなくとも、この一連の循環において生み出される住人の受苦を注視する必要がある。今はまだ実行されていなくとも、近いうちに、また通達が送付され、それを乗り切っても、その後にまた次の通達が送付されるといった、終着点なき一連の循環のなかを生きることが、強制撤去を生きるという経験なのである。

では、こうした強制撤去を生きることとは、住人の日常生活をどう変えるだろうか。ここで取り上げたいのは、日常生活を可能にする時間的予見が奪われる点である。ノエルの語りを引いておこう。

強制撤去はいつ起こるかわからない。一ヶ月後には家が壊されているかもしれないし、一〇年後にもサンロケに住んでいるかもしれない。強制撤去には断固として反対しながら、でも将来のことは考えても仕方がない。どうなるかわかんないんだから。

強制撤去のターゲットになってから、たくさんの人が、モンタルバンに移住していった。こないだまで住んでいた家から、人がいなくなっている。コミュニティが空洞化していく。そうすると、たとえば、サリサリストア（小規模な雑貨屋：引用者）で、つけで買うことなんかも、用心深くなっていく。

ノエルの語りからわかるのは、強制撤去の予告地になることで、自らは徹底抗戦しようとしても、周りの様子が刻々と変化していく事態である。「こないだまで住んでいた家」から人が消える。そこから不安が構成されていく。

さらに、それまで当たり前だったお店でのつけ買いも、簡単にはできなくなっていく。マニラのスクオッター地区では、つけ買いはよく見られる。タバコや水、石鹸にお菓子まで、日用品を購入するサリサリストアでは、店主と客がよく知った間柄になると、つけ買いが可能になる。つけは、お金が入った際にまとめ払いされる。客は給料日を店主に伝えることが多く、いつになったらまとめて支払うということを告げた上で、つけで日用品を購入する。店主にしても、つけ買いを認めることで、その場での現金を支払うことはできなくとも、最終的には売り上げに貢献することを見込んでいる。

つけ買いは、マニラの都市底辺層が日常生活をやりくりする上で、とても重要な実践である。だが、このつけ買いは、実際のところ、隠れた条件を前提にしている。それは、今後も現在と同様の生活が継続するだろう、という時間的予見である。しかし強制撤去の予告地になることは、この時間的予見を破壊する。サリサリストアの客が、つけをそのままにして再居住地に移住してしまうかもしれない。また、サリサリストアの店主にしても、自らが再居住地への移住を余儀なくされるかもしれない。そうすると、これまで保持していた時間的予見に基づいて信頼関係を築くことが難しくなる。こうして、強制撤去は、つけ買いというスクオッター地区の慣行に打撃を与えるのである。★14

強制撤去が起きるかもしれないということで地区に不確実性が呼び込まれると、そこでは平時において前提とされた時間的予見が崩壊する。そうすると、これまで作動していた庶民の創造的な工夫が、いったん宙吊りになる。こうして住人の日常生活が不安定なものになるのである。

本章のここまでの記述で強調してきたように、立ち退きの時計が作動しているなかにおいては、未来が不確実になる。そして未来が不確実になることは、つけ買いなど、過去において作り上げてきた庶民の生活実践に打撃が与えられることなのである。

6　風景が変わる

立ち退きの時計が作動していることは、サンロケ住人の日常的風景の変化になって可視化される。周りの家から人が消える。逆に、以前にはなかったものが、現在の風景に入り込む。セキュリティ・ガードが常駐する検問所、新たに建設されたコンドミニアムやショッピングモール、麻薬のうわさ、さらには政策的ネグレクト。ここではサンロケの風景が変わっていく模様を「監視化」、「断片化」、「スティグマ化」、「ネグレクト」という四つの観点から整理しておきたい。

★14　ブルデューによれば、予見（foreseeing）は予測（forecasting）とは異なる（ブルデュー　1993a）。予見とは、人が過去の経験や慣習などを通じて獲得とした図式に沿って、将来を展望する態度のことである。たとえば、農民がこれまでの経験を目安に、今年の収穫高を予想するのは予見と言える。一方、予測とは、人の経験から切り離された装置や計算式によって合理的に設定された将来の把握のことである。たとえば、農林水産省によって実行された増産計画に沿って、今年の収穫高が前年比で算出される場合などは予測である。このように、予見と予測を峻別するブルデューは、「予見の行動は、企図された未来の展望によるどころか、昔から受け継がれたモデルに一致しようとする関心に従う」（ブルデュー　1993a：23）点を強調する。見ることは、測ることとは異なるのである。見ることとはあくまで人間の眼を前提にしており、そこで予見するものは、自らの経験や習慣に依拠している。スクオッター住人の時間的予見においても、自らのこれまでの生活の仕方をめぐる蓄積を基にして、今後の展望を得るのであって、そこには過去を根拠にした未来の構想という枠組みがある。

第一に、地区の監視化とは、サンロケを監視する検問所が建設され（第6章扉写真）、それによってサンロケ住人が包囲されるようになったことである。二〇一〇年の最初の強制撤去の後、エドサ通りとサンロケをつなぐ道の入口に、二四時間体制で監視をおこなうセキュリティ・ガードの駐在所が設立された。この道は、毎日、多くのサンロケの住人が、通勤・通学のために使用するが、かれらはこの検問所を抜けないとエドサ通りに行けなくなった。通過にあたっては、身分証の確認などがおこなわれるわけではない。ただ、それでも、ライフル銃を首から下げたセキュリティ・ガードが立っている前を移動しなければならないのは、住人に緊張感を与えるには十分であった。二〇一三年に、アガム通り沿いの地区が強制撤去されてからは、アガム通り側にも検問所が作られた。こうしてサンロケは、東西両方向から、監視されるようになった。検問所では、住人に寄り添った活動家を取り締まると同時に、コンクリートや木材など、家屋を補修するものを持ち込む者に対して目を光らせている。スクオッター家屋の補修をさせないことで、家を脆弱なままにさせておき、そうすることで立ち退きを推進させているのである。

第二に、地区の断片化とは、二〇一〇年以降に強制撤去された地区に、コンドミニアムが建設されていったことにより、サンロケ住人の居住地がパッチワーク化されたことである。すでに強制撤去されたエドサ通りに面するエリアにはコンドミニアムができあがり、さらなるコンドミニアム建設とその販売をおこなう展示ルームも作られた。強制撤去は、地域コミュニティの機能を変化させることが指摘されてきたが（Choi 2015）、立ち退きの結果、コミュニティの縮小化が生じ、立ち退きに対する反対運動の動向も弱体化させられていった。そうしたなか、現在もサンロケに居住する人びとは、サンロケの内部で反対するための集会を重ねている。ケソン市長との会合を実現させ、「包括的発展」を実現するための住人主体のコミュニティの将来地図の作成を試み、フィリピン大学ディリマン校の教員や学生とのさらなる交流を図るなど、反対運動を外部の支援者との関係を通して展開してきた。さらに、メルボルン大学の都市計画を専門とする研究者とも関係を築いて、オーストラリアからもサンロケの強制撤去を反対する運動の国際支援を得ている。[★15] その一方で、二〇二〇年には不動産業者による新たなコンドミニアムの部屋も販売が始まっており、反対運動は難局に立っている。

第三に、地区のスティグマ化が進んでいることである。特に、サンロケと麻薬を結びつけることを意図した報道や記事、インターネットの情報などが、飛躍的に増えている。「サンロケにはドラッグの密売所があり、中国とのネットワークを持ったグループが、大量のシャブを流通させている」といった内容である。そうして、サンロケを、悪名高い危険な場所として、地区外の人びとに認知させ、そのことによって、強制撤去を正当化する言説が、二〇一〇年代には、大量に流通するようになった。たしかに、私の聞き取りにおいても、サンロケにはドラッグ使用者も、ドラッグ売人もいることがわかる。だが、ドラッグの使用者や売人は、マニラ首都圏においては、至るところに散見されることを忘れてはならない。都市底辺層だけでなく、中間層においてこそ、ドラッグは蔓延していると言われている。二〇一六年からフィリピン大統領を務めるロドリゴ・ドゥテルテは、ドラッグの強権的な取り締まりを始めた。この麻薬戦争という名目で、大量の殺人事件が生じたが、その犠牲者の大多数が都市底辺層であった。この麻薬戦争というフレーズがフィリピンの庶民に広まっていくなかにおいて、サンロケはまさにその中心地であると名指され、地区の一掃を支持する声が高まっている。

★15　こうした反対運動は、「サンロケを守ろう（Save San Roque）」という市民連合によって、組織化されている。以下のリンクを参照。https://www.Facebook.com/SaveSitioSanRoque/

第四に、地区がスクオッター政策からネグレクトされていることである。そのもっともわかりやすい例が、COVID-19によるロックダウンと、それに伴う一連の動向であった。マニラ首都圏を含むルソン島全域において、ロックダウン（現地での政策は「強固なコミュニティ検疫（Enhanced Community Quarantine）」と呼ばれている）が開始されたのは、二〇二〇年三月一六日だった。外出禁止令、検問所の設置、公共交通機関の停止、業務停止など、世界的にみても相当に厳しいロックダウンが実行された。当然、スクオッター地区に住む人びとは、すぐに飢えの恐怖に直面する。食べ物の蓄えも底をつき、もちろん貯金などない。政府が米などの救援物資を配布し始めたのが三月末であるが、サンロケはこの物資配布においても後回しにされた。四月一日には、ついに物資が配布されると思った住人たちが、エドサ通りに繰り出したが、そこでも物資配布がなされないことを知り、警察に対して路上で抗議を始めた。その抗議に対して、警察は容赦のない暴力で対処し、住人二一人が逮捕された。翌日の四月二日に、大統領のドゥテルテは、ロックダウンを守らない人間がいれば、警察、国軍、バランガイの役人は「そいつらを撃ち殺せ（shoot them dead）」と語った。サンロケは、福祉政策からネグレクトされ、かわりに懲罰的な対応が重点的に施される地区になっていったのである。

以上、四点からわかるように、サンロケは、もはや以前のサンロケでは無い。風景が変わっていっているのである。検問所ができ、超高層のコンドミニアムが地区を覆い、麻薬戦争の中心地とみなされ、COVID-19の流行下では放置される。こうした風景の変化を住人たちは知覚し、自主立ち退きに応じる者が増えていく。サンロケに住み続けるだけの体力が奪われていっているとも言えるだろう。

ここまで記述してきたことを、二点にまとめよう。第一に、強制撤去をめぐっては、その実行の有無という次元だけではなく、そこに至る過程の次元を捉える必要があり、その過程において住人が疲弊していく点である。「立ち退きの時計」が作動するなかで、待機する人間へと、住人が仕立て上げられていく。その際に、マニラの固有性として、都市開発住宅法に明記された通達の送付、および、その後の「未実行」の繰り返しが、大きなポイントになる。

第二に、強制撤去の予告地になることで、日常生活が宙吊りになることである。強制撤去の通達が送付されて地区の未来が不確実なものになると、過去から育んできた現在の日常生活を成り立たせる仕組み――つけ買いの手法など――が機能しなくなる。時間的予見を喪失することによって、貧困下を生き抜くための住人の生活実践が無効化されるのである。もちろん、こうした時間的予見の喪失のなかでも、住人たちは相互に力を合わせて、反対運動を組織化していくのであり、強制撤去の予告地になることが住人たちの社会関係を一方的に改変するわけではない。しかしながら、「立ち退きの時計」が作動するなかで、それまで作り上げてきた日常生活を成り立たせる仕組みが失調することは、やはり住人にとって強制撤去のインパクトとして経験されることを捉える必要がある。

この二点は、強制撤去という未来に起こりうる出来事が、現在の日常生活の変化と連動していることを示している。不確実な時間を待機することは、個人心理だけでなく社会的に営まれる日常生活において、大きな打撃を与える。こうした未来の不確実化と現在の日常生活の不安定化の関係について、ピーター・バーガーとトマス・ルックマンは、『現実の社会的構成』のなかで、次のように論じている。

習慣化はそれぞれの状況を新しく、その度ごとに定義しなおすという苦労からわれわれを解放してくれる。〔…〕こうした状況の下で行なわれた活動は、やがて予想可能なものになる。（バーガー＋ルックマン 2003：83–84）

日常生活は、過去からの積み重ねとして成立しているが、その際にポイントになるのは、それが習慣化されていることである。なぜ習慣化されているのか。それは日常生活において直面するさまざまな物事を、いちいちその場で考慮せずとも、対応可能にするためである。どこで食材を買うのか、その食材をどう料理するのか、MRTの駅まで移動するにはどの交通手段を使うのか、どの時間帯にジプニーは空いているのか。子どもの使い終わったおむつをどう処理してゴミ捨ての日まで待つのか。生活のなかで直面する出来事に対してその都度、立ち止まって考慮していたのでは、生活は回らない。★16「その度ごとに定義しなおす」ことをおこなっていては、日常生活は成立しないのである。

かわりに、習慣化することによって、私たちは物事に対応する。農村からマニラに出てきた若者は、スクオッター地区で生活をはじめると、最初はいちいち考えて、物事に対応しなければならない。だが慣れてくると（あるいは習うことが積み重なってくると）、それらをいちいち考えることなく、スムーズに日常生活を回すことができるようになる。習慣化を通じて、生活は回りだし、時間の流れも淀みなくなっていくのである。

そして習慣化することによって、私たちは未来を「予想可能なものにする」。その度ごとに定義しなおすことから解放されることは、私たちの労力を、目の前に直面していることにではなく、その先に注ぐことを可能にするからである。バーガーとルックマンが教えてくれるのは、この点である。

その上でここで補足しておきたいのは、習慣（habit）が住まい（habitat）と密接な関係を持っている点である。住まいは、人びとの習慣を形にしたものであるとも言える。スクオッター地区では、家が密集しているが、それでもなかには通路が走っており、その通路を介することで、ある家族と別の家族の私的空間を隔てることを可能にすると同時に、その物理的近接性こそが困ったときには助け合うという生活実践を生み出してもいる（石岡 2012）。[★17]

ということは、逆に、住まいが強制撤去によって奪われることは、その住まいを可能にしていた習慣が解体されることでもあるだろう。強制撤去は、住まいの破壊を予告することで、住人たちの習慣の解体を導くのであり、習慣化によって可能になっていた未来を奪うこと、すなわち時間的予見の喪失を導くことなのである。[★18]

★16　この点について、第4章で取り上げたモーダックらの研究（2011）も参照。

★17　住まいの破壊が、習慣の破壊にもつながるという論点は、アルジェリア戦争において強制移住を経験した農民について論じたブルデューの仕事から着想を得た（Bourdieu & Sayad 2004）。また、アルジェリアの人びとを収めた写真集のなかで、ブルデューは「ハビトゥスと住まい」という節の見出しをつけている（Bourdieu 2014：67）。ブルデューのアルジェリアでの経験をめぐっては、磯（2020）を参照。

★18　これはアルフレッド・シュッツが述べた意味での危機である。シュッツはW・I・トーマスの定義を引用しながら、危機とは習慣の流れを中断させ、意識と実践の条件に変化を引き起こすものであることだと論じた（シュッツ 1980：10）。そうすることで、習慣を前提に作りあげられた「日常的思考（thinking as usual）」が崩壊するのである。

このように見てくると、強制撤去の暴力性は、単に居住する人びとの所有物や利用物が奪われることにあるのではなく、住まいと習慣を破壊することで時間的予見を奪うことにあると言えるだろう。そして時間的予見を奪われることとは、未来を構想する前に、「絶えざる今」に人びとの視座を固定することである。この「絶えざる今」を生きることとは、住人たちに疲弊感を作り出し、さらなる反対運動を組織化していくことを困難にしていく。

強制撤去は、その実行の有無のみが重要なのではなく、そこに至る過程こそを見逃してはならない。「立ち退きの時計」が作動している時間こそを、エスノグラフィー研究は捉える必要がある。

第7章

時間—空間の伸縮

1　道路封鎖

二〇一〇年九月二三日（木）早朝、三〇〇人を超える警官と五〇〇人以上の解体作業員からなる撤去部隊が、サンロケを包囲した。ケソン市は、中心ビジネス街建設のための都心再開発を進める上で、サンロケを立ち退きの対象にしていた。立ち退きの通達を受け取ってもサンロケに住み続ける人びとに対し、かれらの家屋を強制撤去すべく、この日、撤去部隊がやって来た。

住人たちはバリケードを築き、投石をして抗戦した。重装備の撤去部隊はバリケードを破壊し、地区に入り込もうとした。そのとき住人たちは、バリケードを守るだけでなく、別の行動を取った。サンロケに隣接するエドサ通りを封鎖したのである。エドサ通りはマニラ首都圏の大動脈となっている幹線道路だ。一九八六年のピープルパワーの際には、人びとが大挙してこの通りに流れ込み、そこを埋め尽くすことで、マルコスを退任に追い込んだ道路である。サンロケ住人たちは、この道路を封鎖することによって、行き交う車両に大渋滞を発生させた。バスもトラックも乗用車も通行できなくなり、その結果、マニラ首都圏全体が大混乱に陥った。

幹線道路を封鎖すると、都市機能が麻痺する。スクオッター住人たちは、この点を熟知していた。撤去部隊と向き合うだけでなく、首都圏全体を混乱に陥れることで、自分たちの家屋とコミュニティを強制撤去から守ろうとしたのである。この民衆封鎖を持続させた結果、午後になって、当時の大統領のアキノは、サンロケの強制撤去の中止を宣言した。エドサ通り沿いの一〇〇世帯近くの家屋が叩き壊されたものの、当初の撤去予定世帯数からすれば、それは圧倒的に少ない被害だった。サンロケ住人たちは、国に「勝利」したと、この日、歓び合った。

エドサ通りに隣接するという立地条件を活かしてサンロケ住人が道路封鎖をすれば、都市機能の維持に必要な人やモノの流れが停滞する。都市は人やモノが動くことで成立している。幹線道路や主要鉄道は、都市が都市として機能するための不可欠なインフラストラクチャーなのである。だからこそ、そのインフラストラクチャーでは、力と力がぶつかり合う。

こうしたスクオッター住人の対抗運動を念頭に置きながら、本章では「時間—空間の圧縮（time-space compression）」（ハーヴェイ 1999：308）というテーゼについて考えていきたい。資本主義の歴史が「空間的障壁を克服しながら、生活のペースを加速化することによって特徴づけられてきた」（ハーヴェイ 1999：308）のであれば、こうした空間的障壁を克服する最前線のフィールドとして、今日ではマニラのようなグローバルサウスの大都市を位置づけることができるだろう。二〇世紀のマニラは、日本からは遠かった。飛行機の便数が限られ、ニノイ・アキノ国際空港に到着後も、マニラ首都圏内を移動するために多くの時間を要した。しかし現在では、世界各地からマニラへの直行便が増え、さらにはマニラ首都圏内部の移動においても、一般道だけでなく、高速道路や高架鉄道を利用できるようになった。かつて以上に、マニラには外国から人やモノが押し寄せ、さらにマニラ内部においても、それらが無数に移動する。こうした移動の大量化と加速化が見られてきたのである。

サンロケ住人たちが、道路封鎖という戦術を実行したのは、こうした時間—空間の圧縮に伴い、移動の大量化と加速化が顕著になった時代においてであった。かつてのように遅延や停滞が日常的だった時代においては、道路で立ち往生になっても、タバコをふかしてのんびりと構えていられたかもしれない。しかしながら、今日における時間―空間の圧縮という状況下においては、私たちの感覚は別様に構造化されている。渋滞に嵌まったり、荷物がいつまでも届かなかったりするとイライラする。この〝待てない〟感覚が社会的に新たに形成されたなかで、エドサ通りがサンロケ住人によって封鎖されたのである。時間―空間の圧縮が行き渡った今日のマニラだからこそ、サンロケ住人の戦術は、都市を混乱させるためめの、そしてそれを通じて強制撤去を止めさせるための適切なやり方だった。

人やモノの移動をめぐっては「モビリティ」の研究として、近年、重要な成果が上梓されている（アーリ 2015）。しかしながら、人類学者のアナ・チンが論じたように、「移動（mobility）」は「動員（mobilization）」とセットで考察されるべき概念である（Tsing 2005：214）。人や資源を「動員」するためには、まずそれらを「移動」させなければならない。「移動」を制御することは「動員」を制圧することである。貧困世界の住人が大多数を占めるタクシーやジプニーやトライシクル（三輪タクシー）の運転手が、同時多発的にマニラの幹線道路を渋滞させる作戦を取ったとしよう。そうすると為政者は、警察や機動隊を迅速に動員できなくなる。その結果、都心に一時的な解放区が生まれるだろう。このように考えるならば、巨大都市マニラの転覆に関わる重要な機能の一部が、貧困世界の住人によって握られていると見通すこともできる。こうした移動／動員の連関についても、本章では考察を進めていく。

2　時間―空間の圧縮

時間と空間は透明な容器ではない。それら自体が物質的実践を通じて歴史的に編成されてきたものである。

2―1 時間―空間―貨幣

マニラにおいても、昨今、「メガ・マニラ」という呼び方が、現地において定着してきている。従来、「マニラ首都圏(Metro Manila)」と呼ばれてきたのは、首都圏を構成する一六の市町の統合体のことであった。しかし昨今、首都圏がさらに面的に拡大し、北はブラカン州やリサール州、南はカビテ州やラグーナ州の一部までもが、首都圏で働く人びとの通勤圏になっている。南部には高速道路が整備され、郊外のゲーテッド・コミュニティ開発も加速した。こうした面的拡大を通じて「メガ・マニラ」という呼び方が定着していった。こうした首都圏の面的拡大は、マニラに固有のものではなく、ハノイやジャカルタやコルカタにおいても見られるものである。

私が、新たな「メガ・マニラ」の一部として知られるようになった地帯――都市と農村の境界面――であるラグーナ州の農家を訪れたときのことを記しておきたい。私は郊外の空間変容に関心を持ち、この周辺に住む三〇代の夫婦に聞き取り調査をおこなっていた。その調査中に、農家の奥から高齢の女性が出てきた。聞き取りとは別にその女性と雑談をしていると、彼女は次のように語った。「私たちが子育てをしていた頃は、マニラは別世界でした。子どもがマニラに出かけるときは、一張羅を着せて、靴を履かせて、かっこいい装いにしてから、送り出したものです。マニラではきちんとした言葉で話しなさい、と注意しながら。でも今は、普通に、この辺りからマニラで働く人が出てきて、昔のような別世界ではなくなりました。もうここもマニラの一部になったような感じです」。彼女が子育てをしていた約四〇年前と現在とでは、空間の経験のされ方が異なっている。「別世界」だったものが、すでにその

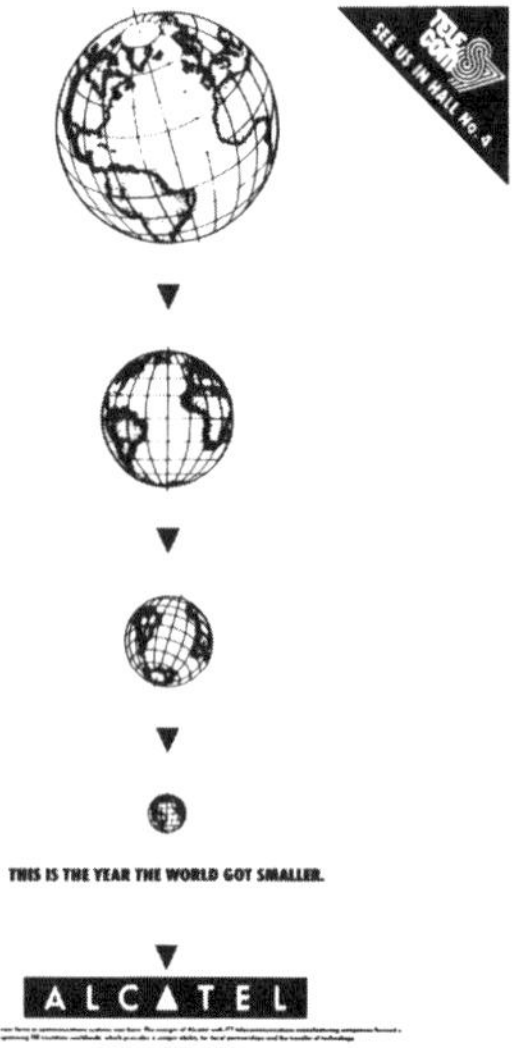

図3　ALCATEL 社の 1987 年の広告。
出典：ハーヴェイ（1999）、310 頁。

「一部」になっている。そのことはまた、時間の経験も変化させている。マニラに行くには一日がかりの移動だったものが、高速道路が整備されたために、今では渋滞がなければ車で一時間ほどで、当該地帯からマニラの都心まで辿り着くことができる。「時間も空間も物質以前に存在するものではない」（ハーヴェイ 1999：261）。高速道路、そこに接続される一般道、そして郊外における自動車の普及。こうした特定の諸物質を通じて、時間と空間のあり方が編成され続けている。

デヴィッド・ハーヴェイは、時間―空間の圧縮というテーゼから現代社会を論じた（ハーヴェイ 1999）。ハーヴェイが提示した図を載せておこう（**図3**）。これは通信関連事業社であるアルカテルの一九八七年の広告である。そこでは小さくなっていく地球が描かれている。物質的条件の変化を通じて、人びとは地球上を、相対的に短い時間で移動できるようになる。こうして私たちの思い描く地球の大きさが縮小化し、「われわれの空間的、時間的な諸世界が「圧縮」している」（ハーヴェイ 1999：308）ことが実感される。小さくなっていく地球を可能にしているのは、通信技術、移送技術、土木技術といった物質的条件の変化である。

しかしながら、こうした物質的実践は、表象的実践とも表裏一体の関係にある。時間―空間の圧縮が可能になるためには、地図、時計、カレンダーなどが必要になる。たとえば、地図がなければ、空間を利用可能なものにすることができず、都市計画を立てることができない。そして正確な地図の作成には、遠近法と数学の発展を必要とする。時計がなければ、近代的な意味での発展という観念は成立し得ない。時計は、時間の矢が直線的に結びついた過去と未来という観念を発生させた。さらにカレンダーがなければ、コントロール可能な未来が成立しえない。カレンダーや工程表は、都市計画の実践に不可欠である。これらの表象的実践を通じて、時間と空間が、人間の手によって操作を加えられる「対象」となる。

こうしてハーヴェイは、時間と空間を歴史化する視座を徹底する。私たちが今あるように経験している時間と空間は、所与のものではない。それらは、近代化の過程で形成されてきたものであり、また絶えず再編されていくものである。ハーヴェイは、時間と空間を哲学的主題としてではなく、社会科学的主題として設定しなおした。

この時間と空間の社会科学において、ハーヴェイが探究の中心に据えるのは、「社会的権力の源としての時間と空間」（ハーヴェイ 1999：289）について考察することだった。この探究のために、彼は時間と空間の考察に、もうひとつ重要な項を設定した。それが貨幣である。貨幣は価値を表現するものであり、その価値は——マルクスに倣うならば——社会的労働時間の割り当ての比率によって表される。そして社会的労働時間の測定には正確な時計を必要とする。こうして時計と価値の測定が密接な関係を持つようになり、そのことはクロックタイム式の時間と貨幣が相互規定的な関係を持つことを意味する。

これらのことは空間の生産とも関連する。生産や流通のネットワークを組織化することで空間的障壁を乗り越えることは、資本制において決定的に重要なことだった。鉄道、高速道路、ラジオ、電話、インターネットの発達が、生産や流通の仕組みを組み替え、新たな空間のスケールを生み出す。空間の生産が絶えずおこなわれることによって、資本の回転時間が短縮化する。こうして空間と時間が関係づけ

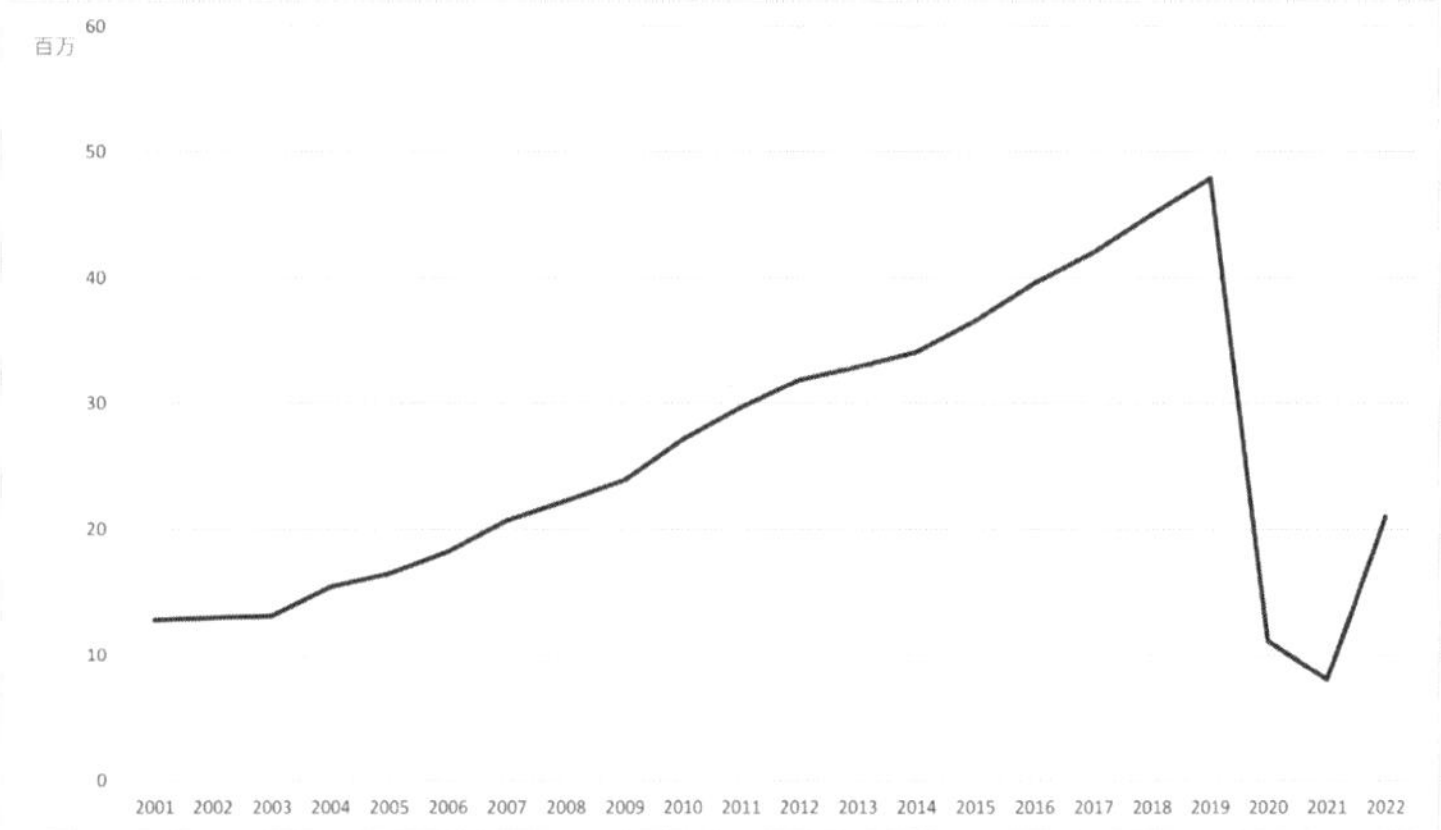

表4　ニノイ・アキノ国際空港の年次別一般乗客者数（国内便＋国際便 2001-2022 年）。Manila International Airport Authority Annual Report より作成。

られる。さらには、より効率的な空間的スケールの生産のために、まだ使用可能な工場や機械を「創造的破壊」し、資本の回転時間をさらに加速化させていく。「時間あるいは空間の秩序化における変化は、金銭上の利益を得るための条件を変化させることで、社会的権力を配分しなおすものだということができる」（ハーヴェイ 1999：298）のである。

このように時間―空間の圧縮というテーゼは、ハーヴェイが時間と空間に貨幣という第三項を措くことで提出されたものである。『貨幣によって時間と空間を支配することも可能であり、逆に時間と空間を支配することは貨幣に対する支配にもなりうるのである」（ハーヴェイ 1999：289）。時間と空間は、物質的諸力がせめぎ合うアリーナなのである。

2―2　実践理論へ

以上のハーヴェイの議論は、本章においても示唆的である。今日のマニラの都市計画のポイントは、ニノイ・アキノ国際空港とマニラの道路網をいかに切れ目なく結ぶかという点である。**表4**は、フィリピンの玄関口であるニノイ・アキノ国際空港の年間利用乗客数の変遷を示したものである。二〇一九年には、過去最高の四七八九万人の乗客が利用しており、この数は二〇〇一年の一二八〇万人という数字の約四倍である。

こうしてフィリピンと海外の都市を行き来する人びとの急増に応じて、空港からの国内移動を短縮させるためのインフラ開発が促進されてきた。たとえば、マニラ首都圏の都心部から南への移動については、South Expresswayという高速道路が一九六〇年代後半には完成していた。二〇一〇年代には、そのSouth Expresswayのさらに上部にSkywayという新たな高速道路が建設され開通した。SkywayはSouth Expresswayよりも通行料が高額だが、渋滞がほとんどない。ニノイ・アキノ国際空港からの移動について言えば、自動車でSkywayに乗り、その南部の終点まで走った後にSouth Expresswayに合流してマニラ首都圏南方の郊外に向かえば、二〇〇〇年代以降に建設された郊外のゲーテッド・コミュニティ群まで迅速に移動することができる。

さらにその南方の先にあるルソン島南部のカラバルソン地方には、フィリピン・トヨタをはじめ多国籍企業が集積する工業地帯がある。フィリピンは、輸出指向型工業化を二〇世紀後半から進めてきたが、製品の輸出をめぐっても、こうした道路網の整備がますます重要になってきた。グローバリゼーションの時代におけるインフラ開発と通信・輸送技術の発達は、マニラの郊外の景色を一変させてきた（Kelly 2000）。時間―空間の圧縮というテーゼは、グローバルサウスの大都市郊外において、非常に現実感を持つものである。アンドレ・オルテガは、ハーヴェイの著作を拠り所にしながら、マニラ郊外の空間変容をめぐる非常に重要な仕事を刊行しているが（Ortega 2018）、その仕事からも時間―空間の圧縮と郊外開発の結びつきは示されていると言えるだろう。

しかしながら私は、路上をつぶさに観察するエスノグラファーの立場から、ハーヴェイの仕事に潜んでいる重大な盲点を指摘したい。一言で言えば、ハーヴェイの議論には、輸送業に関わる人間たちの身体が抜け落ちているのだ。幹線道路を増やすこと、高速道路網を整備すること、高速鉄道網を張りめぐらせること、飛行機の便数を増加すること、これらはすべて時間―空間の圧縮に関わる重要な案件である。けれども実際のところ、それらはどのようにおこなわれているのか。たとえば、それまで繋がっていなかったA地点とB地点のあいだに道路が開通したから、A地点からB地点までの到達時間が短縮するのではない。その道路で最終的に人間が車を運転するから、到達時間が短縮するのである。

では、マニラでは誰が運転をしているのか。具体的には、バスやタクシーやジプニーやトライシクルやバイクタクシーを運転しているのは誰か。その大多数はスクオッター住人たちである。かれらの労働こそが、時間―空間の圧縮を実際のところ可能にしているものなのだ。

これが意味することは何か。それは――古風な言い方になるが――こうした輸送に関わる労働者たちが職務を放棄すれば、マニラの都市機能は麻痺するということだ。グローバル都市マニラを麻痺させようと思うならば、人やカーゴの輸送を職務とする人びとが、一週間、一斉に仕事をサボればよい。ごみ収集に携わる人びとが一週間、職務を放棄すれば、マニラの都市生活が惨事になることが目に見えているのと同じように、輸送に関わる労働者たちもまた、巨大なメトロポリスがメトロポリスたりえていることの根底を担っているのである。さらに言えば、かれらの労働の重要性は、時間―空間の圧縮が極限にまで進んでいる今日において、ますます高まっているとも言える。都市生活を可能にしている人やモノの流れが加速すればするほど、輸送がシャットダウンしたときの惨事は大きなものになる。

このように見通すならば、時間―空間の圧縮とは、輸送に関わる人間たちの労働に、ますます依存する社会的条件ができあがることである。そしてそれは、この人間たちの労働が、根底的な対抗力を構成しうる可能性を持つことだ。だからこそ為政者たちは、この輸送に関わる労働者たちを徹底的に蔑み、低賃金で働かせるのである。「資本主義社会においては、社会の根幹を支える労働であればあるほど蔑視される」（池田 2012：26）ことは、ここにおいても一貫している。かれらがストライキをおこせば、為政者は圧倒的な暴力装置を使って、かれらを強制的に職務に就かせるだろう。

このことを念頭に置きつつ、本章では、ハーヴェイの「時間―空間の圧縮」というテーゼを、「時間―空間の伸縮」というそれに置き換えて、マニラの都市空間と都市生活を考えていきたい。ここで「伸縮」という用語で私が考えようとしていることは、「時間―空間の圧縮」という状況は、その状況を末端で支えている輸送に関わる労働者たちの態度次第で変質しうる点についてである。たとえば、マニラのバスの運転手たちが「ゆっくり走ろう」運動を開始したとしよう。そうすると時間―空間は、圧縮するだけでなく、逆に引き伸ばされもする。

この点に関して、若干の論旨の飛躍を自覚した上で、官僚制についてマイケル・リプスキーが述べたことを私たちは思い起こす必要があるだろう（リプスキー 1986）。官僚制に関わる規則を、官僚制組織の末端――リプスキーの言う「ストリート・レベル」――に位置する窓口対応公務員が変更することは、ほぼ不可能である。組織内でのかれらの影響力は、あまりにも低いからである。しかしながら、そのストリート・レベルの公務員こそが、官僚制の実際の「運用」の次元において、じつは独自の裁量を持っている。かれらは固有のやり方で、窓口を訪れた、本来であれば福祉受給の難しい人びとにその受給を可能にさせたりもするのだ。規則そのものではなく、その運用の次元に注目することから、リプスキーは官僚制のアキレス腱が、末端の窓口対応公務員たちにあることを論じたのだった。

同じ思考法を、都市空間を運転する輸送労働者に向けてみる必要がある。都市計画のプランナーたちは、都市空間の構造を設計することができる。輸送に関わる労働者たちには、そんなことは不可能だ。だが、できあがった都市空間を「運用」するのは、この労働者たちにほかならない。この運用の次元において潜在するものを、真剣に思考する必要がある。本章が「時間―空間の伸縮」というテーゼで考えたいのは、この末端の輸送労働者たちが、今日の都市空間において占めているプライオリティについてである。そしてこの伸縮は、次節で紹介するように、タイのバンコクにおいて、バイクタクシーの運転手たちの政治運動の現場で、実際に起きたことなのである。

3　バイクタクシーと政治運動

3―1　地図の所有者

イタリア出身の若き文化人類学者であるクラウディオ・ソプランツェッティは、バンコクのバイクタクシー運転手について、刺激的な著作を刊行している（Sopranzetti 2014, 2018）。彼の議論をここで紹介することは、「時間―空間の伸縮」に関するさまざまな論点を導き出すことにつながるだろう。

ソプランツェッティが強調したのは、バイクタクシー運転手たち――多くが東北タイからの貧しき出稼ぎ者たち――が、タイの政治運動において重要な行為者であった点である。タイでは二〇一〇年に大規模な民衆蜂起が生じ、反王党派であるＵＤＤ（反独裁民主戦線 United Front of Democracy Against Dictatorship）の「赤シャツ」が、バンコクの中心部を占拠した。かれらは、王党派で反タクシンの立場を取るＰＡＤ（民主主義のための国民連合People's Alliance for Democracy）の「黄シャツ」に抵抗した。ソプランツェッティは、「赤シャツ」の側の一勢力を構成していたバイクタクシー運転手たちと交流し、かれらの視座から、この蜂起を記録した。彼が中心的に論じたのが、バイクタクシー運転手が、大都市において人やモノの流れを巧みに統制する模様についてだった。

バイクタクシー運転手たちは、次の二点において、政治運動の重要な行為者であった。第一に、かれらが都市空間のありようについて、警察や軍隊以上に詳しく知っていたことである。「赤シャツ」が占拠したのはバンコクの商業地区である。グッチやルイ・ヴィトンをはじめとする高級ブランド店が並ぶ区画を、東北タイ出身の農民や出稼ぎ者たちが占拠するのは、興味深い光景だった。その区画がショッピングモールや映画館などが建ち並ぶ消費の中心地だったからこそ、警察や軍隊は、当初、かれらの占拠を暴力的に解除することができなかった（Sopranzetti et al. 2021 : 161）。そこを攻撃すれば、背景となっている建物やオフィスが倒壊するからである。

最終的には、警察や軍隊は武力で占拠を解くことになるが、その過程においてバイクタクシー運転手たちは、都市空間をめぐる実践知を活かし、ゲリラ的な抵抗を継続した。かれらは、警察や軍隊の車両が通行できない路地を巧みに運転して、負傷者を病院に運び、陣地と陣地をつないで物資を運んだ。また、バイクタクシーの公定ベストを付けて運転することで、乗客の輸送を装いつつ、仲間を運んだりもした。さらに、警察や軍隊の車両がどこを通行していて、どこに向かおうとしているのかという情報を「赤シャツ」に共有した。かれらはバンコクの都市空間を自在に横断することで、政治運動を支えた。そのことは、バイクタクシーのリーダー格の人物による次の語りに表れている。

> 誰もが私たちを仲間につけたがっています。私たちは、どう動けば良いか、どう脱出すれば良いかといった点において、誰よりも詳しい都市の知識を持っているのです。私たちは地図の所有者（the owners of the map）です。（Sopranzetti 2014：131–132）

「地図の所有者」としてのバイクタクシー運転手たち。かれらが日々の仕事を通じて身につけたバンコクの「地図」は、上空からのGoogleマップとは違う。バイクだからこそ通り抜けが可能な無数の狭い路地を、身体感覚で知っている。[★1] 高架鉄道、バス、船などほかの交通手段との接続点についても、曜日や時間帯に応じて最適なものを瞬時に見つけ出すことができる。

第二に、かれらは、バンコクを素早く移動するだけでなく、道路の全体的流れをスローダウンさせる技術を持っていたことである。わざとゆっくり走ったり、さらにキャラバン方式で集団走行することで、通行車両の支配的流れに対する「別の流れ（alternative flow）」（Sopranzetti 2014：132）を作り出すことができる。「赤シャツ」の運動のために、かれらはキャラバンを組んで走った。農民たちが東北タイから押し寄せ、バイクタクシーたちと合流して、大挙してバンコクを走る。その光景は壮観だった。キャラバンが走ることは、都心部に渋滞を発生させることにつながった。さらにそのキャラバンは個別のバイクで構成されているため、警察が追いかけるならば、それぞれ別な方向に走り出し、あっという間に雲散霧消してしまう。警察が大きなマグロだとすれば、かれらはスイミーだ。警察からすれば、なんとも厄介な存在であった。そして、自分たちが厄介な存在として為政者たちに映っていることを、かれらは自覚しており、よりいっそう厄介な動きを繰り返していったのである。

3―2　遮断という作戦

人流や物流や電流は、都市機能のアキレス腱を担っている。それらが遮断されると、都市は都市として存立しえない。だからこそそれらが政治運動において重要な意味を持つことになる。タイの農民運動の歴史は、人流や物流に照準するという伝統を持っている。ソプランツェッティの研究は、バイクタクシーの政治運動を、こうした伝統と接続しながら考察している。

一九九〇年代にタイでは、農民たちによる主要高速道路の封鎖がおこなわれた。これは、イサーン小農連合（the Small Scale Farmers Assembly of Isan）や貧者連合（the Assembly of the Poor）に集まった農民たちの運動であり、国家主導の地域開発に反対するものだった。農民たちは、一九九二年七月、東北タイのイサーン地方とバンコクをつなぐ高速道路であるThanon Mittraphapを封鎖した。農民たちは、地域開発に対する交渉を首相に求めたが、それが拒否されたために、この封鎖が実行された（Somchai 2006: 76）。この高速道路は、一九六〇年代にアメリカの援助によって建設されたものである。当時アメリカ

★1　こうした可動性については、ハーヴェイによる次の記述も参照。「一九八四年のイギリスでの炭鉱労働者の長期間のストライキにおいて、ある一つの坑道の入口からの入口へとすばやく移動するいわゆる「支援ピケ要員」は、国家権力にとって深刻な問題となり、それに対応するために同じように可動的な作戦を考案しなければならなかった」（ハーヴェイ 1999: 302–303）。空間を横断する可動性は、やはり庶民にとって重要な力なのである。近年のいわゆる人文社会科学の「モビリティーズ・ターン」（アーリ 2015: 16）は、単にモビリティを研究対象のひとつに加えるだけでなく、既に述べたように、「移動」を「動員」とつなげて考察する点が不可欠であるだろう。なお、空間が、必ずしも地上だけのそれを意味するわけではないことは、南アフリカのヨハネスブルクの炭鉱地区の地下空間をめぐる国家の（非）統制について論じたButcher（2018）を参照。

は、東北タイが共産主義者の根城になることを危惧し、これを建設した。農民たちは、この道路を封鎖することで、バンコクとの人流や物流を遮断したのである。その運動は、タイ全土において注目を集め、そしてバンコクを混乱に陥れた。政府は、かれらの要求を呑み、その後、農民たちとの交渉を開始した。

この運動は、首都に直接乗り込むのではなく、首都につながる動線を外側から遮断するものだった。高速道路は、資本と市場の拡張を可能にするものであり、「時間—空間の圧縮」をもたらす最たるものである。そこでの人流や物流をあたりまえのものとして首都の日常が構成されているからこそ、高速道路は闘争のアリーナになる。「時間—空間の圧縮」という状況は、流れの遮断という作戦を農民たちに与えることになった。

主要道路は、中央から地方に向かって敷かれる。決してその逆ではない。この方向性は重要だ。バンコクから建設されてイサーンまで延びていく。日本で言えば、東京から九州へと敷かれていくのであって、九州から東京へと敷かれるのではない。この点からも明らかなように、それらを必要とするのは、原理的には、中央であって、地方ではない。首都＝資本（capital）が空間的障壁をなくすために高速道路や幹線道路ができあがるのであって、地方が望んでそれができあがるわけではない。むしろ地方から見れば、中央が計画した道路網に強引に組み入れられていく従属性こそが際立つ経験であると言えるだろう。この点は、イサーンの農民たちにとっても同様であった。バンコクから延伸してきた高速道路が、かれらの地方にも届いたのであり、そこには「共産主義の根城」を壊滅させるという政府のねらいが介在していた。

一方、地方から見れば、こうして敷かれた道路が中央との新たな交渉の場にもなる。それが遮断されれば、首都には食糧も生活必需品も入ってこなくなる。道路だけではない、電気もそうである。発電所からの送電がなくなれば、首都は停電する。首都は、食糧もエネルギー★2も生産していない。地方と中央の接続網が遮断されることで先に困るのは、中央なのである。イサーンの農民たちによる高速道路封鎖は、こうした首都＝資本の弱点を可視化するものであった。

ソプランツェッティが詳細に記録したバイクタクシーの政治運動が新鮮だったのは、かれらがバイクで動きながら車両の流れを統制したことだった。道路封鎖においては、封鎖をおこなった地点での攻防が生まれるのであり、つまり「点」での争いになる。バイクタクシー運転手たちは、つねに動きながら、「点」ではなく「流れ」を支配することで人流と物流を統制していったのである。そしてこのやり方は、「時間―空間の圧縮」が進み、バンコクのなかを膨大な人や物が動くことが日常化した今日において、大きな影響力を与えた。

ソプランツェッティの研究は、今日において、いかに「流れ」が、大都市の存立を可能にしているの

★2　エネルギーと「流れ」をめぐる問題については、ティモシー・ミッチェルによる素晴らしい研究を参照（Mitchell 2011）。近代化によって、石炭によるエネルギー供給が各国のなかで一元化されていくことによって、逆に、坑夫たちが自分たちの要求を国家に突きつけることを可能にする条件が成立した。かれらは国のエネルギー供給を止めることを脅しに使ったのである。しかしこの条件は、石油へのエネルギー源の切り替えによって変化する。ミッチェルによれば、その変化とは、固形から液体への変化として捉えられるべきものである。石炭は固形であり、輸送の際にも、コンテナの積み替え作業などにおいて大量の労働力を要するエネルギー源だった。それに対して、石油は液体であり、コンテナでの詰め替え作業も楽におこなうことができる。固形としての石炭から液体としての石油にエネルギー源が切り替わることは、石炭産業に備わっていた労働集約的な部分を解体することであった。石炭から石油へのエネルギー革命は、こうしたエネルギー源の形状の変化、そして配送方法の変化の問題として、捉えられるべきものである。それはまた、採掘元から供給先までを遠隔地化、グローバル化するものであった。

かを、あらためて私たちに教えてくれる。車が道路を行き交うこと、物が宅配されること、電気や水がコンセントや蛇口から使用できること、これらはありふれたことであるが、それらが止まったり使用不可能になったときに、はじめてその有り難みを私たちは確認する。そして、この「流れ」は、権力をめぐる攻防の争点にほかならないのである。

4　空間の争い

4―1　「削られる」スクオッター地区

再び、マニラのサンロケでの反強制撤去の運動に議論を戻そう。サンロケの人びとが強制撤去に反対するために、幹線道路のエドサ通りを封鎖したこと、その結果、強制撤去が中止になり、撤去部隊が退散したことはすでに記した通りである。この封鎖の効果は大きかった。強制撤去から一年後の二〇一一年九月二三日には、強制撤去撃退から一周年を記念して、サンロケの人びとがエドサ通りを五分間だけ封鎖した。住人のリーダーであるエストレリエタ・バガスバスは、地元テレビ局の取材に次のように答えた。

このパフォーマンスに示されたように、もし政府が強制撤去をおこなうなら、私たちはエドサ通りをもう一度封鎖します。★3

彼女は道路を脅しとして使っているのである。強制撤去の対象になる地区は、危険区域か商業区域であることが多い。後者の場合、交通の便が良く、その周りでは人流や物流が多い。そうした立地環境ゆえに再開発の対象になるわけだが、だからこそ、住人の抵抗手段として、道路封鎖が有効に機能する。交通の要所（intersection）は、流れの遮断（interruption）の格好の場なのだ。

二〇一〇年以降、住人の作戦に危機を感じたケソン市役所と国家住宅庁は、サンロケのなかでも、エドサ通り沿い付近に居住する人びとを「ポケット的撤去（pocket demolition）」で追い詰めるようになった。これは地区全体ではなく、特定のゾーンに特化して撤去が進められることを指す（図2を参照）。エドサ通り沿い付近の家屋は、二〇一〇年九月の途中中断した強制撤去で、すでに一〇〇世帯近くが壊されていたが、その周辺部を中心に、住人の再居住地への移住の説得が、市役所や国家住宅庁の職員によって飛躍的に進められていった。それでも立ち退きに応じない家屋は、不審火[★4]や警察による恣意的な住人の逮捕といった手法を通じて強制撤去されていった。

★3　この発言については、ABS-CBN NEWS の記事 “Protesters block EDSA briefly, cause major jam”（https://news.abs-cbn.com/nation/metro-manila/09/23/11/protesters-block-edsa-briefly-cause-major-jam）を参照。

★4　火とスラムは、歴史的に見ても密接な関係がある。不審火もそうであり、また、暖を取ることや料理をするためのエネルギーとしてもそうである。火を中心にして都市底辺のエスノグラフィーを描く試みとして、Chance（2015）を参照。なお、マニラでは「火による強制撤去」が珍しくない。残酷なことに、この「火による強制撤去」では、ドブネズミなどが使われることがある。「灯油をかけて火だるまにした、生きているネズミか猫（犬はすぐに死んでしまう）を係争中の地区に放つのは、もはや当たり前のやり方になった。この方法で生じた火事は、その不幸な動物が動き回ることによって死ぬ前に大量の家を燃やしてしまうため、消火するのが難しい」（Berner 1997：144）。

なぜエドサ通り沿い付近で「ポケット的撤去」が進められたのか。サンロケは、地区全体が前章で記したように「立ち退きの時計」のなかにあり、すべての住人が立ち退き政策の影響下にある当事者であった。そもそも、市役所や国家住宅庁の職員による移住を説得する活動は地区全体でおこなわれていたため、住人たちからすれば、エドサ通り沿いの住人が特に説得の標的になっていることが見えていなかったというのが適切でもあった。

しかしながら「ポケット的強制撤去」が進み、エドサ通り沿いの住人が再居住地へと移住していくにつれて、サンロケ住人たちは、そのことの意味を知ることになる。エドサ通り付近の立ち退きがある程度進んだところで、地区とエドサ通りを分けるフェンスが出現したのだった。その意味は明らかだった。地区とエドサ通りを切り離すことによって、道路封鎖をできなくさせることであった。さらに住人たちは、前章で記したように、エドサ通りからサンロケに入るためには、特定のチェックポイントを通過しなければならなくなった。

こうしてサンロケ住人たちが道路封鎖の作戦を取れないように仕組んだ上で、二〇一三年と二〇一四年に、ケソン市役所は新たな強制撤去を実行したのである。この二回の強制撤去は、アガム通り沿いが標的とされた。もちろん、住人たちはバリケードを築いて、撤去部隊を地区内に入らせないように奮闘した。だが、エドサ通りの封鎖という手法はもう取れなくなっていた。アガム通りは小さな道路のため、ここが封鎖されても、マニラ首都圏の都市機能にはほとんど支障が生じなかった。アガム通り沿い付近の家屋が強制撤去され、さらにはこのアガム道り沿いの区画にもフェンスが建設された。

サンロケは地区が「削られて」いった。道路沿いのふたつのゾーンが立ち入り禁止区画に指定された。地区の一部が集中的に強制撤去の標的となることは、サンロケのコミュニティ内部に分断を生み出す効果を備えていた。そしてまた、なによりそれは、住人の道路封鎖を阻止するという政府による戦略であった。

こうした過程を踏まえて提示できる社会学的論点は、フィールドワークにおいてミクロな地図を注視することが重要になるという点である。都市再開発と立ち退きという主題を考察しようとすると、立ち退き者数や補償内容、その背景にある都市政策といった事柄が分析の対象になりがちである。それらはもちろん必要なデータであるが、住人の「切迫性」（ブルデュー 2009：363）に迫るためには、もっと事例地のニュアンスを捉える必要がある。ニュアンスの現れ方は事例ごとに異なるが、サンロケにおいては、エドサ通りと地区が切り離されるという、地区の西端の変化にこそ、それが現れている。ミクロな地図を作成してどこから順番に「削られて」いったのかを確認することで、逆に、住人たちのいかなる抵抗を市役所や国家住宅庁が恐れていたのかが見えてくるだろう。

道路封鎖という脅しの手法を使えなくなった住人が、どのように強制撤去を経験し、再居住地へと送られていったのかは、次章で詳述する。その前に、「時間―空間の伸縮」というテーゼから、今一度、マニラの都市空間と都市底辺層の関係を整理しておきたい。

4―2　空間と場所

道路封鎖という手法が私たちに教えてくれることは、次の二点である。第一に住人たちは「やられっぱなし」ではないことであり、第二にかれらは「場所」ではなく「空間」をめぐる争いを仕掛けたということである。

第一の点は、マニラの貧困世界を生きる人びとは「抑圧されたが負けたわけではない」（リベラ・クシカンキ 1998）ことである。グローバルサウスの都市研究において、立ち退きは、この一〇年間ほど、数々の研究が上梓されてきた主題である（Beier et al. 2021）。しかしながら多くの研究は、立ち退きを実行する制度や政策を問題視し、対象となる人びとやコミュニティは「被害者」として描く構図を採用してきた。英語でも affected family（影響を受けた家族）という言葉が使われるように、住人は影響を与えられる客体であるという前提がここには見え隠れする。

しかしながら、「被害者」という枠組みを前提にするならば、住人たちが「そこで何をしたのか」が不問にされてしまう。言い換えれば、かれらの取組みを素通りしてしまうのである。多くの行政文書でも、住人たちが「そこで何をしたのか」については記録されない。なぜなら、最終的に立ち退きや強制撤去が実行されたならば、その最終結果のみが強調されるからであり、その過程で生み出された無数の対抗実践は消去されがちだからである。サンロケについても〝二〇〇六年に中心市街地の再開発案が登場し、二〇一〇年に家屋の強制撤去が実行された〟というトップダウンの理解をするならば、記述は一行で済む。

そうではなく、その都度の危機の局面を注視し、人びとが「そこで何をしたのか」について書き残し、それを共有知として育むならば、私たちは仕掛けられた争いに対するさまざまな向き合い方を知ることができるだろう。最終的に更地と化したことを強調する前に、エスノグラファーはもっとたくさんすべきことがあるはずだ。中心化すべきは、更地と化したという結果ではなく、そこに住んでいる人びとが、その時々の劣勢を――たとえ一時的であろうと――どう盛り返したのかという点である。それはソプランツェッティが、バイクタクシー運転手たちの行動を詳述した姿勢と重なるものだ。「赤シャツ」と「黄シャツ」の権力闘争だけでなく、その個々の局面で、名もなき存在とされたバイクタクシー運転手たちが、いかにバンコクの街を動き、自分たちの要求を大物たちに突きつけたのかについて彼は詳述した。警察と軍隊によって最終的に掃討されたとしても、バイクタクシー運転手たちが「そこで何をしたのか」を書き残すことに、彼は賭けたのである。サンロケ住人たちから私たちが引き継ぐべきものは、道路封鎖によって強制撤去を回避するというその機転の利かせ方である。この点は、「被害者」として住人を客体化する立ち退き研究と本章との立脚点の違いを示している。

第二の点は、サンロケ住人が「空間」の特質をよく知っていることである。この点は、ハーヴェイによる次の一文が、今日では修正が必要なことを示している。

> 労働者階級運動は一般的に、「空間」を制圧することよりも、「場所」を組織し占拠することを得意としてきた。(ハーヴェイ 1999：303)

ハーヴェイは、ストライキや都市暴動の多くが「場所」の占拠という形態を取ることを念頭に置いている。彼によれば、こうしたオキュパイ運動には限界があり、かわりに「さまざまな場所で同時的に生じた」(ハーヴェイ 1999：303)運動こそが、「空間」に影響を与えうる点が強調されている。特定の「場所」——独立広場や金融街など——を占拠するだけでは、国家権力にとってあまり痛手にはならない。「空間」とはスケールをたえず可変化させていくものである。今日、メトロマニラはメガ・マニラに拡大し、周辺部を都市圏へと吸収しているが、別の段階では、資本の都心への再集中が起こり、都心のみで自律した人流や物流が生み出されるかもしれない。すなわち「空間」とは、物質的実践を通じて、形成と生成を繰り返す面的全体性なのであり、それは特定の広場や街路といった「場所」とは性質が異なっている。ハーヴェイは「空間」の制圧こそが重要であるにもかかわらず、「空間」をめぐる支配については、労働者ではなく国家権力によって舵取りがなされてきたことを指摘している。

この指摘には修正が必要だろう。サンロケ住人による道路封鎖は、ほかならぬ「空間」をめぐる争いであったからである。幹線道路の封鎖は、点的な占拠であると同時に、面的な流れの停止を引き起こすことを企図しておこなわれる。広場に人が押し寄せても、争いは「場所」の次元に止まる。幹線道路が封鎖されれば、その影響は「空間」全体に及ぼされることになる。そしてその影響は、「時間―空間の圧縮」が極限にまで進んでいる今日だからこそ大きくなる。このようにサンロケ住人の抵抗は、「場所」ではなく「空間」に対して仕掛けたものであったと言えるのだ。

住人たちが「空間」を念頭に自分たちの運動を仕掛けることができた背景には、やはり、かれらには多くの輸送労働者たちが含まれていたことがあるだろう。タクシーやジプニーの運転手、あるいは交通誘導警備員として働くなかで得られた知識が、道路封鎖という機転を利かせた手法を導いたと言える。かれらの手法は、ケソン市役所や国家住宅庁の職員が当初に想定していたようには、サンロケを操ることが容易ではないことを示すものだった。

その結果、ケソン市役所と国家住宅庁は、本章で記してきたように、サンロケ地区内にフェンスを建設することで、地区とエドサ通りを切り離す用地設計を実施したのだった。道路封鎖という切り札が使えなくなったことで、住人たちは、さらなる立ち退きと強制撤去に巻き込まれていくことになる。次章では、その展開を記していく。

1 強制撤去の一週間

二〇一四年一月下旬、私はマニラにいた。[★1]その際の調査テーマは、強制撤去ではなくボクシングであった。スポーツに関わる調査の研究のために、ボクシング・キャンプに宿泊しながら、引退後のボクサーたちの仕事や社会関係について、聞き取りをおこなっていた。

一月二七日の夜、移動中の車内のラジオで、サンロケで大規模な強制撤去が実行されたことを知った。強制撤去は、二〇一〇年以降、マニラ各地で急増していた。私の友人のボクサーも、親戚が強制撤去のターゲットになり、再居住地への移住を余儀なくされたことがある。私は、住居を強制的に解体されることがいかなる出来事であるのか、それをきちんと記録したいと思った。スポーツに関わる調査はいったん停止して、調査上の伝手はいっさいなかったが、単身でサンロケに行くことにした。

一月三〇日、早朝に宿舎としていたボクシング・キャンプを出発して、バスと電車を乗り継いで二時間ほどかけてサンロケに向かう。鉄道駅であるケソン・アベニュー駅を降りてから、私はタクシーに乗る。タクシーは走り始めるが、わずか二分で現場に到着する。そこはアガム通りで、道路の中央分離帯付近には、たくさんの急ごしらえのテント小屋が立ち並んでいる。昨日の強制撤去によって住居を奪われた人びとが、そこにいた。一帯の住居は破壊し尽くされている（**第8章扉写真**）。

この日で、強制撤去の開始から四日が経過していた。だがまだショベルカーを使った家屋の撤去は続いている。私は撤去後の跡地を歩きながら、家を失った人びとに話を聞く。月曜日の早朝に、突如として大勢の警察部隊がサンロケに現れた。住人たちは抵抗したが、催涙ガスまで使用する武装部隊の攻撃によって鎮圧させられ、そのまま朝九時には道路沿いの住居から解体が始まった。撤去は月曜から毎日続き、地区の東端から西に向かって進められている。ターゲットとなった住人は、自宅が破壊された後に、その廃材を利用してアガム通りの中央分離帯に一時凌ぎのテント小屋を作った。そのテント小屋で、かれらは今後どのように生活するのかを考えている。

●催涙ガス

催涙ガスは、強制撤去の際に頻繁に使用される武器である。身体を直接に攻撃するのではなく、身体を包む空気——第1章で取り上げたスローターダイクの概念を使えば「主要な生命媒体」——を標

★1　本章で採用する記述は、一見、手記やフィールドの雑記のようなものに見えるが、こうしたフィールドにおける具体的なディテールを照らす記述こそが、エスノグラフィーにおいては不可欠であると筆者は考えている。ディテールを書くことそのものがなにかの理解であることを教えてくれる示唆的な仕事として、ウクライナ戦争に巻き込まれたウクライナ人の脱出過程を記したアベル・ポレーゼの論考を参照（ポレーゼ 2022）。また、シカゴの黒人ゲットーに位置するボクシングジムの日常とボクサーたちの引退後の人生を追跡したロイック・ヴァカンの著作（Wacquant 2022）、タイのバイクタクシー運転手の人生をグラフィックノベルとして再構成したクラウディオ・ソプランツェッティの仕事も重要である（Sopranzetti et al. 2021）。これらの著作はすべて、フィールドでの出来事と理論的思考が結合することで現出したディテールを捉えている。

的にする武器であり、ガルトゥングの言う「生理学的暴力」を行使するものである。身体を直接、標的にしないという点において、それは「ノン・リーサル・ウェポン」であるとみなされているが、暴力的排除の効果としては「リーサル・ウェポン」と同様の強度を持つ。またそれは「普遍的呼吸権」（ムベンベ 2020）を奪うものでもある。

催涙ガスについては、次の二点を指摘しておきたい。第一に、催涙ガスは「暴動管理」の道具として世界各地で使用されているが、それが製造元の企業に大きな利益を生み出していることだ（Feigenbaum 2017）。催涙ガスは、第一次世界大戦における塹壕戦において開発が進んだ毒ガスの転用物であり（藤原 2017）、毒ガスについては一九二五年のジュネーブ協定で対外戦争における使用が禁じられた。だが、国内の治安維持活動においては使用禁止とはされず、その結果、催涙ガスの商品化が進んだ。催涙ガスの製造にあたっては、国と企業名を示すならば、アメリカ（Combined Systems, Inc.、NonLethal Technologies、Safariland）、ドイツと南アフリカ（Rheinmetall Denel Munitions）、イスラエル（ISPRA）、ブラジル（Condor Non-Lethal Technologies）、フランス（SAE Alsetex、Verney-Carron、Nobel Sport）などの産業複合体がそれを担っている。こうした民間企業の製造した催涙ガスが、各国の政府や組織によって購入されることで、この武器のグローバル化が生じている。実際、レバノンのユースティンク運動の鎮圧の際にはフランス製のものが使われ、二〇一四年の香港ではイギリス製のものが使われている。社会運動の現場では #RIOTID プロジェクトという国際的活動がおこなわれている。それは、鎮圧時に使われた催涙ガスのスプレー缶を写真に撮り、それがどこの国で作られたものなのかをインターネット上でデータ共有するという試みである。★2

第二に、催涙ガスの使用例として、マニラの事例は極めて特異だということである。本章では二〇一四年の強制撤去の事例を記しているが、二〇一〇年代にはカイロのタハリール広場（バトラー 2018）やキエフのマイダン広場（クルコフ 2015）でも、抵抗運動の鎮圧のために国内の治安維持部隊が催涙ガスを使用した。一方、マニラの強制撤去での催涙ガス使用の固有性は、広場などの「公共空間」ではなく、スクオッター地区という「生活空間」においてそれが使用される点にある。公共空間における抵抗運動とは異なり、生活空間のスクオッター地区には老人も幼児もいるなかで、そこが衝突のゾーンと化すわけである。カイロやキエフにおいて催涙ガスの被害を受けるのが一〇—三〇代の相対的に若い年代層に偏るのに対し、マニラでは三歳の幼児が催涙ガスの影響で頬にやけどをおったりする。催涙ガスの使用地の分析を通して、強制撤去とは生活空間が戦場化するものであることを私たちは知ることができる。

自宅を破壊され、中央分離帯での一時テント生活を余儀なくされた一人に、パリダという二八歳の女性がいた。ミンダナオ島コタバト市出身のムスリムの女性である。彼女はその仮設テントでもサリサリストアを開いていた。二〇〇四年にマニラに来て、ペディキャブ（自転車タクシー）をしている運転手の夫と知り合ってから、二万ペソ（三万八七〇四円）でこのサンロケ地区の家を「買った」★3。夫は、強制撤去という非常事態のなかでも、ペディキャブの仕事に行っている。働かなければ食っていけないので

★2 https://riotid.com を参照。
★3 「買った」と鉤括弧をつける理由は、ここはスクオッター地区であり、あくまでそれがインフォーマルな位相での、人と人との占有料をめぐるやりとりであることを示すためである。

ある。娘が一人いるが、その娘も今日も学校に行っている。

パリダの横には、同じく自宅を破壊されたフレデリンという女性が座っていた。彼女はミンダナオ島のスリガオ出身の三三歳で、サンロケには一三年間暮らしていた。彼女はパリダのように自宅を「買って」いたのではなく、「賃貸」で暮らしていた。夫を昨年に亡くしたが、子どもを食べさせ、学校に行かせるために、さまざまな仕事に就いてきた。パリダとフレデリンは近所の仲間としてこれまで仲良くしてきたが、強制撤去後の生活をどうするかは、ふたりともわからないと答えた。私が「モンタルバンに行きますか？」と訊いたとき、パリダは「いやだ。仕事もないし、雨で洪水になると聞いているから、私たちは絶対に行きたくない」と即座に答えた。

一帯には、パリダやフレデリンのような住人とは別に、撤去後の家屋から鉄屑を回収することを目当てに、サンロケの外部からやって来た人びともいる。かれらは一様に、金槌を片手に、コンクリートのブロックを叩き壊していた。そして、スクオッター家屋のコンクリート塀に入っている鉄筋を取り出していた。子どもたちがコンクリートブロックから鉄筋を取り出すと、それを母親が袋に入れて回収していく。鉄屑拾いに来ている人は、圧倒的に女性が多い。こうした人びとは、強制撤去のニュースを聞いて、臨時的な収入を期待しここに来ている。

警察官、ガードマン、NGO関係者、教会関係者、報道記者なども集っている。赤いTシャツにジーンズ、足元がスニーカー姿の女性ジャーナリストが、もう一人の同僚の女性と一緒に、一眼レフカメラで惨状を写真に収めている。背の高い屈強な民間ガードマンが、撤去後の地帯を立ち入り禁止にするために二四時間体制で監視している。警察官が、ゆっくりと歩きながら、住人を監視している。教会のシスターが、家を失った住人たちに声をかけて回っている。

撤去後に市役所職員が急造したフェンスを見ると、家を失った住人たちの洗濯物が干されている。国家が作ったこのフェンスに、洗濯物を干すということで、住人たちは静かに異議申し立てをしている。フェンスに干された洗濯物は、住人たちが引き続き存在することを可視化する。撤去に反対するビラや看板ではなく、洗濯物という極めて日常的なものがそこに干されることに意味があるのだろう。

*

一月三一日（金）、国家住宅庁の職員が、サンロケに詰め掛けている。職員は黄色のTシャツを着ているので目につきやすい。かれらは家を破壊された住人たちを路上の木陰に集めて、紙を配布しながら、再居住地への移住について説明をしている。私は、昨日会ったパリダのところに向かう。パリダは国家住宅庁の説明には耳を貸さず、仮設のテントから動かない。「再居住地には行きたくない。あそこには仕事も、学校もない」。彼女は、そう口にした。

今日は春節であり、フィリピンでは祝日である。マルコス体制の打倒後の民主化過程において一九九二年に施行された都市開発住宅法は、スクオッター住人の居住権を部分的に認める画期的なものであった。その法では、休日の強制撤去が禁止されている。だが撤去部隊は、今日もショベルカーを稼働させていた。

家を壊すショベルカーを取り囲むようにして、サンロケ[★4]住人がその様子を見届けている。ショベルカーが家を壊している最中に、ひとりの女性が叫ぶ。「クヤ、そんな乱暴にしないで。その向こうの家には、まだ人が住んでいるのよ！」。道路から一一・三メートル以内に立地する住居が対象となった今回の強制撤去は、立地の入り組んだスクオッター地区においては「どこまでが」一一・三メートルなのかという線引きが難しい。たとえ一部でも家屋が一一・三メートル以内にかかったら、その家屋すべてが撤去となるのか。それとも無効となるのか。統一した指針があるわけではなく、実際のところ、撤去部隊の現場作業員の判断次第である。ある者は部分的に対象地区にあったがゆえに家屋すべてが破壊され、別の者は家屋の一部が対象地区にあっても無傷に終わった。

●眼の残る空間

撤去部隊がバリケードを破り各家に入り込むと、住人たちは最終的には強制撤去を受け入れざるをえない。その後、まず撤去部隊が屋根によじ登り、トタン屋根を剥がし始める。住人たちは、家の電化製品や生活必需品を屋外に持ち出す。そうしているうちに、家の壁のコンクリートブロックが、ショベルカーで破壊されていく。

住人たちは、もはや手出しできる状況にはない。ただ見ることしかできない。しかしそれでも、かれらは自宅が破壊される光景を見届ける。かれらは何を見届けているのか。「手も足もでない時でもすくなくとも冷静に観察し、記録することはできる」という若き中井久夫の言葉が思い出される（中井 2010：93）。住人たちは、破壊の光景から眼を逸らさない。

近代の大都市においては、五感のなかでも視覚が特に突出する（ジンメル 1976）。その突出性を相対化するためには、触覚や味覚を磨きなおすことが重要であることは間違いない。しかし私は「見る」ということに重きを置いてエスノグラフィーを書いてきた。手も足も出ないとき、最後にできることは見ることだ。第5章の解釈労働についての説明でも記したように、構造的弱者——第5章では家事労働者について記した——は見ることしかできない。でも、その見ることを通じて、通常とは異なった視座からの証言も生み出すのだ。私は「視座」「視点」「視角」といった研究方法に関わる言葉を、この「見る」という行為に関わる言葉して用いている。

私がショベルカーの様子を見ていると、五〇代くらいの女性が話しかけてくる。「アヤラの人なの?」。「アヤラ」とはフィリピンの財閥名である。その企業グループが、強制撤去後のこの地区を開発することになっている。「違います。日本から来た研究者です。強制撤去の報道を観てここに来ました」。私が住人にとっての敵であるアヤラ財閥の関係者ではないことを知ると、彼女は強制撤去に至るまでの詳細を話してくれた。そして、こっちにおいでと、私を別の場所に連れて行く。中央分離帯に仮設されたテントのひとつに私を招き入れ、彼女はそこで一人の男性を私に引き合わせた。その男性は、強制撤去に反対する住人グループの副リーダーを務めるノエルであった。

ノエルは、私に非常に詳しく、強制撤去の過程について話した。彼自身も家を破壊されていた。撤去

★4 「クヤ」とは、タガログ語で、自分よりも年長の男性に対してつける呼称である。女性の場合「アテ」になる。この呼称をつけることは両者の親密さを意味する。彼女にとって見知らぬショベルカーの操縦者に「クヤ」と呼びかけることは、この操縦者を敵対者としてではなく、自分たちの対話者として交渉しようとしている姿勢を示していると言えよう。

が開始した二七日の早朝の様子、それに抵抗して住人たちがバリケードと投石で対抗したこと、催涙ガスが投入されマシンガンの銃口が住人に向けられたこと、SWAT部隊が女性や子どもに対しても暴力的に振る舞ったこと、SWATの後には青いTシャツを着た日雇いで集められた撤去部隊――かれらもまた別のスクオッター地区に暮らす都市底辺層である――が突入して、屋根に上ってトタン屋根を剥がし、壁となっているブロック塀を壊し始めたこと。

一通りの話を終えると、ノエルは私に昼食を準備してくれた。仮設テントのなかで、彼の妻のリタが作った料理をいただく。ご飯とスープの昼食を私が取っている際にも、ノエルは強制撤去に対する怒りを話し続ける。青のTシャツに黒の短パン、黒のサンダルという服装だった。

昼食後に、ノエルは私を外に連れ出す。彼は私をサンロケの内部エリアへと案内する。今回の道路拡張事業では対象にはならなかったが、今後はこうした内部エリアでも強制撤去が予定されている。ノエルが連れて行ってくれたのは、サンロケの住人たちで作った教会、イスラム教の人びとが集うモスク、目抜き通りに立ち並ぶ数々のお店、ストリート・バスケットをおこなうプレイ場などである。「見てみな、どれだけの人間がここに生きているか、わかるだろ」。ノエルは、人びとに私のことを紹介しながら、地区を歩く。

しばらく歩き進むと行き止まりになり、そこにはフェンスが張られている。このフェンスから向こう側にも、四年前までは人びとの住居と暮らしがあった。だが、二〇一〇年九月二三日の強制撤去で、このゾーンの住居は破壊されて、現在は更地になり、セキュリティガードが二四時間体制でこのゾーンを監視している。ここはアガム通りとは反対側のエドサ通り沿いである。この区画に建造されたフェンスに沿って歩きながら、ノエルはサンロケ内を隈なく案内してくれる。奥まったところでも、強制撤去に反対するポスターや落書きが施されている。「ひどい仕打ちと拷問だ、ノイノイ[★5]を追放しろ」と壁にメッセージを書いた住居もある。

木陰で二時間ほど、私たちは話をする。ノエルは次のように言う。「俺たちスクオッターも納税者だ。納税というかたちで国に貢献しているし、しかもそうして集められた税金で警察の給与は払われている。その警察が俺たちを罰するのはおかしい」。ノエルはスクオッター住人への「罰」として強制撤去が実行されていると、この状況を捉えている。何の罰かというと、現在のケソン市長を支持しなかったことに対する罰であると、ノエルは説明した。市長であるバウティスタは、選挙の際、サンロケで票を集めることに失敗した。彼の動員がここではうまくいかなかったことへの仕打ちとして、この撤去が実行されたと彼は語った。こうして話をしているあいだにもまた、ショベルカーは住居を破壊し続けている。

この日の夜、ノエルから立て続けに、私の現地用の携帯電話にメッセージが届く。再居住地への移住へと一挙に話が進むことになったということだった。中間分離帯に仮設された住人たちのテントも、明後日の日曜日には強制撤去されることになった。だが、ノエルは再居住地への移住には、依然として強く抵抗するということだった。携帯電話のメッセージには「再居住地には自分たちは行かない」と記されていた。

★5　当時のフィリピン大統領であるベニグノ・アキノ三世のこと。

＊

二月一日（土）、今日も相変わらず、強制撤去が続いている。ショベルカーが稼働しており、また鉄屑拾いのために集まってきた人びとも多くいる。ただ、昨日までと違うのは、多数のトラックが来ている点である。これらのトラックは国家住宅庁が手配したもので、強制撤去を実行された家族とかれらの家財道具を再居住地に輸送するためのものであった。

昨日まで中央分離帯でサリサリストアを継続していたパリダも、今朝にはもう姿がなくなっていた。彼女は昨日まで再居住地には行きたくないと言っていた。だが、再居住地への移住が本格化された今朝には、おそらく彼女たち一家も再居住地に向かうことになったのだろう。強制撤去が最も早く実行された東側のエリアの住人を中心に、家財道具が次々とトラックに積み込まれている。

私はノエルのテントに向かう。ノエルは昨夜の話し合いのことを教えてくれた。国家住宅庁やケソン市からの情報も踏まえて、住人たちで話し合いをおこなった結果、まずは再居住地に移住することを共通の方針とすることになったらしい。「まずは」という言葉を、ノエルは強調した。住人たちのうち希望する者は、「まずは」再居住地に行けば良い。そこで態勢を整えてから、もう一度、サンロケに戻って抵抗運動を再開する。ノエル自身は、依然として、再居住地への移住には断固として反対だ。なぜ自分たちが、つまりマニラの発展のために働いてきた人間が、暴力的に都市から追い出されなければならないのか。

ノエルは、同じく被害住人である近隣の人びとと一緒に、話し合いを続けていた。かれらは、素直に再居住地に移住するわけにはいかないという立場を表明している。何事もなかったかのように強制撤去が進むこと、そうして自分たちの存在が無視されることは許せない、という立場を取っている。国家住宅庁の用意したトラックに、おとなしく乗り込むことだけはしない。

今日で強制撤去の開始から六日目である。ノエルたちのフラストレーションも爆発しかねない状況である。今日は午後から雨が降るらしい。仮設テントに、雨が降り注ぐとどうなるだろうか。子どもたちは夜の雨に濡れても大丈夫だろうか。

さらにトイレの問題もある。月曜日から今日まで、住人たちは食べ物の確保に苦労してきた。今では食べ物に加えて「出す物」に頭を悩ませている。強制撤去という未曾有の惨事においても、路上で用を足すことが許されるのは、子どもだけである。大人たちは、節度をもって処理しなければならない。しかし日数が経ってくると、トイレの問題をどのように解決するのか――他人の家のものを貸してもらうのか、道端の適切な場所を見つけるのか、小だけではなく大はどのようにおこなうのかなど――が悩みの種となっていた。ノエルはそれを charge（＝食べ物）と discharge（＝「出す物」）という用語で説明した。「家が壊されてから数日は charge に困っていた。だが、今じゃ discharge に困っている。トイレに困っている」。

それればかりではない。食事の準備に必要な火を、どのようにして起こすかという点についても困難が付きまとった。スクオッター家屋では、大きなガスボンベにつないだバーナーで調理をすることが多い。だが強制撤去後は、ガスボンベが使えなくなる。ガスボンベをどこかから調達して、共同利用する住人たちも出てきたが、それもボンベの消費に伴い難しくなっていく。米や麺は、どこかで買ってくることができる（もちろんここはスクオッター地区であることを忘れてはならない。住人たちの家計事情は厳しいが、食費だけは何とか確保されている状況である)。しかし米や麺は、火をはじめとする燃料がなければ飯にはならない。米は燃料と掛け合わされることで飯になる。今の住人たちに欠けているのは、この燃料だ。そうして食うに困る日々が続いている。

●貧困と燃料

飯を食べるために必要なのは、米だけではない。炊くための燃料が必要である。私はこの点を、藤原辰史による次の文章から教わった。「貧民窟で残飯屋が栄えた理由は、近くに繁華街や士官学校があることのほかに、その経済性にある。調理済みの残飯を食べることで燃料代を浮かすことができるからである」(藤原 2014:231-232)。この文章は、松原岩五郎の『最暗黒の東京』(一八九三年)に関するものである。慈善家は、困窮者に米を配布しようとする。だが、米はそれだけをもらっても美味しくはない。だからこそ米と燃料がすでに掛け合わされた飯を出す残飯屋は重要なのである。

米と飯の違いを説くこの点は、現代的文脈を踏まえて言い換えるなら、炊き出しや弁当配布をおこなうことと、第4章で取り上げたコミュニティ備蓄庫運動の差異を示すだろう。路上生活者にとって、必要なのは前者である。後者のような備蓄食糧の共有運動は、かれらの燃料の不所有状況を想定するなら、実質的な手助けとはならない。災害時には、カップ麺や缶詰が重宝されるように、燃料をほとんど要しない飯こそが、家なき人びとに必要なものだ。

一方で、備蓄食糧の共有運動は、ロックダウンのような終わりの見えない緩慢な苦しみを強いられた庶民にとって、調理という創作活動を可能にする条件を与えるものだった。弁当や缶詰の味は飽きる。備蓄食糧の共有化は、その食糧を自分好みの味づけや調理法で、料理する時間を与えもするのである。「食べる」だけでなく「作って食べる」ことのささやかな喜びが、コミュニティ備蓄庫運動においては確保されていたと言えるだろう。

なお、藤原は、上記の論考で、燃料以外にも注目すべき指摘をおこなっている。第一に、残飯屋が貧民たちの社交の場にもなっていることであり、政治家の想定する公共圏がこうした貧民たちの空間を排した上で成り立っていることである。そして第二に、松原が東京・四谷にある残飯屋の記録を「最暗黒」と冠した背景には、この局所的な記述を、地球規模の広がりに位置づけるねらいがあった可能性である。ヘンリー・モートン・スタンリー『最暗黒のアフリカ』やウィリアム・ブース『最暗黒のイングランド』といった著作と地続きで、四谷の残飯屋が捉えられるのである。残飯屋ひとつを取ってみても、そこから世界史を思い描くことができる。

今日はフィリピン大学の学生たちがサンロケに支援に来ている。かれらは被害住人のテントを一軒ずつ回りながら、状況を聞き取っていた。私も自己紹介をしてかれらのグループと情報交換をおこなった。学生たちは盛んに「ＰＰＰ」という用語を出した。第6章でも述べたPublic-Private-Partnershipという二〇一〇年からのアキノ政権における目玉の事業のことである。

ノエルと私が歩いていると、教会から来た二人組のシスターと遭遇する。彼女たちは、ノエルに自宅の被害状況などを訊ねた。ノエルは彼女たちに私を「日本からのジャーナリスト」として紹介した。彼女たちの一人は私に向かって英語でこう告げた。「真実を伝えてください。大手メディアは強制撤去を報道しません。ペナルティがつくからです。まずは多くの人びとがこの事態を知ること、そうすると次にアクションが生まれます。だから真実を伝えてください」。

＊

二月三日（月）の早朝、私は、日本への帰国便に搭乗する前に、ニノイ・アキノ空港でノエルにメッセージを送った。今から日本に戻ること、みなさんの今後が問題含みにならないように祈ること、近くあなたたちに会いにフィリピンに戻ってくること。こうした点を記した。ゲート前で搭乗を待っていると、ノエルから返信があった。ノエルは、今晩か明朝には自分たちはモンタルバンに送られる、と書いていた。「送られる」と表現されていたことに気を向けながら、私はもう一度、あなたたちに会いにフィリピンに戻って来ます、と返信し、帰国便に乗った。そしてノエルは、実際、この日の夜には、トラックで再居住地へと「送られた」のだった。

日本に戻ってからおよそ一週間後の二月九日（日）、ノエルから私にEメールが届いた。彼は再居住地での生活に格闘している渦中だった。そんななかで、彼は再居住地のインターネットカフェから、わざわざ私に二通のメールを送付した。「San Roque Demolition」という件名で、「これらが実際の強制撤去です」という一文だけのメールには、一通目には七枚の、二通目には一六枚の写真が添付されていた。

この二〇一四年一月以降、私はノエルと連絡を取り合い、サンロケおよびかれらの再居住地であるモンタルバンを、コロナ禍になる前まで、繰り返し訪問しながら、強制撤去とその後の人びとの経験について記録していくことになった。

2 「送られた」先——再居住地での生活の開始

2—1 所帯分離

前回の調査から七ヶ月が経った二〇一四年九月、私はマニラに戻った。マニラに滞在するとき、私はいつもパラニャーケ市にあるEジムを宿泊地にしている。そこには私の友人たちがいる。夕方にはかれらが私のボクシングの練習相手をしてくれるし、ほかの引退したボクサーたちの近況についても知ることができる。

しかし今回、私はケソン市のホテルを拠点にすることにした。Eジムから再居住地までは遠い。最低でも片道五時間はかかる。この距離がマニラと再居住地の隔たりを示している。ケソン市のホテルであれば、再居住地まで、渋滞に嵌まったとしても三時間あれば訪問が可能だ。また、強制移住を余儀なくされた住人の元々の住まいであったサンロケにも、そのホテルからであれば、歩いて向かうことができる。フィリピンにおいて名高い私立大学であるアテネオ大学も近く、そこにあるジョン・キャロル研究所には私の知人たちが勤めている。調べ物をしたり、最近のマニラの動向を聞きに訪れることも容易だ。

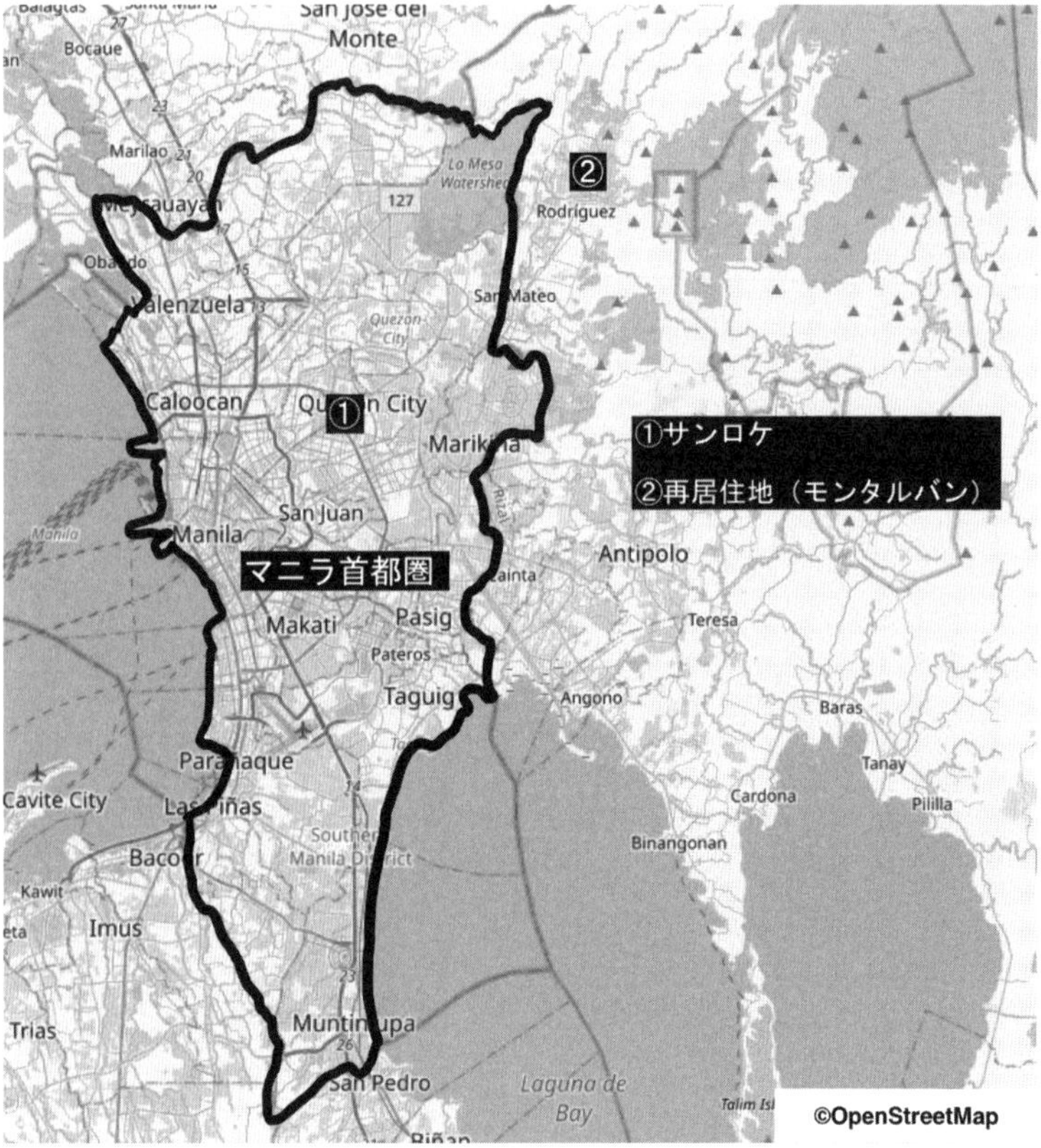

図４　サンロケおよび再居住地の地図

＊

モンタルバンにある再居住地のサウスビル8B（図4）で、ノエルと再会した。彼は今、政府が建造した長屋の一室（二二平米）に、妻のリタと一緒に住んでいる。隣の家屋には、ノエルの娘夫婦が居住している。サンロケでは、彼は娘夫婦と同居していたが、再居住地に送られる際には、彼は二部屋の割り当てを国家住宅庁に要求した。それが認められて、こうした居住形態になった。

ノエルはこの再居住地からマニラに向かうことを、「下りる」という表現を使って説明する。ここは山奥だからである。妻のリタは、二月四日にサンロケからトラックでこの地に送られて以降、マニラへと「下りたことがない」。一方ノエルは、サンロケに定期的に通って、人びととの情報交換をおこなっている。

ノエルの家には、ハンモックが吊るされていて、そこには生後八ヶ月の女の子が眠っている。女の子が目を覚ましてぐずり始めると、ノエルはハンモックを揺らして、もう少し眠らせようとする。フィリピンでは、子育てにハンモックを使用することが多い。壁にネジを打ち込んで、そこにロープと布を括り付ける。狭い室内を有効に活用でき、さらにハンモックの方がベビーベッドよりも赤ちゃんがよく眠るといわれている。この光景を見て、かつて私もみずからの子育ての際にハンモックを作ろうとした（だが借りている部屋の壁に、ビスを打ち付けることが禁止されていたため、断念した）ことを思い出す。

私はその女の子が、ノエルの孫だと思っていた。そうではない、と彼は言う。その子は、サンロケから移住させられた若い夫婦の子どもであって、ノエルとは血縁上の関係がないということだった。その若い夫婦は、再居住地には仕事がないため、マニラに戻って、平日は知人宅に居候しながら路上で物売りをしている。赤ちゃんを連れての居候生活を、マニラにいる知人にお願いすることはできない。その結果、その夫婦は再居住地にいるノエル夫妻に、赤ちゃんの託児をお願いした。若い夫婦は、毎週五〇ペソ（約一二九円）をお礼としてノエルに払っている。

マニラの都心から郊外の再居住地に移住することは、所帯分離を引き起こす。サンロケでは、その夫婦は赤ちゃんと一緒に生活していた。スクオッター所帯には多くの人手があり、夫婦が朝から晩まで共働きしている間にも、子どもの面倒を見てくれる人——主に女性でタガログ語で「ヤヤ」と呼ぶ——は容易に見つかる。だが、ヤヤを見つけることが可能なのは、自宅がマニラにある場合のみだ。日中は近くに住むヤヤに赤ちゃんを見てもらっていて、夕方には赤ちゃんを引き取り、夜は家族で一緒に過ごす。このように日中に限定したヤヤを見つけることは可能だが、しかし二四時間体制で子守りをしてくれる人を見つけるのは容易ではない。ましてや、若い夫婦は、今は居候の身であり、居候先で赤ちゃんと同居することは、ホスト家族にも嫌がられる。結果として再居住地に暮らすノエルに平日はずっと赤ちゃんを預けることにして、週末にのみ再居住地に戻る生活を、かれらは開始したのだった。強制撤去と再居住は、若い夫婦が赤ちゃんと同居することを不可能にした。

●愛の遠隔地化

ウルリヒ・ベックは、「世界家族」（ベック＋ベック・ゲルンスハイム 2014）について示唆的な分析をおこなった。世界家族とは、異なる国や大陸からやってきた人びと同士が家族を形成し、愛の関係を持つことを表している。これは家族員が全員、同じ言葉を話し同じ国のパスポートを持つような「ナショナルな標準家族」とは区別されるものである。世界家族のひとつの特徴は、同居を前提にしないことにある。妻がアメリカで働き、夫がイギリスで働く。時差を考慮して、互いの会話が可能な時間にZoomで一日の出来事を語り合う。あるいは、シンガポールに家事労働者として移住したフィリピン出身の女性が、週末に、フィリピンに残してきた子どもにFacebookのメッセンジャー機能を使って電話をする。「遠く離れた愛（Fernliebe）」が世界家族のキーワードであり、近接性を前提にしていた「親密さ」や「愛」といった概念は、今や遠隔地化されることになったのである。

「遠く離れた愛」という用語に触れたとき、私が思い起こしたのは、フィリピンのスクオッター地区の人びとであった。強制撤去と再居住は、家族の同居を困難にさせる（序章★7も参照）。多くの場合、夫はマニラに単身で戻り、妻子は再居住地で夫の帰りを待ち侘びる。携帯電話などの連絡手段を持たないかれらにとって、日常的に連絡を取ることは容易ではない。

距離とは時間である（たとえば「五〇キロメートル」とは、距離と同時に時間／時速を表している）。連絡が届くまでの「時間」という観点で見れば、マニラと再居住地の距離は、ロンドンとニューヨークの距離よりも遠い。マニラと再居住地を連絡する「距離」は、オンラインで常時接続が可能なニューヨークとロンドンに住む人びとの連絡「距離」以上のものである。

スクオッターの家族は、同居の継続が困難になることが多い。経済的必要性から出稼ぎをしたり、あるいは強制撤去の結果、家族分離が生じたりする。ベックの「遠く離れた愛」という概念は、グローバルサウスの都市下層の分析へと転置されることで、その射程が広がるはずである。

所帯分離の例は、再居住を余儀なくされた別の家族にも当てはまった。ある家族はサンロケでは七人所帯で居住していた。しかしながら、そのうちの二人は、一時的な居候者であったため、再居住地移住の正統な補償対象者からは除外された。そのため五人で再居住地に来たが、そこには仕事がなく、夫はすぐにマニラに単身で戻ることになった。夫はトライシクルの運転手をしているため、平日はトライシクルのなかで寝泊まりして、週末に再居住地に戻ってくる日々が開始された。そのため、再居住地の家にいるのは、妻と三人の子どもだけである。夫はマニラでの仕事で使うトライシクルに、妻子の名前を書いたシールを貼っている。シールについて彼は言う。「妻と子どもたちは、いつも心のなかに一緒にいる」。平日の再居住地を歩いていてわかるのは、そこが成人男性が不在の空間であることだ。稼ぎ手となる人びとは、多くがマニラに戻っている。

2—2 生業の貧困

ノエルは、サンロケからここにトラックで「送られて」きたときのことを話した。彼が到着したとき、割り当てられた家にはドアがついていなかった。トイレの便器もなく、ひとつの穴が空いているだけだった。電気も水道も通っていない。彼が最初に要望したことは、トイレの便器を付けてもらうことで、三日後に付けてもらうことができた。

サンロケにいたときは、家屋の形状がそれぞれ異なっていたので、自分の家がどれかをすぐに判別することができた。だが、再居住地ではすべての家屋が同じ佇まいである。自分の部屋番号を覚えれば良いが、なかなか最初は難しい。ノエルは、ドアが付いてからは、独自の飾りを付けることで、自分の家

の目印とした。リタは当初、外出した後に、自分の家がどこなのかわからなくなり、迷い込むことが多かった。★6

ノエルは、持ち前の行動力を活かして、再居住地の元サンロケ住人をまとめあげて、生活再建活動を集合的におこなおうとした。だが、できなかった。住人の一部は、再居住地での生活を早々に諦めて、マニラに戻ってしまったからである。サンロケから八〇世帯が移住したが、そのうちの三五世帯がすでに家を売り払ってマニラに戻っている。さらに五世帯が質入れ状況――家を担保に借金をしていて期限内に返済できなければ家を失うことになる状況――にあった。再居住地の家は、フィリピンの国家住宅庁が提供する社会住宅に該当するもので、売買が禁止されている。よって所有権を正式に他人に移すことはできないが、人びとはインフォーマルに「売買」をおこなっていた。マニラに戻る人びとは、この辺りで暗躍する仲介業者に家を「売る」。仲介人は買い取った上で、その空き家を転売する。こうして

★6　これと同様の経験が、インドネシアの再居住地をめぐる論文でも次のように記されている。「トランスロックでの最初の数週間は、毎朝、私たち（彼女やほかの母親たち）はバケツを持って井戸に行き、家族の生活用水のために並んで水を汲んでいました。私たちはまだお互いを知らないので、ただ礼儀正しく微笑み合うだけでした。私は恥ずかしがってほかの女性たちと話すことができず、同時に新しい土地での悲しみと孤独に陥っていました。そこは、埃っぽく、暑く、湿度が高く、木が一本も生えていない土地でした。入居から二週間ほど経ったある日、井戸から戻った私は、またしても違う家のドアを開けてしまいました。思わず笑ってしまいました。近くでも同じように間違えた人がいて、そこでも笑い声が聞こえました。同じく井戸から戻ってきたお母さんが迷子になっていたのです。彼女は、トランスロックに移ってきてから、長屋のなかの自分の家がほかの家と区別がつかなくなったと言っていました。それが彼女との最初の会話で、それ以来、私たちは友人として付き合っています」（Quetulio-Navarra 2014 : 2）。

「売り」に出されている家の価格は八万ペソ（約一九万五一五二円）だった。ノエルは、しきりに、私にそうした家のひとつを「買う」ことを勧めた。「トモ、今ならここは八万ペソだが、時間が経つとどんどん高くなっていく。隣のカシグラハンの家だと、同じサイズで、一二万ペソとかになっている。金があるなら、ここを買ったほうがいい。そうすれば、お前はここで調査ができる。お前がいないときは、俺がちゃんと管理しておく」。私は断る。

移住からわずか七ヶ月のうちに、四四％もの世帯が、この地を後にしている。私はノエルと一緒に地区を歩きながら、この地区で生活再建をすることがいかに困難であるのかを感じた。「マニラに戻る人を非難できない。食っていかなきゃいけないんだから」。ノエルは言う。再居住者が一枚岩になることは難しい。そのことは同時に、有力者への陳情活動が困難になることを意味する。[★7] 電気は開通したが、水道は引かれていない。道路も土のままで、晴れた日は砂埃が舞い、雨の日は泥まみれになる。さらに家によっては、壁の作りが粗雑で、雨が降ると室内に水が染み込む被害も生じている。こうした生活環境整備は、個人でいくら声高に訴えても、改善は実現しない。そうしているうちに、また新たな家族がマニラへ戻ることになり、ここを去っていく。

なぜ人びとがマニラに戻るのかといえば、ここには仕事がないためである。家はあるが生業がない。つまり、再居住地の特徴は「生業の貧困」と言うことができる。一方で、サンロケをはじめとしたマニラの都心部のスクオッター地区の特徴は「居住の貧困」である。スクオッター地区には仕事はあるが、居住環境が劣悪である。つまり都心と再居住地では、貧困の特徴が異なる。都市底辺に生きる人びとは、居住の貧困――劣悪な住居での生活――を我慢することはできても、生業の貧困は我慢することができない。なぜなら、それでは食っていけないからである。生業の貧困からの脱出を求めて、かれらは再居住住地からマニラに戻る。

ノエルの家に戻ると、リタが内職に励んでいた。彼女は、雑巾（タガログ語で「バサハン」と呼ぶ）を作っていた。これは現金収入を得るための取り組みであるが、手にできるお金はわずかばかりである。雑巾づくりに必要なミシンは、サンロケ出身者たちが有志で共同購入したもので、一台三五〇〇ペソ（約七九〇八円）と、かれらにとっては高価だった。このミシンをみんなで使って、雑巾づくりをしている。

「生業の貧困」を解決するべく、かれらは雑巾づくり以外にもさまざまなことを試みてきた。最初におこなったのはスリッパの作成だが、資金が続かず中止となった。次にココナッツの皮を用いたロープづくりを開始し、これは現在も続いている。ロープは一本あたり一・二五ペソ（約三円）で業者に買い取ってもらえ、五〇本を一束にして売っている。あわせて、石鹸づくりも始めたが、これも資金が続かず打ち止めになった。次に、シューマイやハンバーガーの製造も試みたが、同様に資金不足で停止となった。これらはすべて国家住宅庁が移住者に向けて提供する「スキルトレーニング・プログラム」のなかで紹介されたものだった。

★7　陳情活動は公式な回路を通じておこなわれる。私は、ノエルの作成したさまざまな陳情書――所定の形式に則ったもの――を見せてもらったことがある。住人たちは共同で陳情書を作成し、それを役場の所定の部署に提出する。その一方で、非公式な回路でも同時におこなわれる。それは、少額の賄賂であったり、人間関係を使った働きかけであったりする。重要なことは、公式・非公式ともに、陳情には一定の集団の規模を要することだ。サンロケからの移住者の多くが結束していれば、陳情活動を公式にも非公式にもおこないやすいが、バラバラで規模も小さいとなると、あらゆる対応が後回しにされる。

資金がなければ生業の貧困は決して克服されない。こうした状況において、国家住宅庁が幾度も繰り返すのが「起業家」精神の重要性についてである。途上国では庶民がマイクロファイナンスを利用して小規模事業を展開している、というあのモデルだ。国家住宅庁は、再居住地に生業の機会を作り出せないことの言い訳として「起業家」モデルを謳っている。しかしながら、強制移住を余儀なくされた住人からすれば、必要なのは「雇用（employment）」であって「起業（enterprise）」ではない。国家住宅庁にとってマイクロファイナンスと企業家モデルは、移住者を見捨てることを正当化する論理として好都合である。

●貧困管理と官僚制

インドの都市研究者で、批判的開発研究を展開するアナーニャ・ロイは、グローバルサウスの貧困研究のパラダイムシフトを主張している。すなわち、貧困とは何かではなく、貧困がどのように社会問題として構成され当該社会で管理されているのかを問うという問題設定の移行である。ロイはグラミン銀行のようなマイクロファイナンスの事例を取り上げながら、それがどのように貧困削減に寄与しているかではなく、そこからいかなる貧困管理の官僚制機構が出現しているのかを明らかにした（Roy 2010）。

貧困の管理、およびそれを担う官僚制機構については、インド出身の研究者たちによって、重要な著作が刊行されてきた。ロイのほかにも、アキール・グプタによる有名なエスノグラフィーである *Red Tape*（Gupta 2012）は、著作タイトル自体がずばり貧困と官僚制を指したものとなっている。

ロイは、インドを中心に研究が蓄積されてきた批判的開発研究の系譜を、アメリカ社会学における福祉社会学研究の古典であるフランセス・フォックス・パイブンとリチャード・クロワードの*Regulating the Poor*(Piven & Cloward 1971)と接続することで、グローバルサウスから生まれた研究動向をグローバルノースの研究蓄積と重ねて理解しようとする。パイブンとクロワード夫婦は、福祉政策とは何かではなく、それがいかに貧民たちを「黙らせてきた」のかを解読した。かれらによれば、福祉政策はまさに、貧民を統制する仕組みのひとつなのである。そしてこの古典的名著の問題意識は、ロイック・ヴァカンによる*Punishing the Poor*(2008)へと継承された。ヴァカンは、貧民が福祉政策によって黙らせられるだけでなく、刑務所へと追放されるようになった事態を描出した。「貧者の統制」から「貧者の処罰」へというシフトが、アメリカにおける貧困管理の技法の変化として見られるのである。

ロイは、インドにおける開発研究の系譜を、アメリカにおける福祉国家批判の系譜と接続することで、「開発」と「福祉」を横断する貧困管理の技法を炙り出そうとする(Roy & Crane 2015 : 15)。そしてこの貧困管理の技法は、マニラにおける再居住地の生活においても登場するものである。

ノエルたちにとって、融資を受けた小規模事業よりもはるかに有り難かったのが、国家住宅庁が民間企業と連携しておこなった、新たな再居住地建設のための建設作業員の募集であった。マニラの都心での同じ仕事よりは給料は安いものの、この求人は人気がある。それは「雇用」で、多くの再居住者にとって馴染みのある働き方であり、働ければ確実に日給を手にできるからである。

ノエルもこの求人に応募して、契約期間の間、近くの現場で働いた。働きながら彼には、ひとつの想念が思い浮かんだ。ノエルはサンロケでの立ち退きに反対してきた。しかし最終的には、強制撤去が実行されて、彼はこの山奥の地まで「送られて」きた。その自分が、今、稼ぎを得るという名目で、新たな再居住地建設のために働いている。今作っている再居住地には、完成すれば、立ち退きを余儀なくされた新たなスクオッター住人が送り込まれることになる。自分はスクオッター住人のマニラからの追放に加担するのか？ でも、この仕事で現金を得なければ、再居住地にはいかなる雇用もない。若い人びとは、マニラまで通勤したりそこで居候生活したりしながら働いている。自分は高齢でそれはできない。ノエルは自己が両局に引き裂かれるような思いを持ちながら、結局、契約期間の最後まで働いた。

2―3 ピザ

外では日が暮れ始めた。「夜は危ない。このあいだ、隣の区で、四〇代の夫婦の惨殺体が見つかった。普通の夫婦だと思ってたんだけど、ドラッグを扱ってたらしく、ふたりとも、ひどい殺されようだった」。私は出歩くことをやめて、ノエルの家で夜を過ごすことにする。

リタが夕飯の準備をしてくれる。調理に使う水は水売り場で買ってこなければならない。この調理用の水とは別に、それよりもさらに安全な（そして高額な）飲用水も買ってこなければならない。水を買いに行くのはノエルの日課だ。調理用の水は一八リットルで三ペソ（七円）だが、飲料用は二五ペソ（六一円）がかかる。さらに遠く離れた水売り場から自宅まで水を入れた容器を運ぶためには、専用の台車が必要になる。その台車は、一時間あたり二〇〇ペソ（四八九円）で借りなければならない。サンロケよりもモンタルバンの方が、水にかかる費用は高くなる。外では雨が降り出した。ノエルは軒先に空のバケツやポリタンクを並べ始めた。洗い物や洗濯には雨水を活用する。

リタの作る料理はとても美味しい。私の好物のアドボ（豚肉をニンニク醤油とビネガーで煮込んだフィリピン料理）を作ってくれる。庶民料理ではあるがノエルたちにとってはご馳走だ。ご飯が進む。食卓が小さいので、ノエルと私が先に食べる。近くに住む小学生の孫たち――かれらも強制撤去によって転校を余儀なくされた――も夕飯時にはやって来て、次にかれらがリタと一緒に食べる。最後に残飯が猫と犬に与えられる。

食後は、孫たちも一緒にテレビを観ながら過ごす。今日はたくさん話を聞いたし、炎天下を歩き回ったので、私は疲れ果てている。再居住地には陽射しを遮るものがない。スクオッター地区には必ず日陰がある。無造作に家屋が作られていくだけに、自ずから日陰の空間が生じるのである。だが、再居住地では、日陰といえば、各家の軒先だけである。山を切り拓いて、平屋建て長屋を格子状に建設するのが再居住地であり、各家の軒先以外は天日に晒されている。各家を回って所帯構成をめぐる悉皆調査をする際にも、軒先に招き入れてもらった場合は日陰でそれを実施できるが、そうでなければ家から出てきた住人と立ち話で進めなければならない。炎天下の路上で、ずっと立ったまま聞き取りをおこなう。再居住地は、調査者の体力の面で、過酷なフィールドである。

日中の調査で疲れ果てたためか、私はテレビを観ながら、壁に頭を垂れて眠ってしまった。だが孫たちがはしゃぎ始めたので、目を覚ました。ノエルの娘――実際にはリタの前夫との子どものためノエルとは血縁関係はない――が、マニラでの仕事を終えて夜九時過ぎに帰宅したのである。真っ赤なTシャツに細身のジーンズという姿だった。彼女は毎日、モンタルバンからマニラの都心であるマカティまで出勤している。朝は午前四時に出て、夜は九時から一〇時に戻ってくる。彼女は、ピザを一枚、お土産として持ち帰った。そして財布から五〇〇ペソ（一二一九円：当時の彼女の日給とだいたい同じ金額）紙幣を取り出し、子どもたちに近くの雑貨屋でジュースを買ってくるよう指示した。子どもたちは喜んで家を飛び出し、一・五リットルのコーラとスプライトを一本ずつ買ってきた。

夜食だ。子どもたちはピザを喜んで頬張っている。「トモ、お前も一枚食べろ」。私もピザを頬張った。はしゃぐ子どもたち、さらにノエルやリタの様子を見て、私はピザやさらにはマクドナルドといったファストフードのメニューが、この再居住地において持つ意味について考える。ファストフードはマニラを感じさせる。ここに「送られる」前、ピザはお金さえあればいつでも買って食べることのできるものだった。だが、山奥のこの再居住地には、ピザは売られていない。市場や食堂はあってもピザ屋はない。山から「下りる」ことのないリタや子どもたちにとって、ピザとはメトロポリスの輝きを体現した象徴である。マニラから空間的に追放されたかれらは、ピザを食べることを通じて、断ち切られたメトロポリスとのつながりを今一度確認しているのかもしれない。

ノエルの娘は、ピザを食べることなく、ぐったりした様子で椅子に座ったまま、ピザを頬張るみなの様子を見ていた。表面上は、疲れて機嫌が悪そうな素振りを見せている。だが自宅に戻る前に、カバンを持ったまま、ピザを二枚持って、まずは両親の家に来ているのだ。彼女のその様子から、ノエルたち一家の結びつきが垣間見える。

2―4　夜泣き

夜一〇時半になって、そろそろ寝ようと、ノエルが言う。リタが、大きな物入れの上にタオルケットを敷いて、私の「ベッド」を作ってくれる。ノエルとリタは、二二平米のこの家のうち、三分の二ほどをリビングとして使用し、残りの空間をキッチンや物置場として用いている。この二区域の間にはカーテンが引けるようになっている。私は物置場の側で眠らせてもらう。フィリピンでは夜に水浴びはしない。朝の外出前に水浴びをするのが基本だ。その方が「いい匂い」を漂わせながら人と会うことができる。ここは熱帯だ。汗が流れ落ちる環境だからこそ、人と会うときには、できるだけ汗のにおいを感じさせない作法が求められる。水浴びを面倒がっておこなわない者は嫌われる。

私は「ベッド」に横たわった。背中の接触面が硬いが、それほど問題ではない。どこでも眠ることができるのが私の特技だ。ノエルは部屋の灯りを消すが、テレビはまだつけたままだ。画面の光が部屋を少しだけ照らし出している。カーテンの向こうでは、リタが子守唄を歌っている。赤ちゃんが横たわるハンモックを、静かに揺らす音が聞こえてくる。部屋のカーテンはピンクだ。そのカーテンを照らしている光は、テレビの場面ごとに大きくなったり、小さくなったりしていた。カーテンの光の劇場に視線を向けつつ、私もリタの子守唄を聴いている。

目を覚ますと部屋は、真っ暗だった。ああ、今、自分は再居住地にいるのだ。状況を理解する。時計を見ると午前一時過ぎだった。私はトイレに行って、再び眠りにつこうとする。外では雨が降っている。トタン屋根に静かに雨が打ちつけている。雨の様子を見ようと、そっとドアを開けて外を眺めた。あたりは真っ暗だ。ここには電灯はない。マニラの夜とは対照的だ。マニラの夜には車やバイクの音が付きもので、路上には灯りもある。だが再居住地は本当に静かで、そして暗い。暗闇のなかで雨音だけが聞こえる世界に、私はいる。

次に目を覚ましたのは、午前二時半だった。赤ちゃんがぐずり始めたのだ。ノエルは部屋の電気をつけて、ミルクを作り始めた。一気に部屋が明るくなる（家に電灯はひとつだけである）。その間、リタが赤ちゃんを抱っこして、あやしていた。赤ちゃんはミルクを飲んで、ゲップをした。それを見ながら、私は、自分の子どもたちが小さかった頃に、同じように夜中に電気をつけてあやし、ゲップをさせたことを思い出している。しばらくすると、赤ちゃんは再びハンモックに入り、ノエルが揺らし始めた。再び電気を消して、眠りにつく。

2―5　ごみ

朝五時には部屋の電気がついた。ノエルは水浴びをしている。私は眠かったので、横になったまま、うつらうつらしていた。浴室から出てきたノエルが私に言う。「おはよう、シャワーをいつでも浴びてくれ」。私はリュックから自分のタオルを取り出そうとすると、ノエルが私の使うバスタオルを貸してくれた。浴室は、コンクリート剥き出しで作られていて、畳一畳分ほどの広さがある。そこに水の入った容器とトイレの便器がある。「ユニットバス」だ。水浴び用の水が冷たい。ここは山奥で、朝晩は気温が下がる。できるだけ水を使わないように気をつけながら――繰り返すが水は貴重なのである――私は水浴びを終える。

外には、バイクを跨いだ男性がいた。彼は、ノエルの娘――昨夜にピザを持ち寄った――の夫であり、マニラの都心部オルティガスにあるスパ浴場で、客を送迎するバスの運転手をしている。彼はローンを組んでバイクを買って、それに乗って毎日、マニラまで通勤している。曲がりくねる山道を「下りて」マニラまで向かい、日中はバスを運転し、夜には再びバイクでここまで「上って」くる。ここからマニラに向かう道路は、いつもたくさんのトラックが走っている。途中にはごみの処分場があり、ごみ収集車や廃品回収のトラックが列を成している。トラックが通行する道べりを、彼はバイクで駆け抜ける。「気をつけてね、死なないようにね」。ノエルが義理の息子に言う。「大丈夫、まだ朝早いから道も空いているよ」。彼はそう言って、仕事に出かけていった。

ノエルがパンと卵を買ってきてくれた。リタが目玉焼きを作り、それをパンに挟んで食べる。そしてインスタントコーヒーを飲む。食卓を片付けていると、外から子どもの叫び声が聞こえる。「バスーラ(「ごみ」という意味)」と言っている。その子どもの声を聞いて、近所の人びとが一斉にごみを持って家から出てくる。なるほど、ごみ収集車が来たという知らせを、近所の子どもたちが告げているのだ。ノエルも大きなごみ袋を抱えて、収集車まで持ち運ぶ。ごみ収集車が来るのは不定期で、曜日も決まっていない。週に一度来ることもあれば、二週に一度の場合もある。

ごみについては補足しておく必要があるだろう。再居住地のあるここモンタルバンをめぐって、マニラにいる一般の人びとは共通のイメージを持っている。それは、ごみとスクオッター住人の町というものだ。モンタルバンのこのイメージの発生源を理解するためには、モンタルバンとマニラのあいだにあるパヤタスという町について知っておく必要がある。

パヤタスは、タガログ語で「痩せた台地(*payat sa taas*)」を意味する地であり、その名の通り、土壌の悪い小山に位置している。ここには一九七〇年代から、オープンダンプ方式——廃棄物を無処理のまま積み上げる方式——のごみ処分場がある。処分場が作られて以降、その周りにバラック小屋が建つようになった。廃品回収を生業にする人びとが住み着いたためである。一九九四年にマニラ首都圏開発庁がごみ処分場の規模を拡大し、ケソン市のみならず首都圏全土のごみをここに搬入するようになってから、バラック小屋の数は急増した。また一九九五年には、マニラのトンドにあったスモーキーマウンテンが閉鎖されたことに伴い、そこで廃品回収を営んでいた人びとがパヤタスに移り住むようになった。こうして一九九四年から二〇〇〇年までの六年間に、この地区の人口は六〇%も増加した(Gaillard

2015：128)。ごみ山を囲むようにして、巨大なバラック地帯ができあがったのである。

通常、私たちが考える「人間とごみの関係」は、人間がいることでごみが排出されるという方向性を前提にしている。たとえば、新たな宅地開発が進み、そこで人間が生活を始めることで、その新興住宅地においてもごみ収集が必要になる、といったように。しかしながら、マニラの貧困世界を歩いていると、これとは逆の光景に出くわす。ごみが人間を導き寄せるのである。人間があるところにごみが現れるのではない。ごみがあるところに人間が現れるのである。ごみは都市底辺層の生活を作り上げる物質的基盤である。パヤタスもそうして都市底辺の人びとが吹き寄せられる町になっていった。

●ごみの資本論

人がいる所にごみが出るのではなく、ごみがある所に人が現れる。この点は、パヤタス周辺をフィールドワークしているときに強く思い知らされた点であった。乳を生み出し続ける家畜は人間にとって資本である（谷 2010：161）。ならば、ごみが搬入されることで鉄屑を生み出し続けるごみ山もまた、人間にとって資本である。

アメリカの都市計画家であるケヴィン・リンチは、『廃棄の文化史』のなかで「通常の市場の外側」におけるモノの交換について記している。「通常の市場の外側で、非公式なモノの交換が数多く起きている。ガレージセールやヤードセールは、近所の人びとが組織し、木の幹に掛けられたカードボードのサインで知らされる。古い商品が安い値段で人手にわたる」（リンチ 2008：105）。たしかにそのとおりであるが、同時に市場の外側で得られたものが市場に差し戻される過程こそが、廃棄物と剰余価値をめぐっては思考される必要がある。その点において、屑について論じた藤原辰史による次の記述は、やはり根底的であると思われる。「屑拾いとは、逆に言えば、商品世界から降りたものをふたたび商品世界に戻すまでの所有権制度の空白を衝く仕事とも言える」(藤原 2019：182)。ごみの資本論とは、いわゆる「資本論」とは異なり、所有権の「空白」を介する独自の商品化の過程を捉えるものである。

悲惨な事故がおこったのは、二〇〇〇年七月だった。長雨の影響で、ごみ処分場に積み上げられたごみが崩れ落ちて、バラックに住む人びとが生き埋めになり、二一八名が亡くなった。「土砂崩れ」は日本でも見られる。だが「ごみ崩れ」は、現代の日本では想像することが難しいだろう。この事故の後、パヤタスのごみ処理場は一時閉鎖され、ごみの搬入も停止された。けれども、そうすると今度は、バラックに住む人びとが、ごみの搬入の再開を強く訴えるようになった。ごみが運ばれてこなければ、かれらは廃品回収の仕事ができず、食っていけない。「生業の貧困」は「居住の貧困」よりも重いのだ。ごみを切望する人びとの姿は、当時の新聞や報道でも取り上げられた。

その後、ごみの搬入は再開されたが、しかしながら「ごみ崩れ」の危険は続いた。その結果ケソン市は、ごみ処分場の周辺ではいっさいの居住を禁止にした。住人はバラックを追われた。そうして立ち退きを迫られた人びとが再居住地として送り込まれたのが、モンタルバンにあるカシグラハンという再居住地だった。ここはノエルたちが居住するサウスビル8Bの隣である。カシグラハンは一九九九年に開設されていて、政府は主にマニラ首都圏のスクオッター住人たちをここに移り住ませることを目標にしていた。この再居住地にパヤタスの住人たちも送られたのであり、その数は五七一家族、人数にして三四〇〇人以上という大規模なものだった。

フィリピン政府は、パヤタスに代わるごみ処理場を作る必要に迫られていた。その新たなごみ処理場もまた、モンタルバンに作られた。そして二〇〇二年に稼働が開始した。つまりモンタルバンとは、都市底辺層とごみを一緒に送り込むエリアとして、国家プロジェクトとして作り出された地区なのである。★8

さらに複雑なのは、こうして再居住地のすぐ近くにごみ処理場がありながらも、再居住地のごみ収集が不定期なことだ。遠く離れたマニラ首都圏で排出されたごみが優先的に処理され、近くの再居住地は後回しにされる。こうして後回しにされているからこそ、稀にごみ収集車が訪れた際には、子どもたちの「バスーラ」という叫び声が、地区にこだまする。

2—6　顔見せ労働

ごみ捨てを終えてから、ノエルが市場に買い物に行くというので、私もついていくことにする。卵や野菜など、食材を買う。屋台ではコーヒーを売っている。ネスレのインスタントコーヒーだ。私たちは一杯ずつ注文して、近くの階段に腰をかけて、ゆっくりと飲んだ。ノエルが私のものにも大量に砂糖とクリームを入れたので、ものすごく甘い。市場からの帰り道、私はミニカーのおもちゃを売っている店を見つけ、緑色のバイクのおもちゃをひとつ、日本にいる息子へのお土産として買った。

帰宅してから、私はノエルの家に置かれてあったペーパーバックを読んで、のんびりと過ごしていた。ノエルは、ケン・フォレットの小説が大好きだ。*Jackdaws*（邦訳『鴉よ闇へ翔べ』〔戸田裕之訳、小学館文庫、二〇〇六年〕）を再居住地で読むとは、私は思っていなかった。昨日は、再居住地の家々をたくさん訪ねて回ったので、今日は聞き取りを少々控えようと考えた。

午前一一時過ぎに昼食を取り、その後、ノエルと私は町役場に行った。ノエルにとってそれは大切な活動だった。彼は、用事がないのに、役場に行くのである。彼がそこで何をしているのかは、同行すればわかる。ノエルは、役場までトライシクルで移動した上で、到着するなり、すぐに大きな声で、元気よく、入口付近にいる役場の職員や守衛に話しかける。そうして、入口付近でずっとたむろするのである。天気の話や最近あった出来事などを、ただ、談笑し続ける。そうこうしているうちに、役場で重役に就いている人物が出入りすると、彼はすかさず近づいて、その人物や取り巻きたちと話をしようとする。すでに彼は、この方法で、コミュニティ・ディベロップメントに関係する部署の関係者と知り合っており、サウスビル８Ｂの未整備の住宅環境についても非公式に陳情していた。

つまり、ノエルは毎日、町役場で「顔見せ労働」とでも呼べる活動を展開しているのである。彼は時間があれば、町役場に行き、そこで顔をつないでおくことで、再居住地の住環境整備に関して、役場からの支援を得ようとしている。さらに彼は、みずからの仕事も後に手にすることになる。彼は、二〇一五年には、町役場で働くようになるのである。

★８　モンタルバンに元々住んでいた人びとは、国家がスクオッター住人の再居住地を作ることに一貫して反対していた。アンドレ・オルテガは次のように記述している。「リサール州モンタルバンのカシグラハン地区をめぐって、モンタルバンに古くから住む住民たちは、その開発を凶報として聞いていた。それは望まれざる計画であり、「スクオッターの侵入」が生活環境の悪化を引き起こすと恐れられていたのである。実際、強盗からバラバラ殺人事件まで起こっており、モンタルバンに元々住んでいた人びとは恐怖を感じている。こうして、恐怖の地としてのカシグラハンという印象が定着することになった」（Ortega 2018：300）。

私は町役場でただ談笑するだけのノエルの様子を見ながら、彼が早めに昼食を取って来ていることの意味を理解する。正午から午後一時くらいには、多くの町役場の職員が昼食のために外に出てくるのである。わざとお昼時をねらって彼は、ここに来ている。そしてあわよくば、新たな人物と知り合い、自分のことを認知してもらおうとしているのだ。

午後二時半に、ノエルは町役場を去る。帰路に「レスキューチーム」の友人であるボンボンと会った。「レスキューチーム」とノエルが呼んでいるのは、正式名称ではリサール州レスキュー＆コミュニティ・ディベロップメントとされるボランティア団体である。この団体は再居住地に住む人びとによって作られたもので、この地域では洪水が多いことから、豪雨時の人命救助や水害対策の環境整備などをおこなうことを目的にしている。ボランティア団体ではあるが、地区のバランガイ事務所と密接な関係にあり、若干ではあるが補助金も手にしている。ノエルは、このレスキューチームに準メンバーとして加わっている。これもまた、彼が「送られた」先である再居住地で新たな社会関係を築こうとしている努力の表れであると言えるだろう。ボンボンとは一〇分ほど立ち話をしたが、ふたりの間にはもう少しじっくり話し合う必要がある話題があるらしく、夕方にボンボンがノエルの家を訪れることになった。

ボンボンは、夕方六時前に、ノエルの自宅にバイクに乗ってやってきた。ノエルとふたりで、サウスビル8B内にある洪水多発エリアの対策案について話している。この再居住地は稜線沿いに建設されており、谷の部分に立地する家は、山の部分に立地する家——ノエルの家は幸運にもそうだった——に比べて、洪水が発生する可能性が高い。再居住地の家が、どの部分に立地するかは、完全に運次第である。国家住宅庁は、スクオッター地区を追い払われた人びとを、機械的に再居住地のロット番号に割り振っている。ボンボンとノエルが話をしていると、ひとりの高齢の女性がノエルの家を訪ねてくる。彼女はまさに谷の部分に立地する家の住人で、つい先日の豪雨の際にも、あやうく床上浸水しそうになった経験を語っている。ボンボンとノエルは、レスキューチームとしてできることとして、救命ボートやライフジャケットなどの装具を、より集中的に谷の部分の居住エリアに配置することを話し合っている。

2―7　さみしさ

ボンボンとノエルの話し合いが終わる。リタが用意した夕飯がテーブルに出される。ボンボンとノエルと私の三人で夕飯を取る。食事をしながら、ボンボンの悲惨な逸話を聞く。ボンボンは、リサール州の出身で、この再居住地よりもさらに奥まった土地に生活していた。再居住地の開発が始まって以降、この地に多くの元スクォッター住人が流入するようになり、再居住地の家がインフォーマルに「売買」されるようになった。彼はこうして「売り」に出されている一軒を仲介業者を介して「買う」ことにした。そうして住宅費用の五万五〇〇〇ペソ（一一万六二七円）を支払った後で、彼はそれが架空の取引であったことを知ったのである。「買う」はずだった予定の家には、別の家族が住んだままで、その家は明け渡されることがなかった。再居住地の家の売買は、あくまでインフォーマルなものであって、所有権や利用権が正式に移譲されるものではないため、ボンボンのように住宅「売買」をめぐる詐欺被害が複数起こっている。その結果、ボンボンは、別の再居住地の空き家を「賃貸」で借りて、この再居住地での生活を開始した。彼が再居住地にそこまでして住もうと思ったのは、マニラに住んでいた彼の親戚が、立ち退きでこの地に追いやられたからである。高齢の親戚との近居を実現するために、スクォッター住人ではなかったボンボンもまた、この再居住地にやってきたのだった。

夕飯を終えると、ボンボンはバイクに乗って去った。時刻は八時半過ぎを示している。部屋には昨晩と同様に、ノエルの孫たちが来ている。孫たちは食事を終えてから、地べたに寝転がってテレビを観ている。私もテレビを眺めながら、ノエルと雑談をしていた。外では、今晩も雨が降り出した。ノエルは、昨日の夜、バケツで溜めていた雨水がまだたくさん残っているので、今日はバケツを外に並べない。雨はどんどん強くなる。集中豪雨になった。

トタン屋根に豪雨の音が響きはじめる。室内の会話もテレビの音も聞こえなくなった。雨音が強くなると、自然と、ノエルと私は会話を止めた。リタも孫たちも話すことを止めた。そして、雨音だけがすべてである世界に、私たちは身を置いた。雨が少し弱まってから、ノエルが言う。

すごい雨音だろ、トモ。何も聞こえなくなる。サンロケでも雨になるとトタン屋根の雨音はすごかった。だけど、サンロケには光があった。密集してみんなが住んでいたからね。トモ、外を見てごらん。ここではみんなマニラに戻ってしまっていて、外には灯りもない。ここに居るのは限られた人びとだ。ここは、人がいない場所、活動のない場所。ここで、夜に、トタン屋根の雨音を聞いていると、俺は本当にさみしくなる。さみしさに耐えられなくなる。

マニラの都心のスクオッター地区から山奥の再居住地に送られることは、まずもって「さみしさ」を生み出すのである。すでに記したように、再居住地に送られた人びとのなかには、そこには仕事がないため、マニラへ戻る人びとも多い。再居住地の家々には、夜になると、明かりの灯らない家が、一軒ずつ増えていく。そうして近所に暗がりの家が増えていくなかで、トタン屋根に打ち付ける雨音を聞くことは、ノエルにとって、さみしさに苛まれる時間なのである。★9 このさみしさを捉えなければ、強制撤去の暴力には迫れない。こうした再居住地の生活の機微は、昼の活動だけでなく、夜の省察を知ることで把握可能になること（第4章も参照）を、私は思い知る。

3　壊れる世界

ここまで強制撤去とその後の過程を、フィールドノートに基づきつぶさに記述してきた。人びとは、都心から再居住地へと「送られる」ことで、住所の変更だけでなく、生活形態や習慣の解体を余儀なくされる。地理的移住だけでなく、社会的移行がそこでは引き起こされる。

強制撤去とは、人びとが「住み慣れた世界」から追い出されることで、身体に「住み着いた習慣」が時代遅れにさせられる事態である。「「時が変化をさせた」としばしばいわれるように、状況が変化させられたことによって、別のコンテクストとの結びつきによって意味と機能をもっていた振る舞いは、今や存在意義を失ったということも理解しなければならない」（ブルデューほか 2015：42）。強制撤去とは、地理的次元に収まる問題ではなく、根こぎという社会的次元に関わる問題である。

この社会的次元において登場するのは、世界の移行速度と身体のそれとのズレである。世界の仕組みは一変できても、身体の成り立ちは漸進的にしか組み替えができない。世界に身体が追いついていかな

★9　この点は、岸政彦が戦後沖縄の本土就職者をめぐって「異郷の地で離郷後に気づく望郷の感情」（岸 2013：263）と記した一文とも関連するだろう。

い。この移行速度のズレのなかに投げ入れられ、あるべき居場所を持てずにいる人こそが、強制撤去を余儀なくされた人びとである。

本章で記したノエルの語りを思い起こしてみよう。サンロケで自宅を強制撤去された彼は、同時に被害を受けた住人仲間と共に「まずは」再居住地に移住することを共通の指針とした。だが、「まずは」再居住地に移動したとしても、その後に態勢を整える機会は訪れない。再居住地に移住してからは、八〇世帯中三五世帯がわずか七ヶ月間で当地での生活を諦めて、マニラへと出戻りしていく。再居住地の基盤整備のために有力者に陳情しようにも、そうした住人間のまとまりを作り上げることが困難である。真っ暗な再居住地の夜で、トタン屋根に打ち付ける雨音だけの世界に覆われる。「まずは」の次に、来るべき世界が到来する前に、別の破局が訪れる。

重要なのは、「まずは」の次に到来すべき世界が訪れないことを、ノエルたち自身が、よく知っていることにある。この「根こぎ」の章で私は、二〇一四年一月のフィールドノートと同年九月のそれを併記することで、来るべき世界が訪れなかったことを実証しているようにみえるが、本章のポイントは実際にそうした世界が訪れたか否かを観測することにはない。そうではなく、ノエルには、「まずは」の後に、確固たる世界が訪れることはないことが、ほぼ見えていたことこそが重要だ。序章で記したロセリトの暗がりの部屋での恐怖のように。

マニラの貧困世界をフィールドワークする過程で幾度も出会うのは、安定した世界が持続しない事態である。築き上げた世界は、次の段階には崩れ去る。ノエルのサンロケでの生活は五年間すら持続することなく、ショベルカーで自宅が破壊された。サンロケで束の間の家庭生活を楽しんでいた人びとは、再居住地へと「送られた」ことによって、家族の同居が不可能になり、所帯分離を強いられた。さらには、所帯分離の果てに、次第に連絡が取れなくなり、今は夫や妻がどこで何をしているかわからないという人びともいる。安定した世界が持続しないのは、もちろん、貧困世界の住人自身の責任に拠るものではない。それは構造的にもたらされるものであり、できあがった世界は壊れ、その壊れた世界を修繕したとしても、その新たな世界がまた、壊されていく。

ここに見られるのは、世界の恒久性ではなく臨時性である。そして世界の臨時性を知っているからこそ、ノエルは、「まずは」の後に確固たる世界が到来するとは思っていないのである。来るべき世界もまた臨時的なものなのだ。かわりにかれらに与えられるのは、絶え間ない修繕作業だ。「臨時の永続」――第4章で取り上げた言葉である――こそが、ノエルたちの生きる貧困世界の現実なのである。

世界に能動的に働きかけようとしても、その世界は臨時的なものであり、容易に壊れてしまう状況にある。再居住地の基盤整備をしようとしても、仲間たちにはそれぞれの生活課題があり、マニラに出戻りをしていく。集合運動の掛け声を合わせようにも合わない。機を逸してしまう。遅れてしまう。そうしているうちに、人びとは個別化されて、再居住地に取り残されていく。あるいはマニラに出戻りをした人びとも、かつてのサンロケでの生活とは異なり、居候生活や路上生活において生活を再構造化する機を逸してしまう。

機会を待ち侘びて待機する。だが、結局のところ、その機会は訪れない。あるいは機会が訪れたと思ったときには、すでに世界は変質していて、もはやそれは機会と呼ぶに足る内実を備えてはいない。貧困世界を社会学する際のひとつの課題は、世界に能動的に働きかけようとしても、その働きかけが機を逸してしまうことを宿命づけられている人びとの痛苦を言語化することであるだろう。

では、その痛苦とはいかなるものか。それには、さまざまなものがあるだろう。なかでも把握されるべきは、機を逸する過程で、人びとが「ぐったりする（exhaustion）」事態についてである。次章からは、この「ぐったりする」疲弊を考えていく。

第 9 章

疲弊

1　身体疲労／肉体疲労

藤原辰史は、疲労について考察した論考で「身体疲労」と「肉体疲労」を峻別している。

労働すると疲労する。その大小はあるにせよ、これは事実である。では、このとき疲れているのは、果たして「身体」だろうか、それとも「肉体」だろうか。（藤原 2014：89）

藤原は次のように議論を進める。日常用語としては圧倒的に「肉体疲労」という言葉が使われている。その理由は身体が「精神によって制御されている体」であるのに対し、肉体が「精神によって制御されていない体」であることによる（藤原 2014：90）。一糸まとわぬ裸の踊り子の身体ほど、肉体から遠いものはない。官能的な狂喜乱舞は、見る側を徹頭徹尾意識して制御されたものであり、ただ現前しているだけの肉体とは異なる。

ここから藤原は、疲労が肉体と親和的である理由を解読する。身体は精神によって制御されているものであり、そこでは訓練によって技法が覚え込まされており、疲労も最大限抑えることができることがイメージされている。だが、肉体は精神とはバラバラな状態であるため、その非熟練性ゆえに疲労が蓄積すると考えられる。疲労のターゲットになるのは、このフィジカルな体、すなわち肉体であって、だからこそ肉体疲労の回復には、サプリメントや栄養ドリンクのような物質の接種が謳われるのだろう。しかし藤原の議論が示唆的なのは、こうした肉体疲労とは異なる、身体疲労の領域を照らし出した点にある。

ところが、現代の労働者は、肉体疲労とは異なる種類の疲労にも悩まされている。〔…〕肉体から発する疲労ではなく、精神によって制御されたはずの身体から発する疲労、つまり「身体疲労」である。小木和孝は、この疲労のことを「ほどよい運動のあとのような」「さわやか疲労」と対比させて、「ぐったり疲労」と呼んでいる。（藤原 2014：91）

つまり藤原は、身体の位相だからこそ生じる「ぐったり疲労」が存在することを指摘しているのだ。藤原が例にあげるのは、トラクターに乗車する労働である。トラクターの乗車時に経験するのは、大きなエンジン音と振動である。そのふたつのノイズに対処するために、耳栓の着用が推奨される。耳栓をつけるとつけないのとでは、疲労感はまったく異なる。しかしながら耳栓を着用することは、機械と人間の関係を切断することでもある。

トラクターが生み出す騒音と振動に対処するためには、高度な身体が要求される。その際に生じるのは、直接に生理的次元に働きかけてくる肉体疲労ではない。むしろノイズに対処しながら、運転作業をおこなうという「精神に制御された体」が登場しているのであり、この身体こそが「ぐったり疲労」を引き起こす。「制御されている身体であればあるほど蓄積しやすいのが機械のノイズである」（藤原 2014：103–104）。

この「ノイズ」は「リズム」とは対照的なものだ。たとえば、労作唄のように、人びとは労働の場面で共同のリズムを作り出すことで、単調な労働が与える苦痛を発散させてきた。唄によって労働にリズムが与えられる。重要なのは、唄は労働に励む者自身によって歌われることであり、そのリズムは人びと自身が共同的に社会的世界に参加することによって生まれる。唄は人びとによって歌われる必要があるのであり、体を使って発声するという行為を通じて、そのリズムが誕生する。

一方で、ノイズは、人びとの主体的なかかわりとは無関係に発生するものだ。トラクターの騒音と振動は、エンジンをかけた瞬間に、一切の人間のかかわりがなくとも生じ続ける。機械が一方的に生み出すのがノイズであり、それは人間の行為との連動性を伴う必要がない。この騒音と振動に晒され続けることによって、チェーンソーやグラインダーを使って働く者のなかには振動障害が生まれることもある。藤原が照準するのは、この機械のノイズと付き合うために耳栓などを着用する農民の様子であり、そこでは身体疲労が生み出される。

1―1　通勤と疲弊

以上の身体疲労をめぐる藤原の議論を、本書で取り上げてきたマニラ郊外の再居住地の住人についての考察に接続してみよう。具体的には、かれらが日々おこなっているマニラへのジプニーを使った長時間通勤の事例を取り上げたい。かれらは、人と荷物で一杯になったジプニーに乗って、うねりくねった山道を「下りて」いき、マニラまで片道三時間ほどをかけて通勤する。通勤について私が現地で聞き取りをおこなうなかで、共通して語られた用語が「疲れる（*pagod*）」である。このタガログ語をかれらが話すときの感覚は、まさにぐったりするというニュアンスを備えており、身体疲労に属するものである。

これ以降、本書では、身体疲労を「疲弊」、肉体疲労を「疲労」と端的に呼ぶことにしたい。この疲弊／疲労という概念に基づき、通勤をめぐる記述を進めていきたい。

強制撤去によって再居住地に「送られた」人びとには、その後の対応において、大きくふたつの類型がある。これらは現地の言葉では、再居住者(relocatee)と出戻り者(returnee)と呼ばれる。再居住者とはその名の通り再居住地に居住する人のことで、出戻り者とは再居住地での生活を諦めてマニラに出戻った人である。両者は別の類型を成しているが、しかし、そこには共通する前提がある。現在の再居住者も、将来的には出戻り者になりうるという潜在的可能性である。そして再居住者が、再居住地の生活をあきらめて出戻り者になる要因としてあるのが、疲弊であると言えるだろう。

再居住地の人びとは、マニラのどこで働くかによって移動の経路が変化するが、基本的には元の居住地であるサンロケ付近を経由してそれぞれの職場まで通勤している。サンロケ付近まで出てくるとエドサ通りとぶつかるため、そこからはエドサ通りを移動して出勤するのが大多数だが、エドサ通りはいつも大渋滞している。さらに、サンロケ付近に出てくるまでにも、特に朝六時半以降は、再居住地からマニラまでの上りの道路は、渋滞で車両が動かないことも多い。満員のジプニーで大渋滞のなかを通勤するのは、身を擦り減らすような経験である。「職場に着くまでが一仕事です。いま働いている工場まで辿り着くのに片道三時間かかります。往復六時間ですよ。しかも、ぎゅうぎゅう詰めのジプニーの客席で。首も伸ばせないくらいの狭いスペースなので、首をずっと横に曲げていると、首が痛くなります。妻が、妊娠中で動けないので、そばにいるために、私は毎日通勤しています。でも、妻が出産を終えたら、こんな通勤はやってられません。工場で働くのは暑くて大変です。でも私は仕事に慣れてるから現場の仕事は大丈夫。大変なのは、通勤です。疲れ果てます」(アレックス、男性、三六歳)。私がアレックスに聞き取りをおこなっていたとき、アレックスは首を斜めに傾けるジェスチャーを実際にしながら、ぎゅうぎゅう詰めのジプニーの車内について説明をしてくれた。

マニラにおいてジプニーは、短距離の移動に使われる交通手段である。私がボクシング・キャンプに住み込み生活をしていたとき、ジプニーはとても便利な交通手段であった。しかし便利に感じたのは、乗車時間が一〇分から長くて三〇分程度であった点が大きい。一時間以上移動するような場合には、通常のバスや高架鉄道を利用していた。

けれども、再居住地からマニラまではバスは走っていない。ジプニーのみである。よって短距離移動で使われることの多いジプニーに乗って、再居住地の人びとはマニラまで通勤するのである。そのルートは以下のようなものだ。

サンロケからの強制移住を余儀なくされたアレックスの家族は、所帯主であるアレックスがマニラのマカティ市のコニカ・ミノルタの工場で技師として働いている。彼は月曜日から土曜日まで、毎朝五時に家を出て、近くのトライシクル乗り場に向かう。トライシクルでロドリゲスのバス停留所まで向かい（二〇ペソ）[★1]、そこからマニラのケソン市のコモンウェルス市場までジプニーで移動する（二〇ペソ）。そこで別便のジプニーに乗り換えてエドサ通りまで向かう（一五ペソ）。エドサ通りからはバスとジプニーを乗り継いで工場まで移動する（二〇ペソ）。所要時間は片道二時間から三時間であり、交通費は往復で一五〇ペソとなる。彼は日給五五〇ペソで働いており、この額は当時の最低賃金（日給）の四六六ペソよりは多い金額である。だが、遠隔地で朝早く出勤し夜遅く帰宅するため、サンロケに居住している時以上に食費もかかるようになった。

シーセルの家族も同様の困難に陥っている。夫が高齢のため、妻であるシーセルが一家の収入を稼いでいる。彼女はマニラのケソン市の工場で機材メンテナンスを担当しており、夜間労働をおこなっている。月曜日から土曜日まで、午後七時から午前三時まで働いていて、交通費は一日あたり一一五ペソである。出勤時には夕方で道路が非常に混むため、三時間前の午後四時には自宅を出発する。帰宅は早朝のため、道路渋滞はほとんどなく順調に戻れるが、通勤時間と交通費の増加によって厳しい境遇にあることを私に語ってくれた。

交通費や食費の増加は、皮肉にも、より多くの通勤を課すことを強いる。住人はこれまで以上に身を粉にして働いて、家計を維持する必要が出る。アレックスやシーセルもそうであるように、再居住地では主たる稼ぎ手（breadwinner）が休日出勤をかつて以上におこなうようになった。休日出勤をおこなわなければ、手元に生活費が残らないのである。

また、通勤時間と交通費の削減のために、夫だけがマニラで単身生活をし、妻子は再居住地に残るという所帯構成の再調整をおこなっている家族もある。ある家族の事例では、夫はマニラでジプニーの運転手の仕事をしているが、労働時間も長く交通費もかかるため、平日はジプニーに寝泊まりしている。市場で一〇ペソ支払って簡易シャワーを浴びて、屋台で食事を済ませ、ジプニーで寝る生活である。週末に再居住地に戻ってきて、妻に生活費を渡す。強制撤去によって再居住地に「送られた」結果、彼は生活の必要上、平日限定のホームレス生活を余儀なくされた。

★1　調査時のフィリピン・ペソのレートは、一ペソ＝二・四四円。後述するように、当時の最低賃金（日給）は四六六ペソであったが、これは一一三七円となる。

通勤は、サンロケに居住していたときから、かれらが毎日おこなってきたものだった。だが、再居住地では、その時間が大幅に長くなる。往復六時間をかけて毎日出勤するアレックスの事例は、彼が語るように、「職場に着くまでが一仕事」である。

この点は、かつてニール・スミスが、グローバルサウスの都市について論じた内容ともつながる。サンパウロでは、庶民の通勤が午前三時半には始まり、片道四時間以上かかるのが常態化している。ジンバブエのハラレでは、都市周辺部の黒人居住区からの平均通勤時間が片道四時間であり、労働者は一日のうち一六時間家を空けており、それ以外の時間はほとんど睡眠に費やしている。通勤費用も、公共交通網の民営化の結果、急激に増加しており、一九八〇年代前半に週給の八％ほどだったそれは、一九九〇年代半ばには二二―四五％になった（Smith 2002 : 435）。

スミスによれば、長時間通勤をしなければならない労働者の背景には、ジェントリフィケーションによる都心の地価の劇的な上昇と、その過程で郊外へと構造的に追放された労働者とのあいだの矛盾がある。都心開発においては労働者を必要とする――建設労働者や清掃労働者などを想起せよ[★2]――一方で、その労働者たちの居住区は遠隔地化されている。この空間的乖離を埋めるのが、労働者による長時間通勤なのである。そうして、一日一六時間、家を空ける労働者が生み出されるのであり、そこではもはや職場での労働時間ではなく、通勤時間と労働時間の総時間が一日に占める割合こそが問題になる事態が登場する。

同時に本章において、疲弊という観点から通勤を捉えるならば、単に通勤時間の「量」に注目するだけでは十分ではない。より踏み込んで、通勤経験の「質」をとらえる必要があり、なかでも乗客の受動性を踏まえる必要がある。再び、アレックスの語りを引用しよう。

渋滞はいつもひどいですね。でも重要なのは、自分で運転するのと、ジプニーに乗客として乗っているのでは、渋滞のつらさが違うことですね。私は、以前に、タクシーの運転手の仕事をしていました。自分で運転しているときは、渋滞だったら、小道に入ったり、ラジオのボリュームを大きくして音楽を聴いたりして気分を変えることができるんです。でも、ジプニーに乗っているときは、自分でルートも空間も操れないですよね。車を運転しているときは、自分で車を操っている感覚があって、それがあるときは、人間はそんなに疲れないんですよ。そうではなくて、乗客としてただ乗っているだけのときというのは、本当に疲れます。(アレックス、男性、三六歳)

ここでアレックスが述べているのは、ジプニーに乗ることは、運転手に身を委ねることであり、それは自分で車を運転して操っていることとは異なるという点である。その操る感覚がある限りにおいて、たとえ渋滞中であっても疲れは軽減されると言う。しかし、乗客としてジプニーに乗ることは、ただ自分は運ばれているだけであり、乗っている車と自分とのあいだの連動性が断ち切られている。そしてこの「ただ運ばれている」だけの時間を、大渋滞を挟みながら、毎日長時間経験することに、ぐったりしているのだ。

これは前節で論じたリズムとノイズの差にも関わる。リズムが人間の社会的世界への参加と同時に生

★2　この点については、サスキア・サッセンによる古典的研究を参照（サッセン 2008）。

まれるものであるのに対し、ノイズはそうした参加とは無関係に機械が発し続けるものである。人が車を運転するとき、「動いている車」と「動かしている運転手」のあいだには連動性が成立しており、リズムが発生しうる。前章では、再居住地からマニラまでバイクで通勤するノエルの義理の息子の事例を紹介したが、彼がバイクで通勤する理由は、こうしたリズムを手にすることで、疲労することはあっても疲弊することのないようにしているためであると言えるかもしれない。

一方、ジプニーで通勤する大多数の者たちは、通勤においてこのリズムを手にすることがない。いつ到着するのかという見通しもあやふやななかで、ぎゅうぎゅう詰めの車内に閉じ込められている。その時間が毎日繰り返される。渋滞のなか、停車中のエンジン音が、ジプニーの座席下から振動と一緒に響き続ける。アレックスの首は曲がったままだ。車内は暑く、からだは隣の乗客と密接していて、互いの汗や皮脂が付くような空間だ。ほかの車両の排気ガスが車内に入り込むので、若い女性はハンカチで口を押さえている。騒音や振動や排気ガスなど、自分の外から押し寄せてくるノイズに、必死に対処しようとする姿がそこには見られる。そして、その対処の過程で身体——肉体ではなく——がフル活用され、結果として身を擦り減らす。疲弊するのだ。

アレックスは、ジプニーでの過酷な通勤を繰り返しているうちに、「膀胱」が強くなったと言う。朝の渋滞した道路でジプニーに乗っていると、時々、トイレに行きたくなることもあったと言う。渋滞でいっさい車が動かないなかで尿意を催した際は、地獄であった。しかし降りるわけにはいかない。なぜなら降車すると、新たにジプニーに乗りなおした際に、また乗車料金を払わなくてはならないからだ。交通費の増大は、かれの一家の家計に負担としてのし掛かっている。彼はトイレに行きたくなっても我慢してきた。トイレは一時間や二時間は我慢できるようになるものだ、と彼は力説する。

1―3　残業と夜間労働

こうした疲弊に対処するひとつの方法が、残業や夜間労働を積極的におこなうというものである。交通費や食費などが以前よりもかかるようになったため、その埋め合わせという経済的必要性から、再居住地の住人は積極的に残業をするようになった。しかし経済的理由とは異なった時間的理由もある。再居住地でおこなった聞き取りの事例のうち、リノの語りを引用したい。

残業できるなら残業しますね。残業して遅い時間まで働くと、帰り道の渋滞はあまりひどくないから。残業なしで帰っても、ラッシュアワーにぶつかるだけで、ジプニーに閉じ込められるだけ。だったら残業して、帰りの時間を後ろにずらした方が、お金ももらえるし、道路も少しは空いているしね。（リノ、男性、四三歳）

夜間労働もまた、渋滞を避けるという時間的理由が関わっている。すでに紹介したシーセルの事例を再び引いておこう。彼女は機材メンテナンスの仕事をおこなっており、毎日、午後七時から午前三時まで働いている。出勤時には渋滞があるが、退勤時には深夜のため渋滞がない。彼女は、職場を出てから、屋台――マニラでは深夜に営業している屋台はたくさんあり、シーセルのような夜間労働をおこなっている人びとを客層にしている――で食事を済ませ、帰路につく。深夜でもジプニーは一定数が走っており、彼女はそれに乗って、空いた道路を一気に帰宅する。

夜間労働は、家族との時間を過ごすのが大変です。時間帯がずれるから。でも、マニラから帰宅するときに渋滞がないのは、すごい楽です。速いですよ。危険なので暗がりには行かないで、大きな道路沿いの街灯があるところだけを歩いて、ジプニーに乗って帰っています。(シーセル、女性、五三歳)

夜間労働は、渋滞による疲弊を解消するための重要な対処法なのである。しかもマニラには夜間労働の機会が多くある。伝統的には水商売、夜警、機材メンテナンスといった職業があった。さらにここ一〇年ほどのあいだには、新たな夜間労働としてコールセンターでの労働が出現した。★3 現在、多国籍企業のコールセンターの多くがマニラに立地しており、そこでは英語の得意な人びとがたくさん働いている。アメリカをはじめとした海外の時間帯に合わせてコールセンターは営業されているため、マニラでは必然的に夜間労働が営まれることになる。「声産業(voice industry)」と呼ばれるこの分野では、カスタマーサービスの利用者(アメリカ)とその労働者(フィリピン)が遠隔地化されてつながれているのだが、この遠隔地化に伴う時差が、逆に郊外に居住する人びとの渋滞回避戦略と結びつくのである。コールセンターでの労働をめぐっては、その過酷な感情労働のありようをめぐって、詳細な研究がマニラでもおこなわれている(Fabos 2016)。それでも人びとがコールセンターで働くのは、夜間労働を意図的に選ぶことによって、通勤がスムーズになるからという時間的理由を踏まえる必要があるだろう。

けれども同時に、再居住地に暮らす人びとの大多数が、職場を転々と変えることが日常的であることも踏まえる必要があるだろう。非正規雇用の任期満了につき職場を変えることもあれば、人間関係のトラブルや給与不払いによって転職することもある。そして、職場が変われば通勤のルートも変わるのであり、そのたびに通勤時の渋滞の混み具合や到着時間などを新たに把握し、調整する必要が出てくる。こうした職場の流動性は、通勤の「ルートが定まらない」再居住地の人びとを生み出し続けることになり、かれらは困惑し続けることになる。

1―4　長時間通勤と天候

長時間通勤については、もう一点付け加えるべき論点がある。天候についてである。都市社会学や都市研究の分野において、都市の空間変容については、これまでさまざまに議論されてきた。たとえば、第7章で取り上げたデヴィッド・ハーヴェイによる「時間―空間の圧縮」というテーゼ（ハーヴェイ 1999）は、都市の空間変容とモビリティについて考える上で重要な主題であり、だからこそそれは、クラウディオ・ソプランツェッティによるバンコクのバイクタクシー運転手の政治運動をめぐる考察（Sopranzetti 2014）においても鍵となるものであった。強制撤去によって再居住地へと「送られた」人びとに強いられる長時間通勤を分析する際にも、「時間―空間の圧縮」や近年のモビリティ・スタディーズの成果は重要な指針を与えてくれるものだ。

★3　マニラのコールセンターで働く人びとの社会経済的特性をめぐっては、太田麻希子による詳細な研究を参照（太田 2021）。太田は、スクオッター地区に居住する相対的に高学歴の女性たちが、コールセンターで就労していることを明らかにしている。近年、スクオッター地区の内部においても、職業中間層が増加しているが、それがただちに中間所得層の形成に結びついているわけではない。大卒などの高学歴を手にしても、居住地はスクオッター地区からは逃れられないこと、すなわち経歴や職業的地位の上昇と居住地のアップグレードには乖離が見られる点が、太田の提示した論点である。

しかしながら、エスノグラファーとしてマニラの貧困世界に関わってきた私自身の調査経験からすれば、都市空間を考察する研究が、天候という要素を等閑視してきた点が不満でもあった。都市の同じ道路であっても、晴れた日と悪天候の日では、バイクタクシーの運転速度は異なる。バンコクやマニラといったグローバルサウスの大都市の場合、とりわけスラム付近の道路では、雨で冠水となることも珍しくない。天候次第で経路も所要時間も変化する。つまり、「時間―空間の圧縮」やモビリティの研究は、晴天時だけでなく雨天時を念頭において議論を組み立てる必要がある。

再居住地からの通勤についても、雨天時は異なった対応を必要とする。サンロケからの移住者であるアイリーンの事例を紹介しよう。彼女は、ケソン市のショッピングモールで六ヶ月の有期雇用の販売員として働いている。ショッピングモールでは黄緑色の制服を着用して仕事をするため、いつもその制服を着て再居住地からマニラへと通勤していた。彼女のように仕事用の制服を来た人がジプニーで通勤する光景は、マニラではよく目にするものである。

だが、雨の日は、制服を着用しての通勤ができなくなった。再居住地の道路は、コンクリートでもアスファルトでもなく、土が剥き出しのままである。晴れの日は風で砂埃が舞い、雨の日は泥が飛び散る。彼女は、一度、帰宅時に自宅付近でスコールにあったことがあり、その際、脇を通行した小型バイクが跳ね散らした泥水のせいで、制服が泥だらけになった。彼女はその運転手に向かって大声で罵詈雑言を並べ立てたが、バイクはすでに走り去っていた。自宅に戻り、睡眠時間を削って、制服の洗濯をおこなった。彼女はその日以降、雨の日は私服で通勤し、職場で制服に着替えることにした。

たしかに、サンロケのスクオッター地区に住んでいた頃から、雨の日の通勤には悩まされていた。だが、スクオッター地区の場合、必ず家屋と家屋の間に抜ける小道が存在する。無造作に集落ができあがっているからこそ、そうした小道が生まれるのであり、その地理を熟知している住人たちは、どうすれば雨にあまり濡れないで近くのジプニー乗り場にまで到達できるのかをわかっている。そうした小道では、各戸の二階や三階部分の屋根や出っ張り部分が雨を防いでくれるので、路面はあまり濡れないのである。

しかしながら、再居住地は家屋配置が行政によって計画されている。各長屋が碁盤の目上に配置されており、道路幅も広い。車やバイクが通行可能になるという利便性もあるが、住人からすれば、雨に直に晒される空間が続くことになる。

アイリーンは、雨の日はいつも以上に時間に余裕を持って通勤する。制服をカバンに詰め、私服姿で傘をさし、泥水を他人にかけられないように注意しながら、トライシクル乗り場まで歩く。トライシクルからジプニーに乗り換える地点に着くと、雨のなか、乗車するジプニーを探して待つ。雨の日のジプニー乗り場は、まるで格闘場のようだ。誰もが早くジプニーの車内に入りたいので、押し合いへし合いし、乗る順番をめぐってケンカも頻繁に起こる。ジプニーに乗車できた頃には、濡れた服が肌にべっとり貼り付いている。髪は濡れて、化粧も落ちる。靴下はずぶ濡れだ。車内では隣の乗客の濡れた服が密着する。ジプニーが発進する。道路はいつも以上に渋滞し、ほかの乗客たちもいらついている。

アイリーンはロングヘアーだが、雨の日には必ず、まとめ髪にしている。一度、豪雨のなかでジプニーに乗り込もうとした際に、席取りを争った別の乗客に髪を引っ張られて、ジプニーから引きずりおろされた経験があるからだ。雨の日は、服にしても髪にしても、特別の準備を必要とする。アイリーンは言う。

> 通勤時は、誰もが先にジプニーに乗車しようとするので、いつも戦いです。雨の日はもっとひどくて、全員がオオカミになります（助け合いをしないで互いに攻撃的になること：引用者）。車内は汗と雨で汚いし、髪も引っ張られるし。雨の日はとにかく消耗します。（アイリーン、女性、二四歳）

以上、通勤と疲弊について記してきた。ここまでの記述から見えてきたものをまとめよう。それは、強制撤去と再居住とは、そのターゲットとされた人びとの一日の時間とエネルギーを、ますます仕事と通勤に囲い込むことである。再居住地へ「送られる」ことは、もっと働かなければならなくなることであり、その分、疲弊することである。再居住地の生活とは、稼ぎ手の生命力が擦り減らされることを前提に成立しているのである。しかもそこで稼ぎ手が経験するのは、労働によって得られる充実感やさわやかな疲労ではない。ルートが定まらないなかで長時間通勤をおこなうことで「ぐったり疲労」、すなわち疲弊していく事態が生み出されるのだ。

そして疲弊していくのは、マニラに通勤する稼ぎ手だけではない。再居住地に待機する子どもや大人たちも、都心のスクオッター地区における生活とは異なった経験に直面することになる。

2　待機する再居住地

本節からは、視点を変えて、再居住地に残された人びとの経験に注目しよう。かれらの経験を一言で言い表すならば、「待機する日常」となる。

再居住地に暮らすカレン（女性、三〇歳）の事例を紹介しよう。彼女の夫（四九歳）は長時間通勤に耐えることができず、平日はマニラに滞在して、ジプニーの運転手として働いている。夫は、一日一回、市場で一〇ペソ（二四円）を払ってシャワーを浴び、夜は仕事で使っているジプニーの乗客席に横たわって眠る生活をしている。この平日のホームレス生活は、年齢的に若くない夫の身体には堪えるものだ。

カレンの事例が明らかにしているのは、再居住地への強制移住が、所帯分離を引き起こすことである。強制移住とは、ターゲットとされた世帯が居住地を追われることだけを意味するのではない。そうではなく、追われた結果、所帯生活の「回し方」が強制的に変化させられる事態なのである。第4章で「レジリエンス」について論じた際に確認したように、都心のスクオッター所帯の場合、複数の稼ぎ手やさらには一時的な居候人が同居していることがほとんどである。そうすることで、所帯員の誰かが失業しても、別の誰かが何らかの収入を持ち帰ってくる。あるいは、居候している者が、所帯にいる赤ちゃんの子守りをする。所帯内における動態性の発揮によって、貧しい人びとは生活を回していくことが可能になっている。

だが強制撤去とそれに続く再居住地への移住は、この動態性を奪う。再居住地に居候者はやってこない。居候者が都心のスクオッター地区にやってくるのは、かれらが居候しながら、同時に職探しの機会を求めているからだ。再居住地に来ても、その機会がないことは明らかである。さらに、複数の稼ぎ手を所帯内に確保することも不可能である。多くの場合、夫がマニラまで通勤するか、あるいはマニラで平日にホームレス生活をしながら働いて収入を確保し、妻子は再居住地で夫の帰宅を待ち続けることになる。複数の稼ぎ手や居候者を駆使することで回すことが可能になっている都市底辺層の生活が、所帯員数の減少（居候者の減少）と所帯分離（夫はマニラで就労、妻は再居住地で待機）によって動態性を奪われ、そして困窮化していく。

カレンは、再居住地の家で、夫の帰宅を待ち侘びている。彼女は近所で洗濯の手伝いをして、僅かばかりの小銭を稼ぎながら、平日を過ごす。彼女は子ども二人と一緒に生活している。私がカレンの家でインタビューをしていた際に、子どもたちは家の外で走り回って遊んでいた。ひとりが路上のコンクリートに足の指をぶつけ出血し、泣きながらお母さんのところに走ってきて、カレンに抱っこしてもらっていた。子どもたちはスリッパを履かず、裸足で外を走り回っているため、足は傷だらけだ。

カレンの家でインタビューをしながら、私はその生活の貧しさに思いを巡らさざるをえなかった。カレンが席を外しているときに、私はフィールドノートに次のように書いた。


この家は本当に貧しい。家にモノがない。廃材を組み立てて作った箱に、バーガーキングの布ポスターをかけて「ベッド」にしている。破れたカバーの枕とブランケットが、昼間には、その「ベッド」の上に置かれた段ボール箱のなかに無造作に詰め込まれている。室内にはテレビとCDステレオが置かれているがどちらも壊れていて、コンセントにすらつながれていない。テレビには薄汚れたピンクの花柄の布がかけられている。コンセントにつながっているのは扇風機だけだが、それもふたつあるうちのひとつは壊れている。壁にはキリストの図像が掛けられている。（フィールドノートより。二〇一四年九月二二日）

壊れたテレビ、ステレオ、扇風機。室内にあるのは、これらともう一台の扇風機だけだ。あとは廃材を組み立てた「ベッド」がある。壊れたテレビやステレオは、動くことはないが、それでも室内に場を占めることで、なんとかそこが生活空間である様相を呈している。

カレンは小学校を三年生で中退し、その後は、ずっと住み込みの子守りとして働いてきた。彼女は質問に答えることが苦手で、私はひとつの質問をいろんな聞き方で聞いて、彼女の人生を教えてもらった。子どもたちはカレンのことが大好きで、インタビュー中も盛んにお母さんに近寄ってくる。インタビューの途中、子どもたちに昼食を食べさせるから、と彼女は台所に立った。子どもたちに出された昼食は、冷えた白米のみで、おかずは何もなかった。

彼女の家は構造に問題があり、雨が降ると壁から水が室内に染み出してくる。それを何とか改善してほしいと、彼女は言った。再居住地では「スキルトレーニング」プログラムが、町役場でおこなわれている。いろいろと問題のあるプログラムだが、このプログラムの会場に足を運ぶことで、再居住地の住人たちが顔見知りになる機会にもなっている。カレンは、このスキルトレーニングにも参加していなかった。私のインタビューにはノエルも同席していたが、彼はすかさず「洗濯が忙しいもんね」とフォローした。彼女は借金があることを話した。だが、それはどこかの機関から借りたものではなく、近所の人から個人的に貸してもらっているお金であると述べた。

私はカレンに、再居住地ではどこの病院に行っているか、どこで買い物をしているか、そこまでの交通費はいくらか、といった質問をした。それに対する彼女の返答は「知らない、外に出ないから」というものだった。彼女はすでに七ヶ月間、再居住地で生活をしている。にもかかわらず、彼女はこの新たな地区において、外部世界とのつながりをほとんど持っていない。週末の夫の帰宅だけが、彼女にとって外部とのつながりである。彼女も夫も携帯電話を持っていないので連絡を取ることはできない。夫の知人の電話番号が紙に記されていて、どうしても連絡が必要な場合、彼女は近所の人に携帯電話を貸してもらって、その電話番号に連絡することになっている。

以前のサンロケの生活では、彼女は夫と同居しており、近隣住人との関係においても、借金をするだけではない、もっと違った社会生活が営まれていた。再居住地へと「送られた」ことによって、彼女と夫は、週末のみに会う関係になった（仕事が忙しいことも多く、夫は毎週帰ってくるわけではない。帰ってきたとしても、生活費を持ち帰ってくるかどうかは定かではない）。夫の帰宅を待ち侘びながら、近くの家に洗濯をしに行き、別の近隣住人から借金をして、この再居住地の日々を生きている。病院にも市場にも行ったことがない。彼女はいつまでこの生活に耐えることができるだろうか。いつになったら、夫と同居できるだろうか。「いつ」という目安が到来することのないまま、彼女は緩慢な日々を凌いでいる。

カレンの事例は、再居住地で見聞きした事例のなかでも、極度の貧困が窺い知れるものであった。カレンほどの状況ではないものの、再居住地での生活において、住人に困難が強いられることは共通している。人びとには、所帯の稼ぎ手がマニラで得た収入を持ち帰ることを待ち侘びるという「待機する日常」が形成される。

別の住人であるジェーマ（女性、四〇歳）の事例は、再居住地の別の側面を教えてくれる。彼女の夫（三九歳）は、マニラで廃品回収の仕事を一四年間おこなっている。あまりにも業務に慣れ親しんでいるので、夫は廃品回収以外の仕事をすることが難しい。夫は、再居住地に移住後もマニラに戻って、知人宅に居候しながらその仕事をおこなっている。

ジェーマの所帯は、夫だけが携帯電話を持っている。再居住地の彼女の家には、テレビとラジオがあるが、カレンの家と同様に、どちらも壊れている。冷蔵庫もない。だが彼女は、再居住地が「静かだし、空き地で野菜を作ったりできるのが良い」と話した。サンロケでは家屋が密集していて、衛生的にも問題があった。だが、再居住地だと空気がきれいで、空き地で野菜を育てることができる。

しかし同時に彼女は、野菜づくりなどを楽しめることの前提には、夫が毎週末、現金を持ち帰ってくれる点があると言う。再居住地の多くの所帯は、夫婦の同居ができず――「長時間通勤のためである」と彼女は補足した――、夫が週末に帰宅するケースですら少なくなってきている、と彼女は説明した。「お腹が減りますよ、私や子どもは」と彼女は続けた。

そうした状況下で、やむを得ずおこなわれるのが売春である、と彼女は説明する。再居住地周辺には、さらなる再居住地家屋の建設のために、建設作業員がやってきて働いている。その作業員と交渉してお金を手にすることで、夫がいつ帰宅するかわからない状況下を凌ぐための糧とするのである。ドラッグを売るのも同じ理由からである、とジェーマは補足した。ドラッグは主に男性が扱うもので、女性は売春をして当面の生活を凌ぐしかないと、彼女は説明した。

3　疲弊を思考すること

本章では、藤原辰史による身体疲労／肉体疲労の区分を参照し、それを疲弊／疲労と言い換えて記述を進めてきた。それらの記述を踏まえて、疲弊という概念の精緻化をここで試みたい。疲弊は次の三点の特徴を備えていると言える。それらは、要因となる対象の不在、時間の持続の不透明性、「すること」ではなく「しないこと」による発生、である。

第一に、疲弊は、疲労とは異なり、その要因となる対象を特定できないことである。再居住地に待機する人びとは、自分たちが何に疲れているのかを特定することができない。マニラから稼ぎ手が戻ってくることを待ち続けることに疲れていると同時に、再居住地における飲用水の入手やごみ収集や洪水対応などの困難に対処することに疲れている。役場がいつになったら、雨漏りする家を補修してくれるのかもわからない。そして何より、こうした複合的な要因が絡まり合うなかで、そもそも何に疲れているのかがわからないことに疲れている。

こうした対象の不在は、英語の exhaustion と tiredness の区分にも当てはまるものだ。後者の tiredness については、その動詞形が be tired of … のかたちで使用されるように、疲れを生む対象を特定することができる。それは、日雇い現場での炎天下での建設労働であったり、飲用水を自宅まで運ぶ作業であったりするだろう。このように疲労（tiredness）とは対象と共にある用語なのである。しかしながら、前者の exhaustion には対象が存在しない。何に疲れているのかがわからない疲れ、逆に言えば「すべて」に疲れることが、疲弊（exhaustion）である。

長時間通勤の事例は、「通勤」という対象が明示されている点において、疲れの要因が特定できているではないか、という反論もあるかもしれない。しかし通勤の事例のポイントは、たとえば炎天下での建設労働とは異なり、その通勤のなかのいかなる事態に疲れの要因があるのかを特定できない点にある。渋滞で到着時間が読めないだけでなく、隣の乗客と密接した狭い車内空間、エンジン音のノイズ、さらには雨の日における乗客間での争いなど、あらゆることがその疲弊に関わっている。これは、炎天下での土方労働で——たとえば資材を搬入し続けることによって——肉体的に消耗するような疲れとは異なっている。

第二に、疲弊は、時間の持続（duration）について、予想できないことである。再び、都市底辺層に馴染みの深い、炎天下での建設労働を引き合いに出してみよう。本章で提示したアレックスの語りでは、彼は工場での仕事が肉体的にはキツいものであっても、その仕事には慣れているから大丈夫だという主張が述べられていた。慣れているから大丈夫というのは、建設労働で働く者たちもよく口にする内容である。もちろん、慣れは疲れの問題と深く関わっているが、分析のメスを入れるべきは、それが同時に時間の持続（Merton 1984）に関するものである点だ。工場や建設現場では、労働時間が定められている。もちろん、その労働時間は目安でしかなく、残業や奉仕などのグレーな時間も内包されるだろう。だが、重要なのは、こうした労働時間が前提にされた仕事は、その肉体的キツさが「あとどれくらい続くのか」を予想できる点である。労働時間とは、労働力商品が売り買いされる単位量を示すだけでなく、労働者がいまおこなっている作業にいつまで従事すればよいのか――裏を返せばいつになったら解放されるのか――という予想を導き出すために使われるものだ。

だが、疲弊は、こうした時間の持続が不透明である。再居住地の人びとにとって、通勤が仕事よりもある意味では大変なのは、時間の持続が不確定なことによる。二時間で到着するかもしれないし、三時間かかるかもしれない。雨が降ると、さらに時間がかかることもある。同様の点は、再居住地に待機する妻子にも当てはまる。所帯分離の生活は、いつまで続くのかわからない。稼ぎ手の夫が出稼ぎに行っているのであれば、その出稼ぎ期間が終われば、稼ぎ手は戻ってくるだろう。だが、強制撤去後の再居住地における所帯分離生活は、そうした時間の持続の目処が立たない。時間の持続の目処が立てば我慢できることも、それが不透明だと我慢の閾値を超えることになる。疲弊はまさにこの論点に関わっている。

第三に、疲労が何かを「すること（action）」によって生まれるのに対し、疲弊は何かを「しないこと（inaction）」によって生まれる傾向がある点である。長時間通勤の事例に表れていたように、自家用車を自ら運転しているときは、運転手は渋滞中であっても迂回路を選んだり、車内に音楽をかけたりすることで気分を変えることができる。しかしジプニーで通勤する再居住地の人びとは、ただその乗り物で運ばれているだけである。車内では何もしないで、ただじっと渋滞が過ぎ去るまで耐えるしかない。[★4] 運転を「しない」からこそ、その渋滞する道路が、疲弊の生成地となる。再居住地で待機する人びとも同様である。再居住地で生き延びるためには、所帯内の稼ぎ手がマニラから生活費を持ち帰ることを待たなければならない。

自分の行動が世界の変化を引き起こすのであれば、人は行動することの意義を理解することができる。しかし自分の行動が世界の変化とは無縁であることを知ったとき、人は状況に絶望するだろう。そして自分とは異なった者に、世界の変化をもたらすことを信託し、その信託した結果が自己に還元されることを待ち望むだろう。疲労が自分の行動と世界の変化との連動性を自覚している者が骨折り仕事に従事するなかで生まれるものであるのに対して、疲弊は両者が切断されているという無力さを思い知るなかで生じる。

このように「しないこと」によって生まれる疲弊は、第4章で取り上げたコミュニティ備蓄庫運動とも関わるだろう。それは、コロナ禍の渦中で、当時二六歳の女性であったアナ・パトリシア・ノンによる「何もしないことに疲れた」という言葉と共に開始されたものだった。この運動がフィリピン全土に瞬く間に拡大し、警察による取り締まりの対象にまでなった点は、そこで論じたとおりである。

ここで再びこの運動を取り上げたのは、ノンの言葉が、何も「しないこと」による疲れを掲げていた点に注目するためである。コロナ禍による都市封鎖は、都市底辺層の人びとが生きていくために必要なさまざまな活動を停止させ、かわりに人びとを狭い屋内に封じ込める施策だった。世界的に見ても最も厳しい内容のひとつとされたフィリピンの都市封鎖は、その受け止められ方が所属階級に応じて異なっていた。一定の広さを備えた私有地に住む中間層がリモートワークに勤しんでいたのに対し、スクオッター地区や再居住地の人びとは、普段の交流の場としてある道路や公有地から撤退することが義務づけられ、狭いバラック内に封じ込められたのである。

この都市封鎖によって都市底辺層が圧倒的な経済的困窮を経験したことは、疑いようのない事実である。しかしかれらが同時に経験したのは、何も「しないこと」による疲れ、すなわち疲弊であったことを、私たちは思考する必要があるだろう。飢えが迫るなかで、自分たちで対処すべく動き回るのであれば、かれらはまだ充足感を得たかもしれない。しかしかれらを待ち受けていたのは、強制された受動性である。物質的困窮だけでなく、それに対処するための自主的動きが封じられ、ただじっと政府の救援物資の到着を待ち続ける日々が続く。この飽和した疲弊を動因とすることで一挙に庶民に拡大したのが、

★4　マニラの私の調査地においてスマートフォンが普及するようになったのは、二〇一八年頃からであった。それまでもスマートフォンは存在したが、常時接続のネットワーク通信料が高価であったため、スクオッター地区や再居住地の住人は、電波が入る箇所に移動して、その場でのみWi-Fiを拾う形でスマートフォンを利用していた。その後、二〇一八年頃を期に、LTE接続を常時可能にするSIMカードが普及し始め、貧困世界の住人にも常時接続状況が可能になっていった。このことの意味は大きい。かれらはスマートフォンを使って、ジプニーの通勤車内を、自分用の時間として過ごすようになったからである。スマートフォンがどのように通勤の疲弊を緩和させたのかについては、今後、解明すべき重要な主題である。

コミュニティ備蓄庫運動であった。つまりこの運動は、「すること」にではなく「しないこと」に疲れる庶民たちの姿を示しており、ここに疲弊をめぐる第三の論点がある。

疲弊をめぐる以上の三つの論点は、本書全体の内容とも深く関わっているだろう。不確実な日程で減量を余儀なくされるフィリピン人ボクサー、市役所からの立ち退き通達によって「立ち退きの時計」に組み入れられるサンロケ住人、いつも政策の策定で後回しにされる再居住地の住人たち。かれらは、みな疲弊している。そしてこの疲弊は、社会の成員に一律に生み出されているのではなく、特定のカテゴリーに集中的に現出しているのだ。つまり、疲弊とは、社会的属性やカテゴリーに応じてその深刻さが配分されているのであり、だからこそそれは「構造的」なものなのである。こうして疲弊は、社会学的な対象となるのであり、この視点から改めてレジリエンス（第4章）について考える必要性が生じるのである。

第 10 章

癖

不可量領域の記述

1　不可量領域の記述

本書では、ボクシング・キャンプおよびスクオッター家屋の強制撤去の事例から、貧困と構造的暴力をめぐる考察を進めてきた。そのなかで私は、フィールドの現実から飛翔しすぎない範囲で概念を練り上げる作業をおこなってきた。「対象化された貧困」（第3章）、「時間—空間の伸縮」（第7章）、「疲弊」（第9章）などである。エスノグラフィー研究のねらいは、特定の対象世界を記述するだけでなく、その記述に即した概念を洗練させることにある。そして、そうして編み出された概念を、別の事例に転置してみながら、概念を汎用性を備えたものに仕立て上げることが重要になる。

ただその際に注意が必要なのは、上空を飛行するような概念を作ったり、当てはめたりするならば、エスノグラフィー研究は台無しになる点だ。語呂遊びをあえてするなら、「台座」となるフィールドのディテールを含み込んだ範囲での概念化が必要なのであり、それが無くなるような上空飛行をしないこと——「台無し」にしないこと——が求められるのである。イギリスの社会学者であるレス・バックは、こう論じている。

概念的、理論的な研究は当事者の声が聞こえなくなるような高みへと昇るべきではない。むしろ理論的な概念や思考は、民族誌的な地平ぎりぎりを漂いながら、それを詳しく説明する語彙を提供すべきなのである（バック 2014：53)。

「当事者の声が聞こえなくなるような高み」には行かず「エスノグラフィックな地平ぎりぎりを漂いながら」、記述の語彙や概念を作り上げること。バックによるこの主張は、本書のこれまでの各章で準拠としてきた方法と共振するものであるだろう。

本章では、前章までの事例の内容を踏まえつつ、「癖」という概念を洗練させてみたい。人は独習でボクサーになることはできず、ボクシング・キャンプで共同生活を送ることでボクサーになる。また、スクオッター地区に流れ着いた者は、孤立した個人のままでは、生活を送ることができない。近隣関係の構築の仕方から酒の飲み方まで、ほかの住人との関係のなかで生活の流儀を身につけていく。つまり、個々人の身体とは社会関係のアンサンブルとして編成されているのであり、だとすれば、個人の技能や知性とされているものが、同時に他者のものでもあるような認識の地平を捉える必要があるだろう。

また、癖という概念を洗練させることは、序章でマリノフスキを引きながら説明したように、社会生活の「不可量領域」に照準するエスノグラフィー研究の展開につながるだろう。癖は量的に示すことが難しい。たとえば筆跡を考えてみよう。それは数量的にではなく、イメージとして捉えられるものであり、まさに不可量のものである。そしてその筆跡は、書き手の人格を表すものと捉えられ、さらには契約文書では署名の形で筆跡の代替不可能性が用いられる。一方で、筆跡は、個人性だけでなく共有性も備えている。漢字使用圏で生活していた両親に育てられた幼児が、移住の結果、学校教育としてはアルファベット使用圏で学習を重ねると、その子の漢字の筆跡は、漢字使用圏で育った同世代の子どもたちとは異なったものとなる。筆跡には、やはり共有の単位が措定されうるのである。筆跡というひとつの癖を取り上げるだけでも、そこから見えてくる社会学的論点は数多い。
以上の問題関心に基づき、本章では癖の社会学を描出してみたい。あらかじめ本章の論点を先取りしておけば、暴力とはこの癖の次元を標的のひとつにするということである。

2 癖から考える

人間は癖をもつ動物である。歩き方や座り方といった身体技法、食事やスポーツの趣向、なにげない仕草や動き、モノの使いこなし方。身体にかかわることだけではない。思考もまた癖をもつ。非常事態での解決策の出し方、パズルや数独の解法、相手を説得する方法。人間は生きていくなかで、さまざまな癖を身につける。その癖は自己を条件づけると同時に、自己はその癖を利用することで世界を固有に編成する。

すでに述べたように、癖は個人的であると同時に、共有的なものでもある。ボクシングの練習風景を考えてみよう。ボクサーたちは必ず共同で練習をするが、同じジムで練習を重ねているうちに得意とするパンチが似てくる。たとえば、ジムに左のボディブローの上手なベテランがいれば、彼の打ち方とリズムが若手ボクサーたちにも体得されていく（石岡 2012：94-97）。そして、左のボディブローは、そのジムの特技として定着する。また、そのベテランボクサーが、スパーリング中に髪をグローブ越しに掻き分ける仕草があれば、その仕草もまた、ある種のあこがれと共に、若手ボクサーたちに受け継がれるだろう。癖とはこのように、個人のものでありながら他者のものであり、同時に、仲間のものでも、集団のものでも、社会のものでもありうる。癖とは、わたしがこの世界において、特定の他者や全体との関係の境界で受肉したものだ。

この境界性ゆえに、癖は社会学の関心をひいてきた。たとえば次のような概念を考えてみればよい。身体技法（モース）、身体図式（メルロ＝ポンティ）、ハビトゥス（ブルデュー）、実践コミュニティ（レイヴ＋ウェンガー）。「「社会」をふたたび抽象物として個人に対立させて固定することは、なによりもまず避けるべきである。個人は社会的存在である」（マルクス 1964：134）。だとすれば、癖はまさに個人と社会を蝶番にするフィールドだ。だからこそ、癖を論じることは、社会の基底の探究につながっている。制ただ問題は、癖があまりにも私たちに身近すぎて、それを捉えるには相当な困難を伴うことである。度や法や習俗であれば、観察の対象として一定の距離をもって記述することが可能かもしれない。だが癖は普段は気づかれない。私たちはさまざまな癖を身につけて活動しながら、その癖を自覚化する機会は限られている。この点について、自らの身体麻痺の経験を綴ったロバート・マーフィーの名高いエスノグラフィーから引いておこう。

> よい健康状態にある人間たちは、彼らの幸運を、そして彼らのからだを当たり前のことと思っている。彼らが見、聞き、セックスをし、息をしているのは、からだの諸器官が正常に働いてくれているおかげだということを忘れてしまう。〔…〕病いの到来とともに身体はもう当たり前のものではなくなり、意識的な思考の対象となる。（マーフィー 2006：34-35）

ここでマーフィーが「からだの諸器官」について語っていることは、癖にもそのまま当てはまる。私たちは日常的には癖について思考することがない。日常が安定している際には、それについて考える必要がないからだ。では、癖が白日のもとに晒されるのは、いかなるときか。それは日常が崩れるときである。

たとえば、生活構造が別の型へと移行したときがそうだ。単身生活をしてきた者が誰かと同居生活を始めたときに、キッチンの使い方で衝突が起きる場合などである。人はそれぞれの炊事のこなし方を癖として身につけている。その癖が、他者との新たな同居生活において露呈する（洗った食器をすぐに拭いて棚に片づけるか、しばらく乾燥させるかなど）。キッチンは癖と癖がぶつかりあい、自らのそれを知る場であるが、その前提には生活構造の移行がかかわっている。

さらには、戦争や震災などを通じて、社会構造が根こそぎになりかけたときもそうだ。具体的には、大型台風によってグローバルサウスのスクオッター地区が甚大な被害を受ける場合などである。スクオッター地区の形成過程は、住人自身にも忘却されがちだ。かわりに日々の課題——働き、遊び、産み、育てること——に追われる日常ができあがる。だが、台風による家屋の一掃は、住人に圧倒的な困窮化を強いると同時に、住人がどのようにこの地区を自前で創り上げてきたのか、その忘却された歴史が一挙に可視化される契機でもある。そこに息づく自分たちの居場所づくりの癖を知ることにつながるものだ。

癖はこのように、日常が急変し、別のそれへと移行する渦中において露呈する。いいかえれば、既成のものと未成のものの裂け目に放り込まれた人間が知るものとして、癖はある。この人間は、自らの癖を知ると同時に、その癖を刷り込んできた生活構造や社会構造をも批判的に捉え返す視座を獲得する。それは社会批判が、当の社会によって構成された自らの「からだの諸器官」の批判を伴いながら、展開される可能性といえるだろう。マルクスが述べたように「社会を個人と対立させない」のであれば、社会批判の学[★1]としての社会学は、個人と切り離された抽象物としての「社会」を撃つことによってではなく、固有の個人の構成過程を瓦解させる作業を伴いながら、社会の別様な姿を可視化させる実践となるだろう。

3　癖の改造

私が癖について考えるようになったのは、フィールドワークの事例地であるマニラの近年の変動を眼の当たりにしてからである。なかでも、中心市街地の再開発によって急騰する地価と高層ビルの数、それに比例して激増したスクオッター家屋の撤去を目撃するなかでであった。

マニラの全人口の三分の一は、スクオッター地区に居住している。だが第6章で記したように、二〇一〇年からの六年間を大統領として務めたベニグノ・アキノ三世は、マニラの再開発を加速させ、五〇万のスクオッター世帯（人数にして三〇〇万人）をリモートエリアに移住させる計画を打ち出した。[★2]ス

★1　デヴィッド・グレーバーは次のように述べている。「ともかく私は社会学的思考の社会的（諸）起源について考えはじめたわけです。まず思いついたのは、社会学というものは、社会変革の試みから派生したものではないか、ということでした。なぜなら、社会（この場合、都市的産業社会）の研究は、つねにどこか欠陥を持っている、という前提から出発しているはずだからです。つまりそれは社会問題の研究、社会がなぜうまく機能していないかについての研究なのです」（グレーバー 2009：76）。

クオッターの人びとは、政府の準備した再居住地に「送られる」ようになったのである。

マニラをはじめとするグローバルサウスの都市——それらのほとんどはポストコロニアル都市でもある——の前線で起きているこれらの事態については、すでに膨大な文献が刊行されてきた。マニラについても、ジェントリフィケーションの視点から経験的な分析を試みる論考も複数登場している（Choi 2016；Ortega 2018）。新しい経済地理の描出、都市計画の動向の整理、趨勢に対抗する社会運動の把握、国連や国際NGOの方策など、マニラの都市改造とスクオッター住人の対抗運動については、豊富に記録されつつある。だが私は、マニラを歩き知人のボクサーやスクオッター住人と話をするなかで、それらとは別のアングルから事態を捉える必要性を感じてきた。それは、以上のような都市改造を、マニラの建造環境のみならず、人間の癖の改造、あるいはこういってよければ、癖のクレンジングにかかわる事態として捉えることである。ジェントリフィケーションとは、まずもって、癖のクレンジングのことではないか。

第8章で取り上げたサンロケの強制撤去について思い起こそう。撤去から再居住地への移行には早くても一週間がかかるが、その間は地獄のような日々である。住まいも食べ物もトイレも、いっさいが剥奪された状況下を凌がなければならない。火を使えないため、炊事も困難を極める。強制撤去後の現場を覆うのは、写真では表現できない独特な臭気である。タイヤなどの生ゴムが燃え、下水とゴミと排泄物が溢れ、撤去部隊のクレーン車やブルドーザーから漏れるガソリンのにおいが、それに交わる。この臭気のなかで、住人は路上生活をしばらくのあいだ余儀なくされる。住人は、家屋の剥奪という第一の暴挙に直面したのちに、それから一週間ものあいだ——「この一週間はいつもの一年間くらいの長さに感じる」とある住人は語った——臭気のなかでの路上生活という第二の暴挙に晒される。この二重の暴挙が何を生み出すのかを念頭に置きながら議論を進めよう。

スクオッター地区は「不法」占拠によって成り立っており、サンロケも既に記したように登記上は国有地になっている。だが一九六〇年代には早くも長屋が建ち始めたエリアであり、現在はたくさんの住人が暮らすスクオッター地区になっている。しかしながら、あくまでここは「不法」占拠地であるため、行政サービスが基本的には施されない。よって住人は、自前で地区を創り上げてきたが、この自前性ゆえに地区内部には、住人たちの生活の癖の痕跡がさまざまに刻まれている。二〇一四年一月の撤去からはまぬがれた同地区内（しかし依然として強制撤去の待機状態にある）を見てみよう。

地区内には教会がある。日曜の朝にはミサが開かれ、多くの住人が参加する。フェンスの囲いのなかはミサに使用する空間であり、その外側はオープンスペースになっていて寄り合いや祭りに使われる。日本に住んでいると、グローバルサウスのスクオッター地区やスラムといえば、均一的な掘建小屋をイメージしがちかもしれない。雨風を凌いで寝るだけの生存の容器が立ち並ぶエリアと錯覚しやすい。だがそれは一面的な捉え方である。当初は掘建小屋であっても、時間とともに、内部や外壁をデコレーションし、教会を建て、葬儀を相互扶助的に実施し、言論を交わすアゴラが作られる。独自に彩られた文化空間が成立するのである。そしてこの文化空間に生きるなかで、住人は酒の飲み方（**第10章扉写真**）からケンカの仕方、人を助けたり裏切ったりする手法、路上での楽な座り方など、さまざまな癖を体得し、それを次世代にリレーする。スクオッター地区の強制撤去とは、住人たちが個人的かつ共有的に受肉した癖の物象が破壊されることである。

★2　次の記事を参照。https://www.wsws.org/en/articles/2011/05/phil-m12.html

マニラの都市改造とその対抗運動を記録する過程において盲点となりがちなのは、こうした癖をめぐる政治についてだ。この点こそが、私がマニラのスクオッター地区を繰り返し訪ねながら、肌で感じてきたことであった。スクオッター地区とは、国家と貧民がぶつかりあうアリーナである。このアリーナをどういった用語で切り取るか。切り取られてきたのは、「格差」「排除」「人権」といった用語によってである。しかし「癖」という用語からも、切り取られる必要があるだろう。グローバルサウスの都市の美観化（beautification）とは、癖のクレンジングの別名である。

このクレンジングは、住人に甚大なインパクトを与える。リモートエリアの再居住地に送り込まれたかれらは、第9章でも詳述したように「通勤」という新たなルーティンに放り込まれ、また家族単位や相互扶助単位の再調整も必要となり、かつての習慣との決別を余儀なくされる（石岡 2015）。スクオッター地区とは異なった世界であるため、この新しい世界に順応するには長い時間を要する。慣れ親しんだスクオッター地区から放出された人びとは、癖の改造を強いられる。けれども注意が必要なのは、ここで話が終決するわけではない点である。強制撤去の圧倒的暴挙にふりまわされながら、しかし住人たちもまた、この暴挙の只中で自らの癖を自覚化する。そこから開始されるものは何か。

4　癖を書く

ピエール・ブルデューは、その研究キャリアの初期にふたつの事例地でフィールドワークを実施している。戦禍のアルジェリア農村、および急激な近代化の渦中のフランス農村である。そのどちらもが社会変動のなかで、自らの習慣や癖が時代遅れになった人びとの困難を捉えたものだ。

クリスマスのダンスパーティーが、とあるカフェの奥のホールでおこなわれている。明るく照らし出されたフロアの中央で一〇組ほどのカップルが流行りの曲に合わせて踊っている。主に「学生」である。(ブルデュー 2007 : 7)

『結婚戦略』の冒頭は、こう書き出される。ダンスパーティーは、男女の出会いの場だ。威勢よく踊っているのは学生たちだ。対照的に、壁の花になっている人びともいる。

フロアの周縁につっ立って暗い塊をなしている一団の年長の男たちが押し黙ったまま見物している。全員三〇歳前後。流行遅れのくすんだ色の背広を着、ベレーを被っている。ダンスの仲間入りをしたい誘惑に背中を押されたかのように少しずつ前に進み出て、踊り手たちが動く空間を狭めていく。独り者が皆、そこに揃っているのだ。〔…〕踊るためのパーティーなのに、かれらは踊らない。気まずさを紛らわすためか、ときどききわどい冗談を交わしたり、ヤジを飛ばしたりする。(ブルデュー 2007 : 8)

時代は一九五〇年代、場所はフランス南西部スペインとの国境沿いに位置するベアルン地方の農村である。ダンスパーティーに参加しているにもかかわらず「かれらは踊らない」。農民子弟は、学生とは対照的に、ステップの踏み方も、女性を誘い出す術も知らないのだ。かれらは気まずさを紛らわすために、自分たちだけで冗談を交わしあう。ブルデューは、この光景を眼に焼きつけながら、フランス農村の社会変動の分析を開始する。

ダンスパーティーの光景が示すのは、村の慣習が急変し、結婚が家の戦略から個人の戦略へと移行する過程で起こっている事柄である。「旧来のシステムでは「口説くこと」をせずに済ませることができたし、口説く技巧をまったく知らずにいることもできた。しかしすべてが変わってしまったのである」(ブルデュー 2007 : 75)。ベアルンの家産相続をめぐる慣習は、長子相続とすべての子への均等配分という両極の中間に位置するものであった。そのため、長子に有利ではあるが、次三男であっても生活可能な財産が継承されてきた。村では、大農ほど結婚が容易であり、小作農や農業労働者になると、それは困難を極めるのが通例であった。だが村の近代化は、通婚圏の変容をもたらす。都市への人口の流出、とりわけ女性の流出が顕著になり、都市や町場の男性が農村の女性と交際するようになる。婚姻をめぐる村の内部の格差は、今度は村とその外部の格差として表れる。こうして農民子弟は、新たな対応を迫られる。

それは親世代が経験しなかったことを、かれらが自前で乗り切る事態に直面することである。この状況下で登場したのが、ダンスパーティーであった。だがダンスは、特有の身体技法を必要とする。リズムの取り方も、身体の動きも、農民たちが経験したことのないものだった。「ブラヌ地区の住民は、アスファルトで舗装された「大通り」を歩いているときでさえ、いつでも、でこぼこした、やっかいな、泥だらけの土の上を歩いているような歩き方をする」(ブルデュー 2007 : 134)。癖は容易には解消されない。ブルデューは、ダンスパーティーのあの物悲しい風景を、その脈絡とともに正確に押さえていく。

なかでも、かつての慣行と新たな慣行の裂け目に放り込まれた農民子弟のうち、最も影響を強く受けるのが大農の長子である点を押さえておきたい。かつての慣行では、かれらこそが、特権性を備えていた。だが、この特権的地位は、新たな慣行が支配的になるなかで急降下する。かれらが経験する「落差」は困難を極めるものだった。[★3]

ところで、ブルデューは農民子弟――自らの級友たちであった――を哀れんでいるだけなのか。そうではない点が、本章で彼の著作を取り上げたねらいである。

農民は、たとえ単純なステレオタイプ化された見方であるにしても、他の人々が農民について抱く農民イメージを内面化するようになる。彼は社会的な刻印によって印を付けられた身体として、つまり、農民的な生活に結びついた振る舞いや行為の痕跡を引きずった農民化された身体として、自らの身体を認識するにいたる。（ブルデュー 2007：137）

ダンスパーティーは、農民子弟が染みついた癖を自覚化する場であった。そして、この自覚化が、政治家なり教師なり社会学者なりの説教によって与えられるものではなく、学生や都市民との遭遇と共在を通じて、かれらにいわば一次経験として獲得される点が重要だ。それは「文化的盲目」（ブルデュー

★3　ブルデューのアルジェリア研究においても、最も守られていた地域こそ、戦争後の変動に最も適応できないことが記述されている。たとえばアルジェリア戦争以前から都市部やフランスへの出稼ぎ民を創出してきたカビール地方では貨幣経済の全面化にそれなりに対応可能であったのに対し、アルジェリア南部の農業地域では貨幣経済への対応が非常に難しいものであった。内的に自律した社会経済単位が、外部に開放されたときのインパクトを考える上で、これらの点は重要だろう。ブルデュー（1993a）の第三章を参照。

2007：149）が照らし出される経験であり、「知っているつもりで実は知らない世界」（ブルデュー 2007：12）が登場する経験でもある。本章の論点に即していえば、あたりまえとして馴染んでいる癖が、啓蒙されるのとは異なったかたちで、眼前に現れる事態ともいえるだろう。ブルデューはこの時点を鷲づかみにする。アルジェリア戦争と強制移住の分析においても（Bourdieu & Sayad 2004）、正統言語の分析においても（ブルデュー 1993b）、さらには写真技術の登場についても（Bourdieu & Bourdieu 2004）、彼は一貫してこのショッキングな時点を捉えるのだ。ブルデューは喪失によって露わになるもの、失うことによって可視化されるものを、ノスタルジアの感情抜きに書き続けるのである。

この点は、彼がのちに練り上げるハビトゥス概念の捉え方にもつながる。ハビトゥスとは知覚と評価の図式の集合体であり、身体化された歴史のことであり、物事の見分けの原理であるが、★4 それは実体として確定されたり、数え上げられるものではない。よって経験科学の手法では捉えることが困難なものだ。だが、社会学者ブルデューは、このあいまいで不定形なものを、記述として読者に差し出す。そのための工夫が、ハビトゥスと社会的脈絡が調和している状況ではなく、両者の不調和の状況を捉えるというものだ。

ハビトゥスと社会的脈絡が調和しているとは、たとえば、結婚が家の戦略として村内で代々受け継がれ、それを眼の当たりに育った長子が、名家の娘との結婚を実現し、自己と家の名声を高める場合などである。「ゲーム」を狂いのない「プレイ」でこなす様子がそこでは見て取れる。このようなケースでは、当該者は自らがいかなる方法によってプレイしているのかを自覚化するというよりも、むしろ感覚的に動いていたり、あるいは高木光太郎の表現に倣えば「惰性化」している（高木 2012：112）。ブルデューはこうした実践感覚の成立の条件を解読しようとするが、とりわけ、ゲームのルールが変わることによって、身につけたプレイが時代遅れになった時点を注視する。癖は、好調時には潜んでいるが、不調時には現れる。たとえるなら、上り調子の若いアスリートは自分のフォームなど気にすることなく結果を出し続けるが、のちに敗戦が混んでくると自分のフォームが急に気になりはじめるように。不調になることによって、自分のフォーム＝癖を知るのだ。そこをブルデューは逃さない。好調時には潜んでいる実践感覚を明るみに出し、それを捉えることで社会の基底へと遡行しようとする。

人は、自らが住まう世界や、その世界において受肉した癖を、知ることなしに生きていける存在である。ゲームのルールを知らないにもかかわらず、ゲームをプレイする状況に放り込まれている。わかってから始めるのではなく、始めてからわかるのだ。中川理はこの点を「経験に対する認識の〈遅れ〉」と表現したが（中川 2012：126）、ブルデューはこの〈遅れ〉を引き受けながら、喪失「後」の世界を書き、そのことで喪失「前」の世界の根底条件を把握しようとする。崩壊後であっても癖を自覚化する必要がある。ここにブルデュー社会学の主張がある。

★4　ブルデュー自身の定義は以下である。「ハビトゥスとは、持続性をもち移調が可能なディスポジションのシステムであり、構造化する構造として、つまり実践と表象の産出・組織の原理として機能する素性をもった構造化された構造である」（ブルデュ 1988：83）。

5　癖の自覚化／欺瞞化

ここまで確認してきたように、癖は裂け目において現れる。そして、現れた癖を自覚化することから、人びとは世界を捉え返す。これがブルデューにおいても想定された理路であった。

しかしながら一点の疑念が生じる。それは、必ずしも、癖の現れがそのまま癖の自覚化へとつながるわけではない点である。裂け目において現れた癖は、自覚化の手前で、隠蔽されたり別の強いられた解釈へとすり替えられたりもする。それは「癖の自覚化」のかたわらで「癖の欺瞞化」が生まれる過程ともいえるだろう。実際、震災や住まいの強制撤去が生じるとき、為政者は危機の修復のためにさまざまの手段を講じる。その最たるものが、癖の隠蔽や別解釈による矯正である。この隠蔽・矯正過程を考えるために、以下では刑務所・留置所をめぐる考察へと迂回しよう。刑務所・留置所は癖の支配的操作がシステムとして組み込まれた場であり、癖の欺瞞化が頻繁に達成される場と考えられるからだ。そして、その考察を経た上で、いま一度、マニラの強制撤去について考えなおしたい。

〝一一四番、メシ！〟と言われたらゴザの上に座って食べる。つらかったのは五日に一回のお風呂。独房の人間が一番最後に入るんですが、髪の毛はたくさん落ちてるし、湯船にも何かよく分からないものがいっぱい浮いている。そして〝おい一一四番、栓を抜け〟と指示される。★5

刑務所・留置所の本質は、「娑婆」との断絶を構成することで、収容者の癖を改造することにある。そこでは、いっさいの過去の所有物が剥奪され、名前すら番号に換えられる。アーヴィング・ゴフマンが述べたように「新来者はオブジェクトに仕上げられ、符号化される」(ゴッフマン 1984：18)。それは「個人の自己が無力化される」(ゴッフマン 1984：16) 過程であるが、本章で注目したいのは、この無力化が生じた後に注入されるものについてだ。そこでは新たな規範が注入されるが、その注入の方法と内容について考えることが、癖の欺瞞化を捉える上では重要になる。私がマニラで出会ったひとりの男性の逸話から探ってみよう。

私はマニラのボクシング・キャンプで住み込み調査をおこなってきたが、そこではボクサー以外にもさまざまな人と出会うことがあった。日本から流れてきた「その筋の人」たちもそうである。あるときボクシング・キャンプにワンボックスカーが止まって、なかから人の良さそうな五〇代くらいの日本人の男性が出てきた。若いふたりを連れていたが、彼はジムに入るなり「スパーリングをやらせて欲しい」と言ってきた。だがタガログ語が不自由だったため、仕方なく私があいだに入って、適当な若手ボクサーにスパーリングの相手をしてもらった。彼は、一分間ももたずに、リング上で疲れ果て、ひざまずいた。ちなみにパンチはもらっていない。自分のパンチがことごとく空を切るなかで、疲れ果ててしまったのである。彼は、私の仲介に礼を述べ、そのあと少し世間話をした。

私が筑波大学の院生(当時)であることを知ると、彼は自分もまた「国立」の出身であるといった。私がきょとんとしていると、彼は「長野にも、府中にも、網走にも行った」と述べた。要は刑務所のこ

★5 http://www.sponichi.co.jp/baseball/news/2016/12/24/kiji/20161223s00001173365000c.html から引用。

とを語っていたのである。彼は東京では「陛下のお膝元」ゆえに暴れることはなかったが、それ以外の地域ではさまざまな行動をしており、それらがもとで塀の向こうとの出入りを繰り返したらしい。しかし私が関心をもったのは、彼のそうした経歴そのものではなく、所内での具体的経験についてだ。

彼は出入りを繰り返しながらも、所内で「心を改める」ことは決してなかったと言う。だが、唯一、「この看守の当番のときは、暴れるのはやめよう」と思ったことがあったという。独房に一定期間いると、足音でそれが誰なのかわかるようになるのだが、その看守の足音が聞こえてくると、おとなしくなった。なぜそうなったか。

その刑務所では、独房に入所以来、食事の際にも両手首は締め上げられたままだった。食事がドアの下から届けられると、彼はそれを食べようとするが、両手首が固定されているため、ひざまずいたまま犬食いをすることになる。箸がうまく使えないため、ごはんはこぼれ、食べる速度もあがらず、汁物もうまく飲めない。そうこうしているうちに、食事の時間は終了し、引き下げられる。残るのは、胃袋の不満感に加えて、犬食いの屈辱、飛び散った飯のよごれであったと言う。

だが、あるとき、食事に箸ではなくスプーンが添えられていた。スプーンであれば、両手首が固定されていても食べられるし、汁物も飲める。ドア越しのため、看守の顔を見ることはない。だが、「その足音」の看守だけは、いつもスプーンを添えてくれたと、彼は言う。スプーンを添えるというやさしさに感じ入った彼は、その看守の当番のときはおとなしくするようになった。彼は、いまでもその看守の顔は知らないが、そのやさしさに深く感謝しているとも語った。

私がこの刑務所の飯の話を聞きながら感じたことは、〈やさしさ〉という技術についてであった。彼は死ぬまで「その足音」の人物に感謝するだろうが、刑務所経営の観点から考えれば、時宜を見計らったスプーンの使用は織り込み済みだったとも言えよう。暴行や恫喝や拷問だけでは人間を改造しきることはできない。それでは、人間の最後の内的扉を、開け崩すことができないからだ。その扉を破るのは〈やさしさ〉である。時宜をふまえたスプーンの使用は、ここにつながったものであろう。『家の神』で、鶴見俊輔はこう書いている。

満州事変前後の日本政府は、大学生のマルクス主義をくじくために、まず投獄と拷問によっておどし、次に自分のうまれた家、とくに母親を思い出させるようなさまざまの象徴をもちだして、自発的に運動からはなれてゆくように誘導した。（鶴見＋安達 1972：96）

思い出すのは、私が幼い頃に観たテレビの画面だ。バスジャックをした人物が警察の説得に応じなかった後、現場に連れてこられたその人物の母親が必死に投降を呼びかける模様である。〈やさしさ〉という技術は、これらと深く関わるものだろう。恫喝の次には〈やさしさ〉が来る。鉄拳は「母親を思い出させるようなさまざまの象徴」とセットで到来する。重要なのは、そこには時間的な先後関係が存在することである。「母親」があって暴力が次に来るのではない。暴力が先にあってその後とどめを刺しに「母親」が来るのだ。ここで重要になるのは、どのようなタイミングで「母親」が到来するかという点である。この時間配分の様式化こそが、この技術のなかに慎重に構成されていると言えよう。

スプーンの使用をめぐっては、以上のようなメカニズムが組み込まれている。塀の内と外を出入りする人間にまず与えられるのは、独房での監禁と主要関節の四六時中の拘束である。その上で、食事を困難にさせ、また、「足音」で看守を聞き分けられる状態を作り出す。このとき、どの看守をどのような時間割で配置するかなども、細心の注意を払って計算されているだろう。こうした緻密な計算を経て、満を持してスプーンが使用される。暴力があって〈やさしさ〉が到来すること、さらに、その間の時間配分の様式化についても、ここには癖の支配的操作をめぐる技術が詰まっている。

以上を踏まえて議論を本節の冒頭へと戻すなら、自己の無力化の後に注入される新たな規範は〈やさしさ〉とともに到来することがわかる。この技術が用いられることで癖の欺瞞化が成立する。そして、まさに、このように欺瞞化の過程を理解するがゆえに、それとは別方向の癖の自覚化の過程を探究する必要がある――これが本章の主張にほかならない。ではそれはいかにして可能か。

自分というものは、年をとってからでもかえてゆくことはできるものだ。しかし、かえてゆくためにも、もとの形がしっかりととらえられていることが必要だ。もとの形がしっかりとらえられていないままに、自分を否定しようとする試みは、みじかい期間にくずれてしまう。家の神が、われわれにとって大切なのは、このためである。（鶴見＋安達 1972：95）

ここでいう「家の神」とは、自らの身体に住みついた規範や象徴の総体のことであるが、その「もとの形がしっかりととらえられている」ことが必要だと、鶴見は言う。それは「それまで自分と一体のものとして感じて来た家を、いくらかつきはなして、客観化して考える」（鶴見＋安達 1972：108）こととも、いいかえられる。人は国家の法に先立って家の法を知るが、その原初的に刻まれたものを問わずして、自己＝社会を問いなおす道筋は辿れないことを鶴見は説くのである。

それは本章の用語に置き換えるなら、現れた癖をその都度つきはなして客観化して捉えることと言えるだろう。日常が崩れることによって癖が露呈したとき、私たちは自らの癖に身を委ねてしまうかもしれない。そのとき〈やさしさ〉は到来し、癖の欺瞞化が完成する。そうではなく、癖をつきはなすことが求められる。すなわち、癖に捉えられるのではなく、癖を捉えることである。癖の自覚化とは、癖を外側より捉える努力から開始されるものだ。

すでに記したように、癖の社会学というテーマを考える背景には、マニラのスクオッター地区の強制撤去という問題があった。住まいの一掃という暴力の次に到来するのは、補償金や再居住地などの手当てである。ここでもまた、暴力と〈やさしさ〉が時間的先後関係を伴いながらセットで構成されている。強制撤去後の生活の軌跡については、各所帯や個人の状況と条件によって対応が異なる。マニラに出戻る人もいれば、再居住地に根ざす人もおり、故郷の村に帰る人もいる。そういった無数の軌跡を念頭に置きながらも、なかでも私に深く印象づけられているのは、ねばり強くさらなるスクオッター地区撤去に抗する活動を継続している人びとだ。そのしなやかさと腰の強さが何に由来するのか、私には長らく謎でもあった。そのなかには、自らが強制撤去を経験した人びとも多数おり、圧倒的暴力とそこでの怒りの経験こそが、活動の根底を成しているようにも思えていた。すなわち「怒りの深さ」が活動の動因であると解していた。

しかしながら「怒りの深さ」が、そのまま活動のエネルギーを持続させるわけではないことを思い知ることになる。なぜなら、マニラのスクオッター地区を訪ね歩き、人びとの話を聞きながら、人が生活を安定化させるためには「怒り」を鎮める必要があるという至極まっとうな点を学んだからである。問題はこの鎮め方である。暴力の後には〈やさしさ〉が到来する。この国家に操縦された〈やさしさ〉によって怒りを他発的に鎮める人もいれば★6、それらとは異なり、自発的にそれを鎮める方法を探る人もいる。後者の人びとを訪ね歩くなかで浮上したのは、かれらは共通して〈やさしさ〉を払いのけ、かわりに癖を自覚化――欺瞞化ではなく――することによって、次なる一歩を踏み出している点だった。こうしたかれらが軸になって、マニラのさらなる改造に対する歯止めをかける活動が持続しているようにも思えるのだ。それはつまり「怒りの深さ」ではなく「癖の対自化」による根拠の形成ともいえるだろう。

暴力的な事態に巻き込まれるとき、あるいは日常を構成する生活構造や社会構造が一変するとき、人は裂け目へと放り込まれる。そこは社会的存在としての個人が受肉したものが現れる場であり、潜んだ歴史や力関係なども照射されるだろう。それらをふたたび隠蔽するのではなく、それらと折り合いをつけて、つきあっていく作法こそが、私がマニラのスクオッター地区を歩きながら学んだことだ。そのとき人は筋を通して生きることができる。

最後に、癖の社会学という主題が、「不可量領域」を研究する上で与える示唆を記しておきたい。戦争や震災や強制撤去といった惨事を生きた者、またそれを記録する者は、「被害（者）を数で数えない」指針を自らに課すことがある。個々の人生を数量化することを拒み、かわりにそれぞれの固有名を想起しようとする。金菱清は、大震災をめぐる認識が、一方で数万人という数値によって表象され、他方でヘリコプターの映像という上空からの視覚によって構成される点を指摘し、それらが「死に対する感受性」の喪失を生み出していると論じた。かわりに金菱は、いっさいの写真抜きで七一名の生き残りの手記を並べ、個々の人間の眼に映ずる「写像」を提示した（金菱編 2012：vii）。この試みは、いいかえれば、数万人という「ひとつの集合」からではなく、固有名をもつ「ひとつひとつの個人の集積」として大震災を対象化する社会学的実践であるといえよう。

私も金菱の手法に倣うが、その上で、固有名に加えて癖が記されることの可能性について考えている。マニラのスクオッター地区における生活のように、固有の個人たちがいかなる癖を所有し、またその癖がいかに空間に刻まれているのか、そうした点を他者に理解可能なかたちで差し出すのが「不可量領域」を捉えた社会記述のひとつのあり方だろう。癖は身体技法から思考方法までをひろく包含するものであるが、それは実践のなかで登場するものであり、固定化を阻むものだ。癖の社会学とは、からだを動かし、呼吸し、思考する個人が、まさにその運動の過程において登場させる個性＝共有性を捉えるものである。よってそれは、文字化されながらも、無時間化を超え出るような過程性を伴う。昆虫の観察学にたとえるならば、採取する蝶を、数で示すのでもなければ、一匹ずつピン留めするのでもなく、蝶を飛んでいる状態において理解することといえるだろう。癖に注目することは、こうした過程性を確保することなのではないか。この時点において私たちは、人びとがそれぞれ生きていることの重みと過程への感受性を外さないで、社会学を開始することができるように思われる。

★6　ゴフマンの「冷却」論文（Goffman 1952）はこの文脈で読むことが可能である。

終章

抑圧の時計

1　時間的予見

ここまでマニラの貧困世界を覆う貧困と構造的暴力について考察を進めてきた。テレビ画面の明かりだけで夜を過ごすスクオッター所帯、減量しながら試合が何度も延期になったボクサー、対象化された貧困を動員するボクシング・キャンプ、立ち退きの時計の下にあるスクオッター地区、強制撤去により再居住地に送られた一家。私はマニラの貧困世界で眼の当たりにした光景を記してきたが、そこで私が捉えてきたのは時間的予見を喪失した人びとの姿である。貧困や構造的暴力を生きるということは、今後の見通しが宙吊りになった状況下で、毎日を凌ぐことである。

時間的予見を得るためには、現在の生活が安定していなければならない。現在の生活の持続が前提にあることで、人びとは今後のビジョンを描くことが可能になる。しかしながら現在の生活が、つねに暫定的であるのが、マニラの貧困世界である。かれらは時間的予見を得ることが難しく、かわりに毎日に振り回されながら、さまざまな事態に矢継ぎ早に対処していく。これはピエール・ブルデューが、次のように論じた点とつながるだろう。

規則的な仕事がないことによって生活から欠落してしまうのは、確実な収入だけではなく、時間のきちんとした組織化と具体的な期待の体系とを規定している一連の制約条件なのである。（ブル

デュー 1993a：118）

ブルデューの議論が示唆的なのは、失業の問題を時間の問題に延長して、アルジェリアのサブプロレタリアートを捉えたことにあった。失業とは、家計や社会的地位だけでなく、時間的危機に関わる事態なのだ。そしてブルデューは、こう展開する。

現在の行動において未来が予測されず、また、現在が未来――未来は、計算によって提示され、合理的関係によって現在と結びついている――との関連において組織化されずに、今日という日が、来る翌日と、直感的にせよ合理的にせよ、いかなる関連をもたずに、生きられるのだ。（ブルデュー 1993a：120）

今日という日が、来たる翌日と、関連をもたず生きられる。失業すると「絶えざる今」が現れるのであり、その短縮化された時間幅で、人びとはあらゆる事態に対処していかなければならない。

本書では、このブルデューの着想に倣いながら、しかし分析の基礎単位を、ブルデューとは異なる位相に設定することで、マニラの貧困世界の実情に即した記述を進めてきた。すなわち、ブルデューはインタビューをもとに個々人の視野構造に迫ることから失業と時間の関連を論じたのに対し、私は第2章や第4章でもページを割いてきたように共同生活の次元に照準してきた。失業が時間の問題に接続するのは、共同生活のフィルターを通してである。たとえば、ボクシングキャンプで共同生活を送ること、あるいは所帯――血縁関係に閉じた「家族」ではない――を形成して生活をすることは、誰かが失業しても、別の誰かが稼ぐという、メンバー間の組み合わせのなかで生き延びることである。共同生活は、失業をはじめとした危機を凌ぐためのクッションとして作り上げられるのであり、だからこそエスノグラファーは各種統計調査からは実態をつかむことの難しい共同生活の単位を注視する。そして、この共同生活の単位が崩壊したとき――たとえば住居の強制撤去によって再居住地に送られたとき――、圧倒的な困窮化が開始する。第9章に記した、再居住地の「待機する日常」とは、こうした事態のなかで構成されるものだ。

フィールドで何を見るかという点において、個人の視野構造を重視するブルデューと、共同生活を捉えようとする私では、着眼点が異なる。しかしながら、失業を時間の問題に接続するブルデューの手法は、私が過去二〇年以上にわたってマニラに通いながら考察を進める過程で、重要な指針を与えてくれたものであった。失業を時間の問題に接続することは、一方で社会経済分析から、他方で現象学的研究から、ともに距離を取ることである。

社会経済分析に関して、たとえば家計構造の分析や耐久消費財の所有項目の作成といった調査は、貧困を所得や財をもとに考察する態度を前提にしている。そうではなく、貧困を生きることが「絶えざる今」が連続する事態を凌ぐことであること、すなわち、失業を時間的予見の剥奪された日々を生きる経験へと関連づけるのが、ここでのポイントである。他方で、時間を論じる現象学的研究とも異なり、その考察に階級やジェンダーといった社会学的変数を入れることである。★1 時間の経験のされ方は、失業などの社会経済的な出来事と深く関わっている。そのため、時間の働きを「人間精神」の働きとして一挙に普遍化させてしまう前に、それがいかに階級やジェンダーやエスニシティといった範疇に応じて分節化されているのかを捉えることが鍵になる。すなわち、社会経済学への時間論的介入と、時間の現象学への社会経済学的介入というふたつの展開が、ブルデューの議論には賭けられているのである。その意味でブルデューに倣いながら考察を進めた本書は、やはり社会学の研究——現象学ではなく——であったと言える。

2　抑圧の時計——どうなるのか／どうするのか

序章で論じたように、エスノグラフィーとは、現在進行的、対位的、転覆的な認識を生産する点に特徴がある。このエスノグラフィー研究ゆえに、本書では貧困を時間の問題に接続して考察するという視座を得ることができた。不確実な減量を繰り返すボクサーや強制撤去の予告地の住人は、物事が進むタイミングを把握することができないまま、日々を生きなければならない。

このタイミングの支配は、序章で引いたガルトゥングの議論に引き寄せるなら、自己に直接的危害を

★1　「時間の働き」について、ブルデューは『実践感覚』で一章分を割いている。そこではアルジェリア社会における贈与実践が引き合いに出されながら、「待機」や「延期」についても次のように論じられる。「戦略は時間を、もっと適切に言えば行為のテンポをうまく使いこなして復讐を引き延ばすことである。〔…〕テンポの操作とは次の通りである。待機するあるいは引き伸ばす、延期するあるいは遅延させる、待たせる・期待を持たせる、あるいは反対に、急がせる、早める、先を越す、不意を打つ、奇襲する、機先を制するなど」（ブルデュ 1988：178）。時間の働きを、人間の内面や精神の位相ではなく、社会的行為の位相で議論するこの手法は、「タイミングの社会学」の考察において重要な点である。

加えられる――殴られる、追放されるなど――といった直接的な抑圧形態ではなく、自己の住まう世界や環境が壊されていくという間接的な抑圧形態である。時間をかけて徐々に、だが確実に、自らの属する世界や環境が破壊されていく。本書において記述してきた人びとは、この抑圧の時計のなかを生きている。第6章で私は、立ち退きの時計という概念をシン・ヒュン・バンの論文から借用したが、そこで使われている「時計」という言葉は、立ち退きの事例にとどまらず、マニラの貧困世界を覆う抑圧という一般条件にまで拡張して適用できるものだろう。序章のロセリト一家の暗がりの部屋、あるいは第8章の根こぎの記述なども、抑圧の時計をめぐる考察と位置づけることができる。序章で記したように、貧困を論じるためには、一時点のみをワンショットで捉えるのではなく、そのプロセスに接近する必要がある。そしてこのプロセスを、抑圧の時計という概念から照射したいのである。

抑圧の時計に巻き込まれた人びとは、「どうなるのか」と「どうするのか」という時間に関する二重の態度を抱えて生きることになる。前者は観照の態度であり、後者は実践の態度である。スクオッター家屋の強制撤去が実行されたとき、フィリピンのマスメディアは、住人たちの今後の生活がどうなるのか、といった報道を頻繁におこなう。危機に関連して私たちが持ち合わせている語彙は、往々にして、このどうなるのかというものだろう。それはまた、社会学者の発する語彙でもある。強制撤去だけでなく、たとえば震災や原発災害を眼の当たりにした社会学者は、基本的にこの地域がこれからどうなるのかに関心を向けている。どうなるのかという問いは、状況を外から見るという観照の態度に基づいている。

一方で、第8章のフィールドノートの記述で示したように、どうするのかという実践的態度が危機に対処するためには必要になる。強制撤去が実行されたとき、人びとは再居住地に移住するのか、マニラの別のスクオッター地区に居座るのか、それとも田舎に戻るのか。再居住地に移住するとして、現在の所帯員のままで再居住地に生活するのか、それとも所帯分離をして誰かはマニラに居座り別の誰かが再居住地に住まうのか、などの判断と行動を必要とする。どうなるのかという傍観者の視点は封じられ、かわりにその状況下でどうするのかという生活者の視点が登場する。

しかし重要なのは、どうなるのか／どうするのかというふたつの態度が、決して二律背反的ではないことにある。第6章や第8章で記したように、強制撤去に身構えるサンロケ住人たちは、これからどうなるのかという観照の態度で事態を見てきた。その一方でかれらは、仕事の手配や子どもの学校などについては、これからどうするのかという実践の態度で判断し行動してきた。ジャーナリストや社会学者が忘れがちなのは、住人たちが保持しているこの態度の二重性である。ふたつの態度が、ともに生きられているのだ。

そして、どうなるのか／どうするのかという二重性を抱えて生きる住人にとって核心的なのは、かれらが「食べていく」必要がある点だ。貧困世界において「食べる（*kain*）」という言葉には、決定的な重みがある。かれらは――私たちは――食べていかなければならない。身体以外にあらゆる生産手段を持たない人びとにとって、その身体を持続的に用いて所帯が食いつなぐことは、根本的な関心事である。マルキシズムもフェミニズムもアナーキズムも、食べていくことの切実さを脇に置いて、そこから離れた位置で人間の鎖からの解放を説くならば、悲惨を再生産する根底を放置しているにすぎない。ブルデューは、実践理論を練り上げる上で、時間的な「切迫性」（ブルデュー 2009：363）を理論構成の中心に組み込んだが、それはマニラの貧困世界の脈絡で考えた場合、食べていくことに関わる。空腹は棚上

げすることができず、待ったなしの事態だ。★2

「食べる」という次元を強調すると、人間の口のもう一つの機能である「しゃべる」という次元を軽視していると批判されるかもしれない。しかし今日の人文社会科学は、「しゃべる」ことに特化して「食べる」という不可避の前提を不問にしつつあるのではないか。後者を不問にして前者を論ずるならば、マニラの貧困世界に迫ることはできない。「食べる」ことが脅かされている状況で、いかに「しゃべる」ことができるのか。これこそが私たちが問うべき論点であるだろう。

抑圧の時計のなかを生きるということは、どうなるのかという見通しが立たないなかで、どうするのかを構想していくことである。そして、その構想には、つねに空腹という生理的切迫性が付きまとうのである。

3　人生を目撃する

抑圧の時計を生きることはまた、降り掛かってくる事態にどうしようもなく巻き込まれていくことでもある。本書で記述してきた強制撤去の予告通達、再居住地への移住、減量した試合の延期などの事例は、自分ではどうしようもできない状況に投げ入れられた人びとが、その過程で経験することに関するものである。

それはアルフレッド・シュッツの言葉を用いるならば、「劇場の観客」の態度を強いられることである。「劇作家」は物語を動かすことができる。かれらには「エージェンシー」が備わっており、構造と行為の間につながりが見出される。だが、「劇場の観客」はスクリーンを流れる映像に晒されるしかない。「劇場の観客が、劇の結末がどうなるのか、あるいは次の場面がどうなるかを知らずに、舞台上の出来事を追っている」（シュッツ 1991：371）。かれらは映像を止めることができない。物語に関わる能動性を剥奪された上で、ただ目撃するしかない。[★3]

★2　貧困と空腹は待ったなしの事態である。言い換えれば、それはどこまでも「現在」の問題である。投企や革命といった用語が前提にするような、現在の問題を「未来」において解決するという道筋を取れないものである。現在の問題を先送りされた未来において解決するのではなく、現在の問題を現在において解決するというこの点に関して、藤原辰史による次の指摘も参照。「これまで多くの哲学者や経済学者が抱いてきた資本主義の未来像は、資本主義がいずれ瓦解することを前提として考えていたため、いま資本主義を撃つのではなく、それを高速で回転させて、加速させ、オーバーヒートさせ、故障させ、自壊させるというものになりがちであった」。藤原はこうした態度を「自壊を待つという一種のメシアニズム」と呼んでいる（藤原 2019：62）。ここにおいても私が本書で取り上げてきた「待機」の問題が控えていると言えるだろう。ところで池田浩士は、現在の苦しみと未来の解放の関係に関して、こう記している。「現にいま苦しんでいる人間の苦しみをそのままにして、その苦しみの犠牲によって未来の解放を手にする道具を選ぶとしたら、そのような解放とは何なのか」。その上で、池田の議論が根底的なのは、この文の直後にこう続ける点にある。「だが、しかし、炭鉱資本が坑夫たちとその家族のなかに煽り立てようとしたのは、この疑念だったのだ」（池田 2012：124）。すなわち、先送りにできない現在の問題を解決するがゆえに、労友会のダラ幹たちは会社側と手を打って利得にあずかろうとしてしまうのである。つまり、根本的な争点が見えていながらも、そこを手つかずのままにして、現在の利得を優先させ未来の変革を断念する人間の姿がそこにはある。それは自らの現在の問題の解決のために、現状を追認し、結果として未来の人間に苦しみを引き継がせることでもあるだろう。この池田の差し出した問いに、どう答えればよいのか、いまの私にはわからない。大きな問いとして抱えておきたい。

それは、言い換えれば、事態を止めるために必要な手足の動きが封じられたまま、眼だけが残された空間と言えるだろう。「どうするのか」という領域が縮減され「どうなるのか」という領域だけに晒されている姿とも言える。眼だけが残された空間は、人びとが無力さを痛感する空間でもある。第8章で記したように、マニラのスクオッター地区において、自宅がショベルカーで強制撤去される様子を、ただ見届けるしかない住人の姿は、まさに眼だけが残された空間に生きる人間を表している。

しかし私がいま書いたように、眼だけが残された空間において、人びとはそれを「見る」だけでなく「見届ける」ことをおこなう。手も足も出ないときでも、眼で観察し記録することはできる。ショベルカーを止めることはできない。だがショベルカーが破壊する光景を見届けることはできる。そうして「見届ける」ことを通じて、人びとは自らの人生を目撃する。ショベルカーで自宅が破壊されるのを見届けるかれらは、その眼だけが残された空間で、自分たちが生きてきた世界がいかなるものであったのかを眼の当たりにする。「どうするのか」という関与の可能性を奪われた条件下において、それでも「どうなるのか」と人が眼前の出来事を見届ける際に、何が生まれているのか。それは世界を根底的に捉える契機であるだろう。

この点は、本書において「解釈労働」という概念を使って論じたことと重なる。召使いは主人に話しかけることを禁じられている。召使いに残されるのは眼だけだ。眼をフル活用して、主人の様子を読み取り、屋敷での空間を生き延びる。デヴィッド・グレーバーをいま一度引いておこう。

> たとえば、だれもが知っていることだが、召使いはじぶんを雇っている家庭の事情について事細かに知っているものだが、その逆はほとんどありえない。(グレーバー 2017 : 101)

主人と召使いの関係をプロトタイプとするこの主張は、眼だけが残された空間という点において、マニラの貧困世界に適用可能である。降り掛かってくる事態にどうしようもなく巻き込まれた人びとは、その事態を別の方向へと動かす力をほとんどの場合持っていない。だが、かれらの眼は鍛えられる。かれらの置かれた位置だからこそ見えてくるものがある。状況に馴染んでいる者は眼を鍛え上げる必要性をもたない。状況から追放される者の眼は感知が鋭くなり、眼の前で起こっていることが必死に解釈されていく。解釈労働が展開するのである。

私は「周辺から」事態を捉えるという視座を貫いてきた。それは単に、視座をずらすというだけではない。周辺へと押しやられる人びとに最後に残された眼力こそが、構造的暴力のあり方を照らし出す重要な立脚点となると考えるからである。エスノグラフィーを書くことは、事態にどうしようもなく巻き込まれる人びとが見届けている世界を、その傍らで垣間見る——覗き見るのではなく——ことから始まる。自分の人生でありながら、決して思い通りにはならず、まるで劇場のスクリーンのようにさまざまな出来事が進んでいく。そうした「スクリーンの人生」において、人びとが「どうなるのか」と見届け、そして僅かの隙を探って「どうするのか」と身構えている世界を書き残すことは、私にとって重要な実

★3　レイプにしてもリンチにしても、暴力をふるう側／ふるわれる側の二者だけで進むものではなく、それを強制的に目撃させる第三者を内包する形で進められる。手足を封じられてただ目撃させられる——「よく見とけ」——のである。この強制化された目撃者については、さまざまな記録で報告されてきた。ここではその一例として、アベル・ポレーゼが、自らのウクライナ戦争の脱出記（ポレーゼ 2022）において引用した映画『セルビアン・フィルム』（二〇一〇年）をあげておく。

践であり続ける。

あとがき

「共書《ともが》き」という言葉が会話のなかで出たのは、本書の最終段階の打ち合わせを千葉の本八幡のカフェでおこなっていたときのことだった。私には、エスノグラフィーを書くときに自分なりの指針がある。記述された内容を調査地の人びとが読んだときに、かれらが納得してくれる水準から離れないように書き切るという指針である。もちろん、本書に描かれたマニラの人びとが、日本語の書物を——英語やタガログ語のそれであっても——最初から最後まで読むということは、なかなか無いだろう。その分、私は、自らの考察をフィールドの人びとに口頭で伝えることを頻繁におこなってきた。かれらが納得する内容であれば、私は自信をもって書くことができたし、渋り顔であれば、その内容を取り下げた。

これはいわゆる調査倫理の遵守に収まることではない。データ使用の許諾を取るとか、同意書をもらうとか、そうした官僚主義的で自己保身的なふるまいとは別の次元のことである。私がフィールドで見て考えたことを投げ返すことを通じて、かれらと「共に」見て考えてみる。こうした擦り合わせの過程で、表し出されるものを掴む。比喩的な言い方になるが、エスノグラフィーは一人で書いてはならないと思う。二人で、あるいは三人や四人といった複数で書くというのが、その本質であるだろう。実態としては私が書くのであるが、その私は人びととの「あいだ」で書く。無制約な物言いを慎み、「あいだ」

の関係性の重石を受けて文章を紡ぐ営みのことを、その打ち合わせでは、共書きと言い表したのだった。そしてその姿勢は、本書に通底しているように思う。

本書は、雑誌『現代思想』に二〇二〇年一一月号から二〇二二年一二月号まで連載された「タイミングの社会学」の内容を、書籍としてつながりが生まれるように書き改めたものである。まさか私が連載を担当する、それも『現代思想』で、ということは思ってもみなかった経験だったが、二年以上にわたり毎月一日の締め切りに向けて書き続けた時間は、とても貴重なものであった。時間は十全には割けないことがあっても、意識の中心はいつも連載のことに向けられていた。電車に乗っているときも、料理を作っているときも、会議に出ているときも、連載のことが頭をよぎった。締め切りが近くなると夢にまで出てくるので、意識から無理やり追いやるために、東京の新小岩にあるボクシングジムでライアン・ビトにミットを持ってもらってミット打ちをおこなった。その時間は原稿を忘れることができた。

連載中にはいろいろなことが起こった。パンデミックになって、子どもたちの通う学校が一斉休校になり、BLM運動が巻き起こって、娘が高校生になって、ロシアがウクライナを侵攻して、そして父が死んだ二年間だった。この決して短くはない時間を伴走してくださったのが、担当編集者の村上瑠梨子さんだった。連載の原稿を送るたびにいつも即座に長文の感想を送ってくださり、また、原稿がうまく書けないとき、対面で、電話で、Zoomで、相談に乗っていただいた。おそらく一〇回以上は打ち合わせをおこなったと思う。こうしたやりとりを通じて、どれだけ励まされてきたかわからない。不出来なものにも価値を認めて世に送り出してくださった器量も含め、この企画に伴走いただいたことに心よりお礼を申し上げます。また、鷲谷洋輔さん、長津詩織さん、田巻以津香さんには、本書の校正作業において重要な指摘をいただいた。そしてなによりフィリピンの友人たちに特別な感謝を。なかでも、いつも私のことを気にかけてくれた故ラウラ・エロルデさんには、本書にタガログ語の概要を添えて、墓前で刊行を報告したい。

本書を亡き父、石岡忠に捧げる。

二〇二三年四月

石岡丈昇

人名索引

＊　斜体は註のみ参照した箇所の頁数を示す。

あ行

青木秀男　39
アジェンデ、サルバドール　46, *47*
アンダーソン、ベネディクト　30, 220-222, *241*
池田浩士　273, *389*
イシグロ、カズオ　185
ヴァカン、ロイック　23-24, *29*, 37, 98-100, *103*, 130, 134-136, *195*, 226-228, *289*, 313
ウィルソン、ウイリアム・ジュリアス　206
ヴェーバー、マックス　101, 105, *233*
ウォーラーステイン、イマニュエル　*25*, 198
オーツ、ジョイス・キャロル　*109*

か行

金子明友　64
カフカ、フランツ　232
上岡陽江　90, 126
ガルトゥング、ヨハン　40-41, 44, 66-67, 69, 290, 385
岸政彦　*225*, 228, *327*
クルコフ、アンドレイ　291
グレーバー、デヴィッド　32, 33, 206-208, 223, 252, *363*, 390
ゴフマン、アーヴィング　*89*, 103-105, *113*, 373, *379*

さ行

サントス、ボアベントゥーラ・デ・ソーサ　*19*, 34-35, 40, *47*
サンドバーグ、シェリル　188
渋谷望　*195*, 216-218

シュッツ、アルフレッド　261, 388-389
シン、ヒュン・バン　234, 386
ジンメル、ゲオルク　294
スコット、ジェームズ　174
スナイダー、ティモシー　*105*
スミス、ニール　338
スローターダイク、ペーター　68-69, 71, 289
ゼルバベル、エビエタ　156
ソプランツェッティ、クラウディオ　274-275, 277, 279, 284, *289*, 343

た行

田原音和　24, 95
チャタジー、パルタ　172
鶴見俊輔　375-376
デ・ソト、エルナンド　176
鳥越皓之　125-126, 184

な行

中井久夫　294
新原道信　*27*, 28-29
西澤晃彦　40, 101, 217

は行

ハーヴェイ、デヴィッド　50, 177, *187*, 265, 268-273, *277*, 285-286, 343
バーガー、ピーター　*89*, 259-261
バック、レス　*91*, 358-359
ビール、ジョアオ　157, 175
ファーマー、ポール　41-42, *43*
フォレット、ケン　322
藤原辰史　*83*, 201, 290, 300-301, 321, 332-334, 351, *389*
ブルデュー、ピエール　24, *29*, 37-38, 44,81-82, *89*, 95, *103*, 155, 158, *159*, 209, 212, *213*, 226, 232-233, *255*, *261*, 283, 327, 361, 366-372, 382-385, 387
ベック、ウルリヒ　*79*, 306-307

ベルンシュタイン、ニコライ・アレクサンドロ 64
ホセ、ショニール　*109*
ホックシールド、アーリー・ラッセル　216-218

ま行

マートン、ロバート　26
マーフィー、ロバート　361
マイネル、クルト　64
マクロビー、アンジェラ　187-190
松田素二　21, 225
松原岩五郎　300-301
松村和則　94, *123*
マリノフスキ、ブロニスワフ　22-24, 64, 359
マルクス、カール　64, 269, 361, 363
水村美苗　220-222
ミッチェル、ティモシー　*197*, *279*
ムベンベ、アシル　68, 290
メルロ＝ポンティ、モーリス　64, 361
モース、マルセル　137, 361

や行

山田富秋　*91*
好井裕明　*91*

ら行

リプスキー、マイケル　185, 273
リベラ・クシカンキ、シルビア　46-47, 157-158, 200, 283
レヴィ＝ストロース、クロード　*39*, *89*
ロイ、アナーニャ　312, 313

参考文献

【欧文献】

Aranda, K., Zeeman, L., Scholes, J. & Morales, A.（2012）The Resilient Subject : Exploring Subjectivity, Identity and the Body in Narratives of Resilience, *Health* 16（5）, pp.548–563.

Auyero, J. & Swistun, D.（2009）*Flammable : Environmental Suffering in an Argentine Shantytown*, Oxford University Press.

Beier, R., Spire, A., Bridonneau, M.（2021）*Urban Resettlements in the Global South : Lived Experiences of Housing and Infrastructure between Displacement and Relocation*, Routledge.

Berner, E.（1997）*Defending a Place in the City: Localities and the Struggle for Urban Land in Metro Manila*, Ateneo de Manila University Press.

Biehl, J.（2013）Ethnography in the Way of Theory, *Cultural Anthropology* 28（4）, pp.573–597.

Bourideu, P.（2014）*Picturing Algeria*, Colombia University Press.

Bourdieu, P. & Bourdieu, M. C.（2004）The Peasant and Photography, translated by L. Wacquant and R. Nice, *Ethnography* 5（4）, pp. 600–616.

Bourdieu, P. & Sayad, A.（2004）Colonial Rule and Cultural Sabir, translated by L. Wacquant, R. Nice, & T. Wareh, *Ethnography* 5（4）, pp. 445–486.

Bučar Ručman, A.（2018）Securitization and Militarization of Migration Management in Europe : The Case of Refugee Migration Through Slovenia in 2015/2016. In D. Siegel & V. Nagy eds., *The Migration Crisis? : Criminalization, Security and Survival*, Eleven International Publishing.

Butcher, S.（2018）Making and Governing Unstable Territory : Corporate, State and Public Encounters in Johannesburg's Mining Land, 1909–2013, *The Journal of Development Studies* 54（12）, pp. 2186–2209.

Carmichael, S.（1968）Black Power, In D. Cooper ed., *The Dialectics of Liberation*, Penguin.

Chance, K. R.（2015）"Where There is Fire, There is Politics" : Ungovernability and Material Life in Urban South Africa, *Cultural Anthropology* 30（3）, pp.394–423.

Choi, N.（2015）Impacts of Displacement on Urban Livelihoods : A Railway Project in Metro Manila, *Development in Practice* 25（5）, pp.643–654.

Choi, N.（2016）Metro Manila through the Gentrification Lens : Disparities in Urban Planning and Displacement Risks, *Urban Studies* 53（3）, pp.577–592.

Crossley, N.（2004）Fat is a Sociological Issue : Obesity Rates in Late Modern, 'Body Conscious' Societies, *Social Theory & Health* 2（3）, pp. 222–253.

De Soto, H.(2000) *The Mystery of Capital : Why Capitalism Triumphs in the West and Fails Everywhere Else*, Civitas Books.

Dixon, N.(2001) Boxing, Paternalism, and Legal Moralism, *Social Theory and Practice* 27(2), pp.323–344.

Donnelly, P.(1988) On Boxing: Notes on the Past, Present and Future of a Sport in Transition, *Current Psychology: Research & Reviews* 7(4), pp.331–346.

Early, G.(1988) Three Notes toward a Cultural Definition of Boxing, In J. C. Oates and D. Halpern eds., Reading the Fights, Prentice Hall.

Estêvão, P., Calado, A. & Capucha, L. (2017) Resilience : Moving from a "Heroic" Notion to a Sociological Concept, *Sociologia* 85 , pp.9–25.

Fabos, A.(2016) *Outsourceable Selves : An Ethnography of Call Center Work in a Global Economy of Signs and Selves*, Ateneo de Manila University Press.

Farmer, P.(2004) An Anthropology of Structural Violence, *Current Anthropology* 45(3), pp. 305–325.

Fassin, D.(2011) *Humanitarian Reason : A Moral History of the Present*, University of California Press.

Featherstone, M.(2010) Body, Image and Affect in Consumer Culture, *Body & Society* 16(1), pp.193–221.

Feigenbaum, A.(2017) *Tear Gas: From the Battlefields of World War 1 to the Streets of Today*, Verso.

Furedi, F.(2007) The Changing Meaning of Disaster, *Area* 39(4), pp. 482–489.

Gaillard, J. C.(2015) *People's Response to Disasters in the Philippines : Vulnerability, Capacities, and Resilience*, Palgrave Macmillan.

Goffman, E.(1952) On Cooling the Mark Out : Some Aspects of Adaptation to Failure, *Psychiatry* 15(4), pp.451–463.

Goldstein, D. M.(2017) Fieldnote as Political Weapon : James Comeys Ethnographic Turn? Member Voices, Cultural Anthropology website, June 22. (https://culanth.org/fieldsights/1162-fieldnote-as-political-weapon-james-comey-s-ethnographic-turn)

Gupta, A.(2012) *Red Tape: Bureaucracy, Structural Violence, and Poverty in India*, Duke University Press.

Hargreaves, J.(1986) *Sport, Power and Culture : A Social and Historical Analysis of Popular Sports in Britain*, Polity Press.

Ishioka, T.(2018) Training under Uncertainty : Tempography of Underdog Filipino Pugilists, In R. Rinehart, J. Kidd, A. G. Quiroga eds., *Southern Hemisphere Ethnographies of Space, Place, and Time*, Peter Lang.

Jefferson, T.(1998) Muscle, 'Hard Men' and 'Iron' Mike Tyson: Reflections on Desire, Anxiety and

the Embodiment of Masculinity, *Body & Society* 4(1), pp.77–98.

Jocano, F. L.(1975) *Slum as a Way of Life : A Study of Coping Behavior in an Urban Environment*, University of the Philippines Press.

Karaos, A., Gatpatan, M., & Hotz, R.(1995) *Making a Difference : NGO and PO Policy Influence in Urban Land Reform Advocacy*, Institute on Church and Social Issues.

Kaufmann, J. C.(1998) *Dirty Linen : Couples and Their Laundry*, Middlesex University Press.

Kelly, P.(2000) *Landscapes of Globalization : Human Geographies of Economic Change in the Philippines*, Routledge.

Kimari, W.(2021) The Story of a Pump : Life, Death and Afterlives within an Urban Planning of "Divide and Rule" in Nairobi, Kenya, *Urban Geography* 42(2), pp. 141–160.

Kitiarsa, P.(2005) 'Lives of Hunting Dogs': "Muai Thai" and the Politics of Thai Masculinities, *South East Asia Research* 13(1), pp.57–90.

Knorr-Cetina, K. & Bruegger, U.(2002) Global Microstructures : The Virtual Societies of Financial Markets, *American Journal of Sociology* 107(4), pp. 905–950.

Manyena, S. B.(2006) The Concept of Resilience Revisited, *Disasters* 30(4), pp. 433–450.

Manyena, S. B., O'Brien, G., O'Keefe, P. & Rose, J. (2011) Disaster Resilience : A Bounce Back or Bounce Forward Ability?, *Local Environment :The International Journal of Justice and Sustainability* 16(5), pp.417–424.

Merton, R.(1984) Socially Expected Durations : A Case Study of Concept Formation in Sociology, In W. W. Powell and R. Robbins, eds., *Conflict and Consensus : A Festschrift in Honor of Lewis A. Coser*, Free Press.

Mitchell, T.(2011) *Carbon Democracy : Political Power in the Age of Oil*, Verso.

Mu, G. M. & Xing, C.(2019) Sociologising Resilience through Recourse to Bourdieu, The Paper Presented in Australia Association for Research in Education.

Ortega, A.(2018) *Neoliberalizing Spaces in the Philippines : Suburbanization, Transnational Migration, and Dispossession*, Ateneo de Manila University Press.

Ortega, A.(2019) Mega-Reginalization of a Nation : Philippine Mega-Regions and the Impulse to Globalize, In R. Padawangi, eds., *Routledge Handbook of Urbanization in Southeast Asia*, Routledge.

Parnell, S. & Robinson, J.(2012) (Re) theorizing Cities from the Global South : Looking Beyond Neoliberalism, *Urban Geography* 33(4), pp. 593–617.

Piven, F.F. & Cloward, R.(1971) *Regulating the Poor. The Functions of Public Welfare*, Vintage Books.

Quetulio-Navarra, M.(2014) Mending New Communities After Involuntary Resettlement in the Philippines and Indonesia, PhD Thesis, Wageningen University.

Roy, A.(2005) Urban Informality : Toward an Epistemology of Planning, *Journal of the American Planning Association* 71(2), pp. 147–158.

Roy, A.(2010) *Poverty Capital : Microfinance and the Making of Development*, Routledge.

Roy, A. & Crane, E. S. eds.(2015) *Territories of Poverty: Rethinking North and South*, University of Georgia Press.

Santos, B. S.(2014) *Epistemologies of the South: Justice against Epistemicide*, Routledge.

Santos, B. S. & Meneses, M. P. eds.(2022) *Knowledge Born in the Struggle: Constructing the Epistemologies of the Global South*, Routledge.

Scheffer, T.(2007) On procedural Discoursivation: Or How Local Utterances Are Turned into Binding Facts, *Language & Communication* 27(1), pp. 1–27.

Scheper-Hughes, N.(1992) *Death Without Weeping: The Violence of Everyday Life in Brazil*, University of California Press.

Schugurensky, D.(2017) Social Pedagogy Meets Local Democracy : Examining the Possibilities and Limits of Participatory Budgeting, *Quarterly* 65(3), pp. 9–32.

Sheard, K. G.(1997) Aspects of Boxing in the Western 'Civilizing Process', *International Review for the Sociology of Sport* 32(1), pp.31–57.

Shin, H. B.(2018) Studying Global Gentrifications, In J. Harrison & M. Hoyler, eds., *Doing Global Urban Research*, Sage.

Smith, N.(2002) New Globalism, New Urbanism : Gentrification as Global Urban Strategy, *Antipode* 34 (3), pp. 427–450.

Somchai, P.(2006) *Civil Society and Democratization : Social Movements in Northeast Thailand*, Nordic Institute of Asian Studies.

Sopranzetti, C.(2014) Owners of the Map : Mobility and Mobilization among Motorcycle Taxi Drivers in Bangkok, *City & Society* 26 (1), pp.120–143.

Sopranzetti, C.(2018) *Owners of the Map : Motorcycle Taxi Drivers, Mobility, and Politics in Bangkok*, University of California Press.

Sopranzetti, C., Fabbri, S. & Natalucci, C.(2021) *The King of Bangkok*, University of Toronto Press.

Sorokin, P. A. & Merton, R. K.(1937) Social Time : A Methodological and Functional Analysis, *American Journal of Sociology* 42 (5), pp. 615–629.

Sugden, J. (1987) The Exploitation of Disadvantage: The Occupational Sub-culture of the Boxer, In J. Horne, D. Jary & A. Tomlinson eds., *Sport, Leisure, and Social Relations*, Routledge.

Sugden, J.(1996) *Boxing and Society: An International Analysis*, Manchester University Press.

Tsing, A. L.(2005) *Friction : An Ethnography of Global Connection*, Princeton University Press.

Tucker, J. L. & Devlin, R. T.(2019) Uncertainty and the Governance of Street Vending : A Critical

Comparison Across the North/South Divide, *International Journal of Urban and Regional Research* 43(3), pp.460–475.

Tyner, J. A. & Rice, S.(2015) To Live and Let Die : Food, Famine, and Administrative Violence in Democratic Kampuchea, 1975–1979, *Political Geography* 48, pp.1–10.

Vail, P.(1998) Modern Muai Thai Mythology, *Crossroads : An Interdisciplinary Journal of Southeast Asia Studies* 12(2), pp.75–95.

Wacquant, L.(1992) The Social Logic of Boxing in Black Chicago: Toward a Sociology of Pugilism, *Sociology of Sport Journal* 9(3), pp.221–254.

Wacquant, L.(1998) A Fleshpeddler at Work: Power, Pain, and Profit in the Prizefighting Economy, *Theory and Society* 27(1), pp.1–42.

Wacquant, L.(2008a) *Punishing the Poor: The Neoliberal Government of Social Insecurity*, Duke University Press.

Wacquant, L.(2008b) *Urban Outcasts : A Comparative Sociology of Advanced Marginality*, Polity Press.

Wacquant, L.(2014) Homines in Extremis: What Fighting Scholars Teach Us about Habitus, Body & Society, *Body & Society* 20(2), pp.3–17.

Wacquant, L.(2022) *Body and Soul: Notebooks of an Apprentice Boxer, Expanded Anniversary Edition*, Oxford University Press.

Wampfler, B., Bouquet, E. & Ralison, E.(2013) Does Juggling Mean Struggling?, In I. Guérin, S. Morvant-Roux & M. Villareal, *Microfinance, Debt and Over-Indebtedness: Juggling with Money*, Routledge.

Washiya, Y.(2022) Techniques without Names : Methodological Provocations from a Judo Dojo, *Qualitative Research in Sport, Exercise and Health* 14(5), pp.796–810.

Watanabe, M.(2016) Closing the Gap in Affordable Housing in the Philippines, Policy Paper for the National Summit on Housing and Urban Development, World Bank Group.

Weinberg, S. K. & Arond, H.(1952) The Occupational Culture of the Boxer, *American Journal of Sociology* 57(2), pp.460–469.

Wiltse, J.(2014) The Black-White Swimming Disparity in America: A Deadly Legacy of Swimming Pool Discrimination, *Journal of Sport and Social Issues* 38(4), pp. 366–389.

Woodward, K.(2004) Rumbles in the Jungle: Boxing, Racialization and the Performance of Masculinity, *Leisure Studies* 23(1), pp. 5–17.

Yiftachel, O.(2009) Theoretical Notes On 'Gray Cities': The Coming of Urban Apartheid?, *Planning Theory* 8(1), pp. 88–100.

【日本語文献】

アーリ、J(2015)『モビリティーズ――移動の社会学』吉原直樹＋伊藤嘉高訳、作品社

青木秀男(1989)『寄せ場労働者の生と死』明石書店

アンダーソン、B(2005)『比較の亡霊――ナショナリズム・東南アジア・世界』糟谷啓介ほか訳、作品社

アンダーソン、B(2007)『定本 想像の共同体――ナショナリズムの起源と流行』白石隆＋白石さや訳、書籍工房早山

アンダーソン、B(2009)『ヤシガラ椀の外へ』加藤剛訳、NTT出版

池田浩士(2012)『石炭の文学史――「海外進出文学」論〈第2部〉』インパクト出版会

石岡丈昇(2012)『ローカルボクサーと貧困世界――マニラのボクシングジムにみる身体文化』世界思想社

石岡丈昇(2013)「スクオッターの生活実践――マニラの貧困世界のダイナミズム」『シノドス』二〇一三年九月一二日(https://synodos.jp/international/ 5455)

石岡丈昇(2015)「マニラのスクオッター強制撤去――慣習行動の強制再編について」『理論と動態』八号、一一〇―一二七頁

石岡丈昇(2016)「参与観察」岸政彦＋石岡丈昇＋丸山里美『質的社会調査の方法――他者の合理性の理解社会学』有斐閣

石岡丈昇(2018)「エスノグラフィ――耳を傾け、書き残す」『現代思想』四六巻六号、四二―五一頁

石岡丈昇(2019)「コモンサードという手法《マニュアル》――モノを介した質的研究と生活実践」『現代思想』四七巻一三号、一七五―一八七頁

石岡丈昇(2022)「マニー・パッキャオ――ボクシングと「二重のレンズ」」山本敦久編『アスリートたちが変えるスポーツと身体の未来――セクシュアリティ・技術・社会』岩波書店

石河利寛(1985)「労働生理学からスポーツ生理学へ」『民族衛生』五一巻一号、一頁

石毛みどり＋無藤隆(2005)「中学生における精神的健康とレジリエンスおよびソーシャル・サポートとの関連――受験期の学業場面に着目して」『教育心理学研究』五三巻三号、三五六―三六七頁

磯直樹(2020)『認識と反省性――ピエール・ブルデューの社会学的思考』法政大学出版局

猪瀬浩平(2021)「たたかわない、しっそうする」『みんなのミシマガジン』二〇二一年六月一三日(https://www.mishimaga.com/books/yaseino-sissou/003276.html)

ヴァカン、L(2009)「ブルデューと民主主義政治についての指針」P・ブルデュー＋L・ヴァカンほか著、L・ヴァカン編『国家の神秘――ブルデューと民主主義の政治』水島和則訳、藤原書店

ヴァカン、L(2013)『ボディ＆ソウル――ある社会学者のボクシング・エスノグラ

フィー』田中研之輔＋倉島哲＋石岡丈昇訳、新曜社
ヴァカン、L（2019）「アメリカの黒人ゲットーに住む稼ぎ人（ハスラー）」P・ブルデュー編『世界の悲惨 I』荒井文雄＋櫻本陽一監訳、藤原書店
ウィルソン、W・J（1999）『アメリカのアンダークラス――本当に不利な立場に置かれた人々』青木秀男監訳、平川茂＋牛草英晴訳、明石書店
ヴェーバー、M（1936）『職業としての学問』尾高邦雄訳、岩波文庫
ヴェーバー、M（1989）『プロテスタンティズムの倫理と資本主義の精神』大塚久雄訳、岩波文庫
上野千鶴子（2013）『〈おんな〉の思想――私たちは、あなたを忘れない』集英社インターナショナル
ウォーラーステイン、I（1997）『史的システムとしての資本主義 新版』川北稔訳、岩波書店
打越正行（2019）『ヤンキーと地元――解体屋、風俗経営者、ヤミ業者になった沖縄の若者たち』筑摩書房
エリアス、N＋ダニング、E（1995）『スポーツと文明化――興奮の探求』大平章訳、法政大学出版局
太田麻希子（2021）「マニラのスクオッター集落における高学歴女性就労者」『日本都市社会学会年報』三九号、二三―三九頁
オーツ、J・C（1988）『オン・ボクシング』北代美和子訳、中央公論社
小ヶ谷千穂（2016）『移動を生きる――フィリピン移住女性と複数のモビリティ』有信堂高文社
小ヶ谷千穂（2020）「移動から考える「ホーム」――画一的な「ステイ・ホーム」言説を乗り越えるために」『現代思想』四八巻一〇号、八九―九五頁
金子明友（2009）『スポーツ運動学――身体知の分析論』明和出版
金菱清（2014）『震災メメントモリ――第二の津波に抗して』新曜社
金菱清編（2012）『3・11 慟哭の記録―― 71 人が体感した大津波・原発・巨大地震』新曜社
鎌田慧（1983）『自動車絶望工場――ある季節工の日記』講談社文庫
鎌田とし子（2011）『「貧困」の社会学――労働者階級の状態』御茶の水書房
上岡陽江＋大嶋栄子（2010）『その後の不自由――「嵐」のあとを生きる人たち』医学書院
ガルトゥング、J（1991）『構造的暴力と平和』高柳先男＋塩屋保＋酒井由美子訳、中央大学出版部
川村雅則（2004）「規制緩和のもとでの道内トラック運転手及びバス運転手の状態（I）――勤務・睡眠時間調査の結果を中心として」『北海学園大学経済論集』五一巻三・四号、一九五―二二四頁

岸政彦(2013)『同化と他者化――戦後沖縄の本土就職者たち』ナカニシヤ出版
岸政彦(2018)『マンゴーと手榴弾――生活史の理論』勁草書房
キダー、T(2004)『国境を越えた医師』竹迫仁子訳、小学館プロダクション
北中淳子(2014)『うつの医療人類学』日本評論社
ギデンズ、A(2009)『社会学 第5版』松尾精文+西岡八郎+藤井達也+小幡正敏+立松隆介+内田健訳、而立書房
グートマン、A(1981)『スポーツと現代アメリカ』清水哲男訳、TBSブリタニカ
クライン、N(2011)『ショック・ドクトリン――惨事便乗型資本主義の正体を暴く』上・下、幾島幸子+村上由見子訳、岩波書店
クルコフ、A(2015)『ウクライナ日記――国民的作家が綴った祖国運動の155日』吉岡ゆき訳、ホーム社
グレーバー、D(2009)『資本主義後の世界のために――新しいアナーキズムの視座』高祖岩三郎訳・構成、以文社
グレーバー、D(2017)『官僚制のユートピア――テクノロジー、構造的愚かさ、リベラリズムの鉄則』酒井隆史訳、以文社
グレーバー、D(2020)『ブルシット・ジョブ――クソどうでもいい仕事の理論』酒井隆史+芳賀達彦+森田和樹訳、岩波書店
小泉義之(2022)『哲学原理主義』青土社
ゴッフマン、E(1984)『アサイラム――施設被収容者の日常世界(ゴッフマンの社会学3)』石黒毅訳、誠信書房
サッセン、S(2008)『グローバル・シティ――ニューヨーク・ロンドン・東京から世界を読む』伊豫谷登士翁監訳、大井由紀+高橋華生子訳、筑摩書房
渋谷望(2003)『魂の労働――ネオリベラリズムの権力論』青土社
渋谷望(2020)「コロナ危機におけるニューノーマルをめぐる闘争」『図書新聞』三四五三号(二〇二〇年六月二七日)
シュッツ、A(1980)『現象学的社会学の応用』桜井厚訳、御茶の水書房
シュッツ、A(1991)「テイレシアス、あるいは未来の出来事についての知識」A・ブロダーセン編『アルフレッド・シュッツ著作集　第3巻　社会理論の研究』渡部光+那須壽+西原和久訳、マルジュ社、三六九―九一頁
ジンメル、G(1976)「大都市と精神生活」『ジンメル著作集12』酒田健一+熊沢義宣+杉野正+居安正訳訳、白水社
スコット、J・C(2013)『ゾミア――脱国家の世界史』佐藤仁監訳、みすず書房
スナイダー、T(2017)『暴政―― 20世紀の歴史に学ぶ20のレッスン』池田年穂訳、慶應義塾大学出版会
スローターダイク、P(2003)『空震――テロの源泉にて』仲正昌樹訳、御茶の水書房

瀬戸口明久(2014)「空間を充たすテクノロジー」山室信一＋岡田暁生＋小関隆＋藤原辰史編『現代の起点 第一次世界大戦 2　総力戦』岩波書店
ゼルバベル、E(1984)『かくれたリズム——時間の社会学』木田橋美和子訳、サイマル出版会
高木光太郎(2012)「「まなびの凝り」と「まなびほぐし」——「転倒しつつある場」としてのワークショップの可能性に向けて」苅宿俊文＋佐伯胖＋高木光太郎編『ワークショップと学び　1　まなびを学ぶ』東京大学出版会
高橋彰(1992)「バランガイ社会」鈴木静夫・早瀬晋三編『フィリピンの事典』同朋舎出版
谷泰(2010)『牧夫の誕生——羊・山羊の家畜化の開始とその展開』岩波書店
田原音和(1993a)『科学的知の社会学——デュルケームからブルデューまで』藤原書店
田原音和（1993b)「スポーツとはどんな社会現象か」『スポーツ社会学研究』一巻、二一—三四頁
チャタジー、P(2015)『統治される人びとのデモクラシー——サバルタンによる民衆政治についての省察』田辺明生＋新部亨子訳、世界思想社
鶴見俊輔文＋安達浩写真(1972)『家の神』淡交社
鳥越皓之(1989)「生活環境主義の位置」鳥越皓之編『環境問題の社会理論——生活環境主義の立場から』御茶の水書房
鳥越皓之(2008)『「サザエさん」的コミュニティの法則』NHK 出版生活人新書
中井久夫(2010)『日本の医者』日本評論社
中川理(2012)「〈遅れ〉を書く」冨山一郎＋田沼幸子編『叢書コンフリクトの人文学 1　コンフリクトから問う——その方法論的検討』大阪大学出版会
中村寛(2020)「辺見庸『しのびよる破局』: 殺される《叫び》のために——危機と破局のネクロポリティックス」『現代思想』四八巻一一号、一三九—一四四頁
新原道信(1997)『ホモ・モーベンス——旅する社会学』窓社
新原道信編(2022)『人間と社会のうごきをとらえるフィールドワーク入門』ミネルヴァ書房
西尾善太(2020)「再定住という生き方——マニラ首都圏における災害管理事業とスラム住民のエージェンシー」『年報人類学研究』一〇号、一五五—一七〇頁
西澤晃彦(1995)『隠蔽された外部——都市下層のエスノグラフィー』彩流社
西澤晃彦(2011)「身体・空間・移動」西澤晃彦編『労働再審 4——周縁労働力の移動と編成』大月書店
西澤晃彦＋渋谷望(2008)『社会学をつかむ』有斐閣
沼尻幸吉(1964)「運搬作業のエネルギー代謝について」『労働科学』四〇巻六号、二四三—二五一頁
ハーヴェイ、D(1999)『ポストモダニティの条件』吉原直樹監訳、和泉浩訳、青木書店
ハーヴェイ、D(2013)『反乱する都市——資本のアーバナイゼーションと都市の再創造』

森田成也＋大屋定晴＋中村好孝＋新井大輔訳、作品社
バーガー、P・L＋ルックマン、T(2003)『現実の社会的構成——知識社会学論考』山口節郎訳、新曜社
ハーバード・ビジネス・レビュー編集部編(2019)『レジリエンス』ハーバード・ビジネス・レビュー編集部訳、ダイヤモンド社
バック、L(2014)『耳を傾ける技術』有元健訳、せりか書房
バトラー、J(2018)『アセンブリ——行為遂行性・複数性・政治』佐藤嘉幸＋清水知子訳、青土社
ビール、J著＋エスケロゥ、T写真(2019)『ヴィータ——遺棄された者たちの生』桑島薫＋水野友美子訳、みすず書房
ファーマー、P(2012)『権力の病理：誰が行使し誰が苦しむのか——医療・人権・貧困』豊田英子訳、みすず書房
ファノン、F(1996)『地に呪われたる者』鈴木道彦＋浦野衣子訳、みすず書房
藤原辰史(2008)「待機する共同体——ナチス収穫感謝祭の参加者たち 1933–1937」『人文學報』九六号、一—三一頁
藤原辰史(2014)『食べること考えること』共和国
藤原辰史(2017)『戦争と農業』集英社インターナショナル
藤原辰史(2019)『分解の哲学——腐敗と発酵をめぐる思考』青土社
藤原辰史(2020)「「規則正しいレイプ」と地球の危機」『現代思想』四八巻五号、九〇—九八頁
ブルデュー、P(1986)「文化資本の三つの姿」福井憲彦訳、福井憲彦・山本哲士編『actes』一号、一八—二八頁
ブルデュ、P(1988)『実践感覚1』今村仁司＋港道隆訳、みすず書房
ブルデュー、P(1991)「人はどのようにしてスポーツを好きになるのか」P・ブルデュー『社会学の社会学』田原音和監訳、藤原書店
ブルデュー、P(1993a)『資本主義のハビトゥス——アルジェリアの矛盾』原山哲訳、藤原書店
ブルデュー、P(1993b)『話すということ——言語的交換のエコノミー』稲賀繁美訳、藤原書店
ブルデュー、P(2007)『結婚戦略——家族と階級の再生産』丸山茂＋小島宏＋須田文明訳、藤原書店
ブルデュー(2009)『パスカル的省察』加藤晴久訳、藤原書店
ブルデュー、P(2011)『自己分析』加藤晴久訳、藤原書店
ブルデュー、P＋シャンボルドン、J・C＋パスロン、J・C(1994)『社会学者のメチエ——認識論上の前提条件』田原音和＋水島和則訳、藤原書店

ブルデュー、P＋パスロン、J・C（1997）『遺産相続者たち――学生と文化』戸田清ほか訳、藤原書店
ブルデュー、P＋ヴァカン、L（2007）『リフレクシヴ・ソシオロジーへの招待――ブルデュー、社会学を語る』水島和則訳、藤原書店
ブルデュー、P著、プポー、F＋ディセポロ、Th編（2015）『介入：社会科学と政治行動――1961-2001 Ⅰ』櫻本陽一訳、藤原書店
ベック、U（1998）『危険社会――新しい近代への道』東廉＋伊藤美登里訳、法政大学出版局
ベック、U＋ベック＝ゲルンスハイム、E（2014）『愛は遠く離れて――グローバル時代の「家族」のかたち』伊藤美登里訳、岩波書店
ベルンシュタイン、N・A（2003）『デクステリティ――巧みさとその発達』佐々木正人監訳、工藤和俊訳、金子書房
ホックシールド、A・R（2000）『管理される心――感情が商品になるとき』石川准＋室伏亜希訳、世界思想社
ホセ、S・F（1991a）『F・ショニール・ホセ選集 2 民衆（上）』山本まつよ訳、めこん
ホセ、S・F（1991b）『F・ショニール・ホセ選集 3 民衆（下）』山本まつよ訳、めこん
ホバマン、J（2007）『アメリカのスポーツと人種――黒人身体能力の神話と現実』川島浩平訳、明石書店
ポレーゼ、A（2022）「困難な戦争避難も次には慣れていく――あるウクライナ在住者の記録」石岡丈昇訳『現代思想』五〇巻六号、一三一二四頁
ホワイト、W・F（2000）『ストリート・コーナーソサイエティ』奥田道大＋有里典三訳、有斐閣
マークシー、M（2001）『モハメド・アリとその時代――グローバル・ヒーローの肖像』藤永康政訳、未來社
マーフィー、R・F（2006）『ボディ・サイレント』辻信一訳、平凡社ライブラリー
マイネル、K（1981）『マイネル・スポーツ運動学』金子明友訳、大修館書店
マクラウド、J（2007）『ぼくにだってできるさ――アメリカ低収入地区の社会不平等の再生産』南保輔訳、北大路書房
マクロビー、A（2022）『フェミニズムとレジリエンスの政治――ジェンダー、メディア、そして福祉の終焉』田中東子＋河野真太郎訳、青土社
松田素二（1996）『都市を飼い慣らす――アフリカの都市人類学』河出書房新社
松田素二（1999）『抵抗する都市――ナイロビ移民の世界から』岩波書店
松村和則（1993）『地域づくりとスポーツの社会学』道和書院
松村和則（2002）「いま、なぜ〈からだ〉なのか」桝潟俊子＋松村和則編『食・農・からだの社会学』新曜社

松村圭一郎(2017)『うしろめたさの人類学』ミシマ社
マリノフスキ、B(2010)『西太平洋の遠洋航海者——メラネシアのニュー・ギニア諸島における、住民たちの事業と冒険の報告』増田義郎訳、講談社学術文庫
マルクス(1964)『経済学・哲学草稿』城塚登＋田中吉六訳、岩波文庫
丸山里美 (2016)「フィールドワーク」岸政彦＋石岡丈昇＋丸山里美『質的社会調査の方法——他者の合理性の理解社会学』有斐閣
三浦耕吉郎(2009)『環境と差別のクリティーク——屠場・「不法占拠」・部落差別』世界思想社
水村美苗(2015)『増補 日本語が亡びるとき——英語の世紀の中で 増補』ちくま文庫
ミッチェル、T(2014)『エジプトを植民地化する——博覧会世界と規律訓練的権力』大塚和夫＋赤堀雅幸訳、法政大学出版局
宮地尚子＋山内明美(2021)「環状島の水位を下げる——震災とトラウマケアの10年」『現代思想』四九巻三号、八—二二頁
ムベンベ、A(2020)「普遍的呼吸権」箱田徹訳『現代思想』四八巻一〇号、二二四—二三〇頁
メルロ＝ポンティ、M(1982)『知覚の現象学』中島盛夫訳、法政大学出版局
モース、M(2009)『贈与論』吉田禎吾＋江川純一訳、ちくま学芸文庫
モーダック、J＋ラザフォード、S＋コリンズ、D＋ラトフェン、O(2011)『最底辺のポートフォリオ——1日2ドルで暮らすということ』大川修二訳、みすず書房
箭内匡(2018)『イメージの人類学』せりか書房
山北輝裕(2019)「ハウジング・ファーストと新自由主義の共振をめぐる再検討」『理論と動態』一二号、三四—五八頁
山田富秋＋好井裕明(1991)『排除と差別のエスノメソドロジー——「いま—ここ」の権力作用を解読する』新曜社
山本敦久(2020)『ポスト・スポーツの時代』岩波書店
好井裕明(1999)『批判的エスノメソドロジーの語り——差別の日常を読み解く』新曜社
リプスキー、M (1986)『行政サービスのディレンマ——ストリート・レベルの官僚制』田尾雅夫・北大路信郷訳、木鐸社
リベラ・クシカンキ、S (1998)『トゥパック・カタリ運動——ボリビア先住民族の闘いの記憶と実践(1900年～1980年)』吉田栄人訳、御茶の水書房
リンチ、K(2008)『廃棄の文化誌——ゴミと資源のあいだ　新装版』有岡孝＋駒川義隆訳、工作舎
レイヴ、J＋ウェンガー、E(1993)『状況に埋め込まれた学習——正統的周辺参加』佐伯胖訳、産業図書
レヴィ＝ストロース、C(2001)『悲しき熱帯2』川田順造訳、中央公論新社

章扉写真キャプション一覧

序　章　貧困地区の夜
第1章　減量中のビト（右）
第2章　ボクシング・キャンプの入口
第3章　ボクシング・キャンプの食事
第4章　ボクシング・キャンプでのコミュニティ備蓄庫運動（Liza Elorde 氏撮影）
第5章　家事労働者のアナ。私は彼女から背中が痛くならない手洗いのやり方を教わった
第6章　包囲される日常。サンロケからチェックポイントのある橋を渡って出勤する住人たち
第7章　渋滞するマニラの幹線道路
第8章　強制撤去後のサンロケ
第9章　マニラの庶民の足、ジプニー
第10章　スクオッター地区での飲み会
終　章　強制撤去を見届ける人びと

初出一覧

はしがき（書き下ろし）
序　章　暗がりの部屋（書き下ろし）
第1章　不確実な減量（『現代思想』二〇二〇年一二月号―二〇二一年一月号）
第2章　共同生活（『現代思想』二〇二一年四月号―六月号）
第3章　対象化された貧困（原題「対象化された貧困――マニラのボクシングジムの存立機制」『理論と動態』四号、二〇一一年）
第4章　レジリエンス（『現代思想』二〇二一年八月号―一一月号）
第5章　解釈労働（『現代思想』二〇二一年一二月号―二〇二二年一月号）
第6章　立ち退きの時計（『現代思想』二〇二二年二月号―三月号）
第7章　時間―空間の伸縮（『現代思想』二〇二二年二月号―五月号）
第8章　根こぎ（『現代思想』二〇二二年六月号―八月号）
第9章　疲弊（『現代思想』二〇二二年九月号―一一月号）
第10章　癖（原題「癖の社会学」『現代思想』二〇一七年三月号）
終　章　抑圧の時計（原題「方法としてのエスノグラフィー」『現代思想』二〇二二年一二月号）
あとがき（書き下ろし）

＊本書の収載に際して、適宜加筆・修正を施している。

石岡丈昇（いしおか・とものり）

1977年岡山市生まれ。専門は社会学／身体文化論。筑波大学大学院人間総合科学研究科博士課程単位取得退学。北海道大学大学院教育学研究院准教授を経て、現在日本大学文理学部社会学科教授。単著に『ローカルボクサーと貧困世界——マニラのボクシングジムにみる身体文化』（世界思想社、第12回日本社会学会奨励賞）がある。共著に、『質的社会調査の方法——他者の合理性の理解社会学』（岸政彦・丸山里美と共著、有斐閣）、『生活史論集』（岸政彦編、ナカニシヤ出版）などがある。

タイミングの社会学
ディテールを書くエスノグラフィー

2023年 5 月30日　第1刷発行
2023年12月25日　第2刷発行

著者　石岡丈昇

発行者　清水一人
発行所　青土社
東京都千代田区神田神保町1-29　市瀬ビル　〒101-0051
電話　03-3291-9831（編集）　03-3294-7829（営業）
振替　00190-7-192955

組版　フレックスアート
印刷・製本所　双文社印刷

装丁　川名 潤

Printed in Japan

ISBN978-4-7917-7556-9